轻松读懂
财务报表
第二版

张昕 著

Looking Through
Financial Statements
at a Glance

图书在版编目(CIP)数据

轻松读懂财务报表/张昕著. —2 版. —北京:北京大学出版社,2020.1
ISBN 978-7-301-31013-7

Ⅰ.①轻…　Ⅱ.①张…　Ⅲ.①会计报表—会计分析　Ⅳ.①F231.5

中国版本图书馆 CIP 数据核字(2019)第 290916 号

书　　　名	轻松读懂财务报表(第二版) QINGSONG DUDONG CAIWU BAOBIAO(DI-ER BAN)
著作责任者	张　昕　著
责 任 编 辑	任京雪　刘　京
标 准 书 号	ISBN 978-7-301-31013-7
出 版 发 行	北京大学出版社
地　　　址	北京市海淀区成府路 205 号　100871
网　　　址	http://www.pup.cn
电 子 信 箱	em@pup.cn　　QQ:552063295
新 浪 微 博	@北京大学出版社　@北京大学出版社经管图书
电　　　话	邮购部 010-62752015　发行部 010-62750672　编辑部 010-62752926
印 刷 者	北京鑫海金澳胶印有限公司
经 销 者	新华书店
	730 毫米×1020 毫米　16 开本　19.75 印张　312 千字 2014 年 11 月第 1 版 2020 年 1 月第 2 版　2021 年 11 月第 2 次印刷
定　　　价	65.00 元

未经许可,不得以任何方式复制或抄袭本书之部分或全部内容。
版权所有,侵权必究
举报电话:010-62752024　电子信箱:fd@pup.pku.edu.cn
图书如有印装质量问题,请与出版部联系,电话:010-62756370

第二版前言

　　什么是企业财务管理的最终目标？财务管理或公司金融方面的很多经典教科书对此都有专门讨论，目前学术界的主流观点排除了利润最大化、企业价值最大化等选项，坚持认为股东财富最大化才是企业财务管理的最终目标。

　　但在国内外现实商业世界中，未上市企业占多数，这些企业只有发生股权融资和交易时才会对其进行估值，日常经营过程中股东的实际财富既难以精准测度，又不容易具体量化，使得股东财富最大化目标成为一个虚无缥缈的口号，不具有实际操作性。

　　对于上市公司而言，虽然很容易取得股票的交易价格，从而计算得到股东整体的财富结果，但股票的交易价格受到市场因素影响常常发生大幅波动，一些市场因素远远超出了企业财务管理的控制范围，不受企业影响。在这种情况下，以股东财富最大化为目标需要对资本市场具有深刻的认识：资本市场真的有效吗？企业做出正确决策后股价在短期内是否会相应上涨？企业的市值是否存在泡沫？当公司股价出现巨大泡沫、股东财富达到历史性高点时，从股东财富最大化角度出发，是否意味着现有股东应该抓住机会窗口出售全部股票、实现财富最大化，从此与企业彻底脱离关系——这会是企业财务管理追求的结果？相信理性人群在对上述问题认真思考之后会重新审视财务管理的最终目标。

　　基于以上分析，企业财务管理的目标需要重新定位。从专业的视角来看，企业财务管理应该关注自身资源配置的效率与效果，并且管控财务风险,防止资金链断裂,避免企业陷入财务危机。外部市场对企业估值的影响因素不需要也不应该过度关注。因此,企业财务管理的目标应该相应调整为:在财务风险可控的情况下,实现企业经济效率长期最大化。结合企业财务报表提供的相关信息,财务管理的目标可以具体细化为:在确保企业到期债务顺利偿还的同时,实现净资产收益率长期最大化。至于企业的净资产收益率指标是什么?如何计算?[①] 相信读者可以在本书中找到答案。

张昕

2019 年 10 月

---

① 本书数据以公司年报、Wind 资讯数据库为基准,部分数据由于数据库计算过程中四舍五入可能存在尾差,敬请谅解。

前　言

　　财务报表是企业经营管理信息最重要的载体，无论是企业内部的管理人员，还是外部的投资者、债权人，在工作中都不可避免地要接触和使用财务报表。由于报表内容具有一定的技术标准，信息经过高度抽象概括，没有系统学习过会计或财务专业的人员在阅读和使用财务报表时常常不得要领，只能望"表"兴叹。让众多没有专业背景的人士能够在较短的时间内实现对财务报表的深入理解与精准把握，是本书的主要写作目的。

　　以通俗易懂的方式来介绍企业管理专业中技术性最强的一部分内容是一项艰巨的挑战，本人结合自身的教学和工作经验，几经努力才形成目前的书稿，希望能够为那些因为读不懂财务报表而苦恼或者在分析使用财务报表过程中备受煎熬的朋友们带来些许帮助。

　　本书首先简要介绍会计学的基础知识与财务会计的基本原理，解释一些重要的基础概念，之后详细介绍财务报表的构成、内容与功能以及分析报表常用的方法和技巧。在重点讲解国内财务报表的同时，也对国外企业的财务报表进行简要介绍与分析。

　　本书对一些日常容易混淆的重要概念加以区分，并加入了大量国内外企业的典型案例，理论联系实际，立足国内，面向国际，力求内容新颖生动、通俗易懂，尤其适合没有任何专业基础的读者阅读使用。

　　由于本人学识有限，书中难免有误，恳请读者不吝指教。

张昕
2014 年 8 月

目　录

第1章　会计学基础 …………………………………………… 1
　1.1　什么是会计 …………………………………………… 3
　1.2　会计的重要性 ………………………………………… 8
　1.3　会计信息的监管 ……………………………………… 10

第2章　财务会计基本原理 …………………………………… 33
　2.1　财务会计的六种要素 ………………………………… 35
　2.2　基本会计恒等式 ……………………………………… 43
　2.3　扩展会计恒等式 ……………………………………… 45
　2.4　复式记账法 …………………………………………… 47
　2.5　常用会计分录举例 …………………………………… 50
　2.6　财务报表编制流程 …………………………………… 55

第3章　财务报告的形式与内容 ……………………………… 57
　3.1　财务报告的形式 ……………………………………… 59
　3.2　财务报告的内容 ……………………………………… 62

第4章　资产负债表 …………………………………………… 71
　4.1　资产负债表的概况 …………………………………… 73
　4.2　资产 …………………………………………………… 75
　4.3　负债 …………………………………………………… 118

4.4　所有者权益 ……………………………………………………… 121

第5章　利润表 …………………………………………………………… 133

　　5.1　利润表的概况 …………………………………………………… 135
　　5.2　收入 ……………………………………………………………… 136
　　5.3　费用 ……………………………………………………………… 145
　　5.4　利得与损失 ……………………………………………………… 151
　　5.5　利润 ……………………………………………………………… 157
　　5.6　每股收益 ………………………………………………………… 164
　　5.7　盈余管理 ………………………………………………………… 165

第6章　现金流量表 ……………………………………………………… 171

　　6.1　现金流量表的概况 ……………………………………………… 173
　　6.2　经营活动现金流量 ……………………………………………… 175
　　6.3　投资活动现金流量 ……………………………………………… 179
　　6.4　筹资活动现金流量 ……………………………………………… 181
　　6.5　现金流量简易分析法 …………………………………………… 182

第7章　所有者权益变动表 ……………………………………………… 187

　　7.1　所有者权益变动解析 …………………………………………… 189
　　7.2　专项储备 ………………………………………………………… 192
　　7.3　股利分配政策与理论 …………………………………………… 195

第8章　财务报表勾稽关系与报表附注 ………………………………… 199

　　8.1　财务报表勾稽关系 ……………………………………………… 201
　　8.2　财务报表附注 …………………………………………………… 203

第9章　财务报表分析工具 ……………………………………………… 209

　　9.1　战略分析 ………………………………………………………… 211

9.2 会计分析 …………………………………………………… 218
9.3 财务分析的视角 …………………………………………… 223
9.4 同型分析 …………………………………………………… 227
9.5 现金流量分析的相关理论 ………………………………… 237

第10章 财务比率分析 ………………………………………… 243

10.1 盈利能力分析 …………………………………………… 245
10.2 偿债能力分析 …………………………………………… 269
10.3 股票估值分析 …………………………………………… 291

主要参考文献 …………………………………………………… 303

第 1 章

会计学基础

　　财务报表是会计人员依据统一的技术标准对企业发生的经济业务进行专业记录、系统处理后得到的一种高度抽象化的信息产品。在学习财务报表之前,需要具备一定的会计专业基础。本章着重介绍什么是会计、会计信息的种类、会计信息对于企业管理乃至社会发展的重要意义,以及政府监管会计信息的逻辑与现状。

财务报表是会计人员在一系列前提假设基础之上、依据统一的技术标准对企业所发生经济业务的信息进行专业处理、高度抽象、严格分类之后得到的结果,是会计专业人士形成的最重要的信息产品,也是企业管理中重要的经济信息来源。

人们在初次接触财务报表时,往往会被一些会计专业术语搞得头晕目眩,不知所云。因此,非专业人士在接触财务报表之前有必要先对会计专业及财务会计原理形成一个基本认知框架,之后再加深理解,灵活应用。下面重点介绍一些与会计相关的重要概念。

1.1 什么是会计

简单地说,会计(accounting)是一个微观经济组织的管理信息系统,它能够提供该组织财务状况、经营业绩、资金收付、税费申报及管理决策支持等方面的重要信息,帮助信息使用者制定正确的决策。由于会计信息被广泛地用于描述各种商业行为,人们常常把会计称为一门商业语言(business language)。所有从事商业活动的人士都应该系统地学习和掌握基本的会计知识。

无论是合伙企业、股份公司,还是事业单位与非营利组织,甚至各级政府机构,作为一个经济组织,都需要设置会计机构或岗位,配备会计人员,核算该组织的经济活动结果,反映财务状况。在众多社会经济组织中,企业是价值创造的主体,是形成社会财富的基本单位。企业从事的交易纷繁复杂、五花八门,所以企业的会计核算业务相对复杂。本书重点围绕企业会计展开讨论。

重要辨析

会计与财政的区别

会计作为单个经济组织的一个管理信息系统,一般只反映该组织自身的经济活动情况,其目的在于提供经济信息,支持微观主体制定决策。企业或其他经济组织资金筹集与使用的活动被称为财务(finance)。财政是各级政府部门筹集与分配资金行为的统称,其目的是完成政府职能,实现政府目标,同时兼有调整社会产品与国民收入分配的作用。

因此,两者相比,会计是为单个经济组织服务的,提供经济组织的微观经济信息,帮助组织实现高效运营;财政是为各级政府服务的,帮助政府筹集与分配资金,各级政府制定的财政政策是调节国家与地区经济的重要手段,财政政策也是宏观经济政策的重要组成部分。

1.1.1 会计主体

会计信息用于反映的经营主体被称为会计主体。在讨论会计信息之前,首先要明确会计主体,这样才能界定会计信息所要反映交易或事项的范围。企业的会计人员只对本会计主体发生的交易或者事项进行会计确认、计量和报告,反映会计主体的经营活动、投资活动及筹资活动,无须关心其他会计主体发生的业务活动。

明确会计主体有利于将会计主体发生的交易或事项与其他(相关或无关)会计主体发生的交易或事项区分开来。例如,巴菲特是伯克希尔哈撒韦公司的股东之一,伯克希尔哈撒韦公司的会计人员要严格区分巴菲特个人发生的经济业务与公司发生的经济业务,即只反映公司的经济业务而不反映巴菲特个人的经济业务。

 重要辨析

会计主体与法律主体

一般而言,一个法律主体必然是一个会计主体。例如,一家独立公司是一个法律主体,也应当作为一个会计主体,建立会计信息系统,独立核算,编制财务报告,反映财务状况、经营成果和现金流量。但是,会计主体不一定是法律主体。例如,某公司的下属分公司,虽然不是一个法律主体,不能独立承担法律责任、履行法律义务,但可以作为一个独立的会计主体进行日常会计核算并编制财务报告。再如,由金融机构管理的证券投资基金、企业年金基金等,尽管不属于法律主体,但可以作为独立的会计主体,对每项基金单独核算,完成会计确认、计量和报告工作。

我国的《会计法》规定，会计工作具有反映与监督两大基本职能。会计人员既要依照相关规定进行会计核算、编制财务报告，对企业发生的经济业务行使反映职能；又要参与制定企业的重大经济决策，监督企业重要经济业务的执行，分析经营成果，提出改进建议与措施，提高效率与效益，保管好企业的货币资金、重要机器设备等财产物资。因此，会计人员不仅仅是人们传统观念中"账房先生"的形象，而是现代企业管理的重要参与者和鉴证人。

> **注意**
> 会计人员不仅要负责确认、计量、披露会计信息等工作，还要参与制定企业的重要经营管理决策。高级会计人员属于企业的核心管理人员。

1.1.2 会计信息分类

根据服务对象的不同，企业的会计信息可以分为三种：财务会计信息、税务会计信息与管理会计信息。财务会计（financial accounting）信息是为企业所有者、债权人等外部投资者服务的会计信息，其目的在于客观、公允地反映企业的财务状况、经营成果、现金流量及所有者权益的变化情况，帮助投资者判断企业的盈利能力与财务风险，制定正确的投资决策。

税务会计（tax accounting）信息是为企业申报纳税服务的会计信息，也可以理解为是为政府部门收缴税费服务的会计信息，其目的在于帮助企业及时准确地申报与缴纳各项税费，同时合理合法地降低税费支出。财务会计信息与税务会计信息都是为企业外部信息使用者服务的——所有者、债权人及政府的税务部门都属于企业外部信息使用者，两者只反映过去已经发生的交易或事项。

管理会计（management accounting）信息是为企业内部管理人员管理企业服务的会计信息，其目的在于帮助管理人员制定科学合理的经营管理决策，实现经济效益最大化。由于管理会计信息要为管理决策服务，因此会计人员不仅要关注企业已经发生的交易或事项，更要面向未来，对未来市场的发展变化进行预估、判断，因此收集与整理相关的会计信息难度更大。

三种会计信息由于使用目的的不同，其形成的依据也有所不同。财务会计信息依据的是政府部门制定或认可的企业会计准则，会计人员按照会计准则的规定收集、整理、记录并对外披露财务会计信息。

税务会计信息依据的是国家税收法律法规,会计人员按照税法的相关规定定期向税务部门申报纳税信息,缴纳税款。如果企业未能按时申报缴纳税款,则需补交税款,并支付滞纳金,情节严重的还要追究当事人的刑事责任。

实际业务中,由于财务会计信息与税务会计信息的形成依据不同,两者的计量结果也常常存在差异。例如,按照我国现行税法规定,企业发生的业务招待费支出在财务会计中可以全额作为当期费用,在计算利润总额时从收入中扣除,但《中华人民共和国企业所得税法实施条例》第四十三条规定:企业发生的与生产经营活动有关的业务招待费支出,按照发生额的60%扣除,但最高不得超过当年销售(营业)收入的5‰。这意味着企业发生的业务招待费支出如果与生产经营活动无关,则在税务会计中就不能作为费用在税前扣除。即便是与生产经营活动有关的业务招待费支出,也只能将其中的60%抵减税前利润(税务会计中被称为应纳税所得额),并且抵减金额还不能超过当年营业收入的5‰,因此财务会计中的利润总额与税务会计中的应纳税所得额计算口径并不一致,结果也不相同。

与财务会计信息、税务会计信息不同,管理会计信息的形成与应用没有特定依据,唯一的标准就是"决策有用性",凡是有利于管理人员制定决策的信息在理论上都属于管理会计信息的范畴。因此,管理会计信息具有很强的灵活性与独特性。

例如,关于未来天气状况的预测信息既不属于财务会计信息,又不属于税务会计信息,但是天气预报对于航空运输、旅游服务及农业生产等企业的运营管理具有重要意义,属于这些企业的管理会计信息。此外,为了及时满足管理人员决策的需要,管理会计信息通常需要具备很强的时效性。

小案例

沃尔玛的存货管理信息系统

美国零售业巨头沃尔玛公司为了加强存货管理、制定科学合理的购销决策,20世纪80年代花费2 400万美元构建了人造卫星通信系统,利用卫星传输存货相关数据;90年代又投入7亿美元打造计算机与卫星信息系统,建成了号称当时世界上最大的民用数据库,用于存储、管理存货相关信息。此外,沃尔玛公司率先使用条形码、无线电扫描枪、计算机跟踪存货系统等,利用先进的数码设备与数据库技术加强存货管理。通过建立功能强大的存货管理信息数据库及使用技术领先的电子信息设备,沃尔玛公司能够及时掌握存货购销信息,甚至还与宝洁公司等外部供应商一起分享相关存货信息,共同提高库存商品运营管理效率,从而形成了独特的竞争优势,销售规模持续增长,2002年成为《财富》全球500强榜单第一名之后,连续多年高居榜首。

在三种会计信息中,财务会计信息是基础,税务会计信息与管理会计信息中的很多信息都来自财务会计信息。因此,尽管理论上存在三种会计信息,但并不意味着一家企业在实际经营中需要同时建立并记录三套账簿,世界各地的会计人员通常都以财务会计信息为基础建立会计信息系统,再根据实际需要,额外收集、整理与税务会计和管理会计相关的信息。表1-1对三种会计信息进行了比较。

表1-1 三种会计信息比较

	财务会计信息	税务会计信息	管理会计信息
目标	客观、公正地反映一家企业的财务状况、经营成果及现金流量情况	按时申报、缴纳税费,合法地减少纳税	利润最大化
使用者	所有者、债权人等外部信息使用者	政府、企业	企业内部管理人员
标准	《企业会计准则》	政府税收法律法规	没有具体标准,只要满足"决策有用性"原则即可
周期	月度、季度、年度	月度、季度、年度	时间灵活
信息时限	过去已经发生的交易与事项	过去已经发生的交易与事项	既反映过去已经发生的交易与事项,又面向未来
报告详略程度	总结性的	一般按照税务部门要求,通常介于财务会计信息与管理会计信息之间	详细的

> **注意**
> 虽然从理论上可以将会计信息分为三种,但是实际上一家企业并不需要记录三套账簿,而是常常以财务会计信息为主建立一个会计信息系统,在财务会计信息基础上,额外收集、整理税务会计信息与管理会计信息。

事实上，财务会计信息、税务会计信息与管理会计信息之间并不是截然可分的，而是存在很多交叉重叠的部分。例如，报告给所有者和债权人的"利润总额"，是按照会计准则的标准计算得到的结果，用于反映企业某个期间的经营成果，属于财务会计信息。税务会计通常把"利润总额"作为计算企业所得税的一个初始数据，以此为基础再根据税法与会计准则规定之间的差异对其进行相应调整，得到企业应纳税所得额——税务会计中通过应纳税所得额乘所得税税率来计算企业所得税。因此，"利润总额"实际上也属于税务会计信息。此外，"利润总额"可以用于评价企业某个会计期间的经营成果，并以此为依据制定管理人员的薪酬奖惩决策，因此它还属于管理会计信息。

在现代公司治理架构下，企业管理人员的任职与薪酬奖惩最终应由股东决定。如果股东看到财务会计信息后对企业的经营成果不够满意，则管理人员的薪酬可能受到不利影响，甚至任职也可能被终止，因此管理人员在制定重大经营管理决策时必然会充分考虑决策对企业经营成果可能产生的影响。由此可见，定期向股东披露的企业经营业绩信息，同时也受到管理人员的高度关注，成为评判管理决策后果的重要财务指标。这部分会计信息既属于财务会计信息，又属于管理会计信息。

> **注意**
>
> 财务会计信息、管理会计信息与税务会计信息并不是彼此孤立的，很多情况下三种会计信息是相互关联的，甚至可能出现相互重合的情况。

1.2　会计的重要性

在市场经济中，社会资源的优化配置主要靠价格机制指引。各种商品或服务的价格变化可以作为指引信号，引导资本、劳动力等生产要素进入或退出某个行业或某家企业，从而实现社会资源的优化配置。

与此不同，企业内部资源的优化配置不是靠价格机制指引，而是靠战略规划与企业预算（budget）指引。管理人员根据企业自身的资源禀赋情况结合外部实际商业环境制定出战略规划，通过编制资本预算、经营预算、财务预算等一系列企业预算,形成战略实施方案,设定短期经营目标,组织生产安排,合理分配资金、人员及关键设备与物资,实现企业内部资源的优化配置。

企业按照预算完成资源配置之后,经过一段时间的生产运营,形成经营成果。经营成果通过会计核算进行确认与计量,最终形成财务报告,向所有者和债权人披露。为了方便财务会计信息的使用与比较,企业通常将持续经营的生产运营活动划分为一个个连续的、长短相同的期间,每个期间的时间长度在一年左右,因此被定义为一个会计年度(fiscal year,FY)。短于一个完整会计年度的会计期间被称为中期(interim period),包含月度、季度、半年度。一般企业都需要编制年度财务报告与中期财务报告,用于反映经营成果与财务状况。

此外,企业管理人员通常还会将财务报告中的实际经营结果与预算目标相比较,检查预算的完成情况,分析实际结果与预算目标之间差异的产生原因,采取措施解决造成不利预算差异的问题,持续完善与改进经营,不断提升企业业绩。政府部门习惯上将年度预算的执行结果称为决算(final accounts),国内很多国有企业沿用此惯例,也将年度财务报告称为决算报告。

由此可见,企业的经营管理离不开预算与决算。预算与决算分别属于管理会计和财务会计的范畴,是会计专业最重要的两项基本业务。每个会计年度,企业的商业活动起始于预算,终止于决算。预算与决算也是会计人员每年最重要的基础性工作,具有较强的周期性。

重要辨析

各国会计年度差异

世界各国对企业会计年度的规定有所不同。《中华人民共和国会计法》(2017年修正)规定,会计年度自公历1月1日起至12月31日止。欧美等发达国家并不对企业会计年度进行统一规定,政府一般会公布一个指导性的会计年度,允许企业根据自己所在行业和经营情况灵活选择会计年度。从实际选择结果来看,欧美很多国际大型企业的会计年度与日历年度相同,但也有一些企业例外。例如,微软公司的会计年度为每年7月1日至次年6月30日(1976年以前,美国政府的财政年度是从每年7月1日开始到次年6月30日截止),苹果公司的会计年度截止到每年9月最后一个星期六。沃尔玛公司的会计年度为每年2月1日至次年1月31日,另一家从事百货及零售业务的西尔斯公司的会计年度为每年2月3日至次年2月2日。零售企业通常选择1月末2月初作为会计年度的截止日期,这样可以避开12月份的销售旺季,方便会计信息的收集整理及审计师的检查验证。部分英国企业及大部分日本企业的会计年度与本国政府的财政年度一致,为每年4月1日至次年3月31日。我国知名电商阿里巴巴集团(公司注册地在国外)选用的会计年度也是每年4月1日至次年3月31日。

真实可靠的会计信息可以为企业内部制定管理决策、外部签订合同及执行契约提供重要的参考依据。上市公司定期对外披露的年度财务报告、季度财务报告有助于股东和债权人制定投资与信贷决策,便于企业筹集资金、降低融资成本。因此,会计信息对于企业的内部管理及外部融资与交易具有不可替代的作用,任何一家企业离开会计信息都无法正常运营。

经营业绩出色、未来具有良好发展前景的优质企业通过对外披露真实可靠的财务报告,向投资者和债权人传递信息,吸引资金流入企业,在投资者和债权人取得经济回报的同时也支持了企业的发展,实现了社会资本的合理配置。因此,金融市场的良好运作、社会资本的优化配置正是以每家企业对外披露真实可靠的会计信息为基础才得以实现的。

> 💡 **注意**
>
> 真实可靠的会计信息是金融市场健康发展、社会资本有效配置的重要基础,可以大大增强投资者对资本市场的信心,维持市场的正常运作,帮助投资者识别优质企业并促使社会资本流向这些企业。

1.3 会计信息的监管

有证据表明,人类社会早期就开始对经济事件进行记录,原始计量记录方法主要用于远古采集时代过冬食品的储备保管与分配管理,帮助人类摆脱生存危机。公元前3000年,美索不达米亚人使用土坯记录税务单据,这是目前有记载的人类最早使用过的会计信息。从那时起,会计就开始为经济活动提供重要信息。进入文明社会之后,由私有财产制度而引发的产权关系强化了会计的基础性控制作用。

14世纪欧洲经济迅速发展,极大地提升了会计工作的重要性。大批企业纷纷采用复式记账法对经济活动进行会计核算。开始于18世纪60年代的工业革命,推动了制造业的机械化和工业化进程,特别是加速推进了现代企业形式——公司制——的发展,早期以简单复式簿记为主要内容的会计核算的地位与作用进一步得到强化,会计的记账方法更为完善,服务对象也不断扩大。

随着社会经济的发展,越来越多的企业在发展过程中出现了"两权分离"现象,即股东只具有公司的所有权,不参与公司的日常经营管理,而是通过雇用职业经理人来运营与管理企业。职业经理人受雇后取得了公司的经营权,但他们不是公司股东,不具有公司的所有权。

通常情况下,职业经理人作为企业内部的管理人员,了解行业与市场的发展趋势,熟悉企业的生产经营情况,掌握企业经营业绩的真实结果,具有明显的信息优势,有能力定期编制财务报告并对外披露,但他们往往出于自利性动机不愿向股东、债权人等外部信息使用者披露全部信息,尤其不愿意披露那些对其不利的信息,甚至个别管理人员为了个人利益不惜对外披露虚假信息。由此可见,企业会计信息供给的动力不足,信息质量无法得到保证。

在英美等国家,大中型企业的股权结构较为分散,多元化的股东对会计信息的需求存在很大差异,无法形成一致的有效需求,难以对企业内部管理人员产生硬性约束。因此,企业会计信息的供给与需求之间存在较大分歧,在没有政府监管的情况下,无法避免市场失灵——会计信息的供给无法满足市场的需求。

 小案例

人类历史上最严重的市场失灵

19世纪后期,英国资本开始投资于美国经济,英国的会计师与会计方法也随着资本进入美国。但在1929年之前,美国政府并未对股票交易及会计信息形成有效监管,没有任何法律要求上市公司定期公布会计信息,在纽约股票交易所上市的公司也从不对外披露财务报告,投资者无法了解公司的真实情况,只关心是否有人会以更高的价格来购买股票。

1929年10月29日,投资者盲目买入股票推高股指的趋势发生了根本性逆转,美国股市出现大崩盘,道·琼斯指数一泻千里,当天跌幅达到22%,创下了单日最大跌幅的纪录,此后股市一直延续跌势。到1932年,道·琼斯指数较1929年历史最高点下跌了89%。这是人类历史上迄今为止最为严重的市场失灵,随后世界经济出现了严重衰退,被人们称为"大萧条"。

大萧条之后,美国国会先后通过了《1933年证券法》(要求公开发行股票的公司上市时必须向股票交易所提供经过审计师审计的财务报告及招股说明书)、《1933年银行法》(要求商业银行与投资银行不得混业经营),以及《1934年证券交易法》(要求上市公司每年必须发布经过审计师审计的财务报告),并于1934年建立了美国证券交易委员会(Securities Exchange Committee,SEC),由其负责制定企业会计准则与监管上市公司的信息披露,由此开创了政府监管会计信息的先河。

1.3.1 会计准则

在美国的带领下,世界各国纷纷采取行动,对企业的会计核算与信息披露进行监管。在会计信息监管过程中,需要一套技术性标准对会计信息的生成与披露进行规范,这套技术性标准就是会计准则。历史上,很多国家和地区都曾经制定相互独立的会计准则,这些准则之间存在一定的差异,给国际投资和商务活动中会计信息的沟通与交流带来了诸多不便。进入21世纪以来,全球会计准则总体发展趋势是要尽可能地消除各种会计准则之间的显著差异,统一会计信息的生成与披露标准,实现会计准则趋同,降低信息沟通成本。

小案例

美德两国会计准则的历史差异

德国戴姆勒-奔驰公司于1993年在美国纽约证券交易所上市。按照当时德

> 国的会计准则核算,戴姆勒-奔驰公司当年取得 6.2 亿马克的净利润,而按照美国会计准则核算,其当年亏损 18.4 亿马克。很多投资者对此颇感疑惑,不知道戴姆勒-奔驰公司当年到底是盈利还是亏损。

在我国,《会计法》规定,国务院财政部门主管全国的会计工作,负责制定企业会计准则。1992 年 11 月 30 日,财政部首次发布了我国的《企业会计准则》,明确了会计核算的基本前提与一般原则,此后陆续发布了 13 个行业会计制度与 16 项具体会计准则。2000 年 12 月 29 日,财政部发布了《企业会计制度》,按照会计准则的国际发展趋势统一了除金融企业以外的行业会计标准,废除了分行业会计制度;2001 年 11 月 27 日,又单独发布了《金融企业会计制度》,专门规范金融企业的会计核算。

2006 年 2 月 15 日,为了推进企业会计准则与国际趋同,财政部重新发布了《企业会计准则》,从 2007 年 1 月 1 日起在上市公司中首先执行,2008 年在所有企业中推广使用。此后,财政部陆续增加和修订了部分准则。截至 2019 年 8 月底,现行《企业会计准则》由 1 项基本准则和 42 项具体准则构成,形成了完整的会计准则体系,大体可以划分为四个层次。

第一个层次是基本准则。基本准则在会计准则体系中居统领和主导地位,主要用于规范财务会计基本概念与纲领框架性内容,例如财务报告目标、会计基本假设、会计信息质量要求、会计要素、会计计量基础等。基本准则是制定具体准则的重要基准,对于具体准则尚未明确规范的交易或事项,基本准则提供了会计处理的原则框架。

第二个层次是具体准则。具体准则是根据基本准则制定的、对具体业务做出明确规范的准则,主要包括一般业务准则(例如第 1 号"存货"会计准则)、特殊行业准则(例如第 27 号"石油天然气开采"会计准则)和特定业务准则(例如第 21 号"租赁"会计准则),以及财务报告准则。

第三个层次是应用指南。应用指南是对具体准则相关条款的进一步细化,是为准则中重点、难点内容提供的操作性规定,能够帮助会计人员加深理解准则内容、在实务中正确应用准则。

第四个层次是会计准则解释公告。《企业会计准则》实施后,为了解决在会计实务中遇到的具体操作问题,财政部以规范性文件的形式定期发布解释公告,用于指导实际会计操作业务。

重要辨析

《企业财务通则》

谈到《企业会计准则》,有些人不禁联想到一个名称相近的制度规范——《企业财务通则》。1992年11月30日,财政部在首次发布《企业会计准则》的同时,也发布实施了《企业财务通则》,并适用于境内全部企业。

财政部制定并实施《企业财务通则》的初衷是加强企业财务管理,规范企业的资金筹集、资产运营、成本控制、收益分配、重组清算等财务行为,保护企业及相关各方的合法权益。而外资企业、私营企业的财务管理并不在政府监管的范畴之内,财政部其实并无法定权限强制要求这些企业执行《企业财务通则》。

2006年,财政部对《企业财务通则》进行了重新修订,将通则的适用范围由原来的境内各类企业调整为除金融企业以外的国有及国有控股企业,不再要求其他类型企业强制执行。

国内上市公司的信息披露除了要符合《企业会计准则》中的具体要求,还要受到中国证券监督管理委员会(以下简称"中国证监会")与证券交易所的监管。中国证监会制定并发布了适用于全部上市公司的信息披露管理办法,明确了上市公司的信息披露义务与内容。国内证券交易所在此基础上进一步制定了针对某些行业的具体信息披露要求。例如,《深圳证券交易所行业信息披露指引第9号——上市公司从事快递服务业务》要求从事快递服务业务的上市公司每月定期披露月度快递服务业务收入及其同比变动情况,鼓励公司每月披露快递服务业务量、快递服务业务单票收入等其他日常经营数据及其同比变动情况。

由于《企业会计准则》规定的范围较为全面,内容相对复杂,国内经营规模较小的企业严格按照《企业会计准则》的相关要求进行会计核算、编制报表会大幅增加企业的财务成本与人员负担,但实际收益较为有效,不满足成本—收益原则,不具有经济性。为此,财政部参照国际做法,在 2011 年为小规模企业单独制定并发布实施了内容大幅简化的《小企业会计准则》,国内非集团下属的非金融类小规模企业(小企业具体标准见工业和信息化部、国家统计局、发展改革委、财政部研究制定的《中小企业划型标准规定》)在没有公开发行股票或债券的情况下可以选择执行《小企业会计准则》。

在美国,证券交易委员会负责制定和管理所有企业的财务会计准则及上市公司的信息披露。证券交易委员会将财务会计准则的制定权限委托给具有较高专业性和独立性的民间专业机构——财务会计准则委员会(Financial Accounting Standards Board, FASB),财务会计准则委员会研究制定出的准则一旦被证券交易委员会采纳,便具有法律效力,成为通用会计准则(Generally Accepted Accounting Principles, GAAP),适用于包括上市公司在内的全部美国企业。美国著名经济学家、前财政部部长劳伦斯·萨默斯曾经对美国通用会计准则在资本市场中的作用与地位做过高度评价——"如果我们回顾美国资本市场的发展历史,没有哪项创新或发明在创建市场方面的贡献能够与通用会计准则相提并论"。

除了美国的通用会计准则,近年来国际会计准则理事会(International Accounting Standards Board, IASB)发布的国际财务报告准则(International Financial Report Standards, IFRS)对全球各国的会计准则产生了越来越大的影响力。国际会计准则理事会是一个独立研究制定全球通用会计准则的国际性会计职业机构,总部设在伦敦。

截至 2018 年 7 月,全球共有 166 个国家和地区要求或允许企业采用国际财务报告准则,其中 144 个国家已经要求上市公司按照国际财务报告准则编制财务报告。欧盟从 2005 年开始采用国际财务报告准则,同时要求所有成员国的上市公司必须使用欧盟所采用的国际财务报告准则编制财务报告并对外披露。澳大利亚和中国香港地区也从 2005 年开始采用国际财务报告准则。在香港上市的内地企业也采用国际财务报告准则披露财务会计信息。中国台湾地区从 2013 年开始采用国际财务报告准则。

美国证券交易委员会从 2009 年开始允许在美国上市的外国企业采用国际财务报告准则编制与披露财务报告——这些外国企业此前必须按照美国通用会计准则编制与披露财务报告。我国财政部发布的现行企业会计准则虽然没有做到与国际财务报告准则完全一致,但是两者在很多方面的规定已经非常接近,只有资产减值、报表列报等个别准则存在少量差异。

小案例

中石油两种会计准则报告结果的差异

同时在上海、香港、纽约三地上市的中国石油天然气股份有限公司(以下简称"中石油"),2018年度按照中国企业会计准则确认的净利润为724.1亿元,按照国际财务报告准则确认的净利润为724.16亿元,两者仅相差0.06亿元。这一差异主要是由于中石油1999年重组改制时对股东投入的资产和负债进行了重新评估,国际财务报告准则对评估结果中非固定资产、油气资产的部分未予确认。

值得注意的是,会计准则并不是自然界中已经存在的、等待人类去发现认知的自然规律与法则,而是起源于会计实务,经过长期发展演变形成了职业传统和操作惯例,经过政府部门或专业机构研究讨论后制定形成,由权威机构颁布实施的制度规范。从本质上讲,会计准则是一种法律规范,具有社会属性,随着社会经济环境、商业模式、交易类别及人们价值观念的变化而发生改变,是社会经济发展演化的产物。

 注意

会计不同于数学、物理等严谨的自然科学,会计准则也不是恒定不变的定理。由于现实商业世界中经济业务纷繁复杂,人们根据相同的会计准则对同一项交易也可能会做出不同的判断。

企业内部的会计人员以会计准则为依据进行会计核算,反映经济活动与事项,最后编制形成财务报告并对外披露。为了保证会计信息真实准确,保护企业重要财产物资安全完整,防止出现重大差错,避免发生欺诈舞弊,企业内部需要建立一套控制机制,对业务与管理流程中的关键环节加以监督控制。例如,企业内部不相容的会计岗位要相互分离,负责管理货币资金的出纳人员不得兼任稽核工作,不得同时登记收入、支出账项,防止出纳人员贪污或挪用企业资金。

1.3.2 外部审计

除了遵循企业会计准则和建立内部控制机制,企业还需要聘请独立的会计师事务所定期对财务报表和内部控制制度进行外部审计。会计师事务所雇用了大量熟悉会计准则与审计准则的专业技术人员,主要为企业提供审计服务。普华永道(PWC)、德勤(Deloitte)、毕马威(KPMG)和安永(Ernst & Young)是目前国际上最大的四家会计师事务所,被公认为会计界的"四大"。

> **注意**
>
> 现阶段,我国财政部不允许外国会计师事务所在国内设立独资会计师事务所,只允许成立中外合作会计师事务所。因此,国际上的"四大"在国内分别成立了普华永道中天、德勤华永、毕马威华振以及安永华明四家中外合作会计师事务所。

重要辨析

注册会计师

注册会计师(certified public accountant,CPA)是依法取得注册会计师从业资格并接受客户委托专业从事审计、会计咨询或会计服务业务的执业人员。

接受委托进行审计是注册会计师最主要的经济业务。很多国家或地区的法律规定,只有取得当地注册会计师从业资格的审计师才有权签署、出具审计报告。注册会计师也必须加入会计师事务所才可以开展外部审计业务。我国《注册会计师法》规定,只有通过全国统一考试,并且从事过两年以上审计工作的相关人员,才能取得注册会计师从业资格。

注册会计师由于从事的审计工作与社会公众利益密切相关,具有重大社会责任,因此需要严格遵守职业道德准则,恪守独立、客观、公正原则。执行外部审计业务时,注册会计师应当正直、诚实,与客户保持独立,不偏不倚地对待有关利益各方。

从事审计工作的注册会计师要根据审计准则实施必要的审计程序，获取充分的审计证据，对会计信息的合规性及内部控制制度的有效性做出评价，指出财务报表中存在的问题及需要关注的事项，发表恰当的审计意见，出具审计报告。

　　按照审计意见的不同，审计报告可以分为五类，其中无保留意见的审计报告被认为是标准审计报告，表明在审计过程中审计人员的工作范围没有受到限制，被审计单位的财务报表按照适用的会计准则和相关制度编制，在所有重大方面公允地反映了公司的财务状况、经营成果和现金流量。通常情况下，大部分企业的审计报告都是无保留意见的标准审计报告。下面是毕马威华振会计师事务所为万科公司2018年财务报表出具的标准审计报告的主要内容。

审计报告

毕马威华振审字第1901118号

万科企业股份有限公司全体股东：

一、审计意见

　　我们审计了后附的万科企业股份有限公司（以下简称"贵公司"）财务报表，包括2018年12月31日的合并及母公司资产负债表，2018年度的合并及母公司利润表、合并及母公司现金流量表、合并及母公司所有者权益变动表以及相关财务报表附注。

　　我们认为，后附的财务报表在所有重大方面按照中华人民共和国财政部颁布的企业会计准则（以下简称"企业会计准则"）的规定编制，公允反映了贵公司2018年12月31日的合并及母公司财务状况以及2018年度的合并及母公司经营成果和现金流量。

二、形成审计意见的基础

　　我们按照中国注册会计师审计准则（以下简称"审计准则"）的规定执行了审计工作。审计报告的"注册会计师对财务报表审计的责任"部分进一步阐述了我们在这些准则下的责任。按照中国注册会计师职业道德守则，我们独立于贵公司，并履行了职业道德方面的其他责任。我们相信，我们获取的审计证据是充分、适当的，为发表审计意见提供了基础。

三、关键审计事项

关键审计事项是我们根据职业判断,认为对本期财务报表审计最为重要的事项。这些事项的应对以对财务报表整体进行审计并形成审计意见为背景,我们不对这些事项单独发表意见。(具体审计事项略)

四、其他信息

贵公司管理层对其他信息负责。其他信息包括贵公司 2018 年年度报告中涵盖的信息,但不包括财务报表和我们的审计报告。

我们对财务报表发表的审计意见不涵盖其他信息,我们也不对其他信息发表任何形式的鉴证结论。

结合我们对财务报表的审计,我们的责任是阅读其他信息,在此过程中,考虑其他信息是否与财务报表或我们在审计过程中了解到的情况存在重大不一致或者似乎存在重大错报。

基于我们已执行的工作,如果我们确定其他信息存在重大错报,我们应当报告该事实。在这方面,我们无任何事项需要报告。

五、管理层和治理层对财务报表的责任

管理层负责按照企业会计准则的规定编制财务报表,使其实现公允反映,并设计、执行和维护必要的内部控制,以使财务报表不存在由于舞弊或错误导致的重大错报。

在编制财务报表时,管理层负责评估贵公司的持续经营能力,披露与持续经营相关的事项(如适用),并运用持续经营假设,除非贵公司计划进行清算、终止运营或别无其他现实的选择。

治理层负责监督贵公司的财务报告过程。

六、注册会计师对财务报表审计的责任

我们的目标是对财务报表整体是否不存在由于舞弊或错误导致的重大错报获取合理保证,并出具包含审计意见的审计报告。合理保证是高水平的保证,但并不能保证按照审计准则执行的审计在某一重大错报存在时总能发现。错报可能由于舞弊或错误导致,如果合理预期错报单独或汇总起来可能影响财务报表使用者依据财务报表作出的经济决策,则通常认为错报是重大的。

在按照审计准则执行审计工作的过程中,我们运用职业判断,并保持职业怀疑。同时,我们也执行以下工作。(具体工作略)

毕马威华振会计师事务所(特殊普通合伙)	中国注册会计师
中国 北京	房炅(项目合伙人)
	陈泳意
	2019 年 3 月 25 日

带强调事项段的无保留意见、保留意见、否定意见以及无法表示意见的审计报告被认为是非标准审计报告。其中,带强调事项段的无保留意见审计报告说明被审计单位的财务报表符合相关会计准则的要求,但是根据注册会计师的职业判断,认为有必要在审计报告中强调或说明、提醒报表使用者需要关注的事项,包括尽管已在财务报表中恰当列报或披露,但对报表使用者理解财务报表至关重要的事项,以及未在财务报表中列报或披露,但与报表使用者理解审计工作、注册会计师责任或审计报告相关的其他事项,如对被审计单位的持续经营能力产生疑虑,或者被审计单位存在重大不确定事项等。

例如,由于"存在可能导致对海航控股持续经营能力产生重大疑虑的重大不确定性",2018 年海航控股财务报表被普华永道中天出具了带强调事项段的无保留意见审计报告。审计报告中在"形成审计意见的基础"部分后面增加了强调事项。

审计报告

一、审计意见

1. 我们审计的内容

我们审计了海南航空控股股份有限公司(以下简称"海航控股"或"贵集团")的财务报表,包括 2018 年 12 月 31 日的合并及公司资产负债表,2018 年度的合并及公司利润表、合并及公司现金流量表、合并及公司所有者权益变动表以及财务报表附注。

2. 我们的意见

我们认为,后附的财务报表在所有重大方面按照企业会计准则的规定编制,公允反映了海航控股 2018 年 12 月 31 日的合并及公司财务状况以及 2018

年度的合并及公司经营成果和现金流量。

二、形成审计意见的基础

我们按照中国注册会计师审计准则的规定执行了审计工作。审计报告的"注册会计师对财务报表审计的责任"部分进一步阐述了我们在这些准则下的责任。我们相信，我们获取的审计证据是充分、适当的，为发表审计意见提供了基础。

按照中国注册会计师职业道德守则，我们独立于海航控股，并履行了职业道德方面的其他责任。

三、与持续经营相关的重大不确定性

我们提请财务报表使用者关注，如合并财务报表附注四(2)所述，2018年度海航控股发生净亏损人民币3 648 064千元，且于2018年12月31日，海航控股流动负债超过流动资产约人民币70 562 201千元。此外，于2018年度海航控股部分借款以及融资租赁款未按照相关协议的约定按时偿还部分本金，并触发其他借款、融资租赁款以及债券的相关违约条款，导致于2018年12月31日及本报告日借款银行、出租人及债权人有权按照相关借款协议、融资租赁协议或债券发行条款要求海航控股随时偿还相关借款、融资租赁款以及债券。海航控股已将上述事项相关的长期负债（但不包括已获取相关银行机构出具不对贵集团要求提前偿还的确认函的相关贷款）总计人民币51 916 552千元列示为一年内到期的非流动负债。上述事项，连同财务报表附注四(2)所示的其他事项，表明存在可能导致对海航控股持续经营能力产生重大疑虑的重大不确定性。本事项不影响已发表的审计意见。

四、关键审计事项（略）

五、其他信息（略）

六、管理层和治理层对财务报表的责任（略）

七、注册会计师对财务报表审计的责任（略）

普华永道中天会计师事务所（特殊普通合伙）　中国注册会计师
中国·上海市　　　　　　　　　　　　　　　杨旭东（项目合伙人）
2019年4月29日　　　　　　　　　　　　　中国注册会计师
　　　　　　　　　　　　　　　　　　　　　陶碧森

其他类型的非标准审计报告都表明被审计单位的财务报表存在不同程度的问题或者审计师在审计过程中受到不同程度的限制。其中，保留意见的审计报告说明虽然注册会计师认为发现的或推断未发现的错报（如果存在）对财务报表可能产生重大影响，但影响的范围和程度较为有限（不具有广泛性）。

例如，乐视网2018年财务报表被立信会计师事务所出具了保留意见的审计报告。其审计报告的格式与标准的审计报告有所不同，第一部分表明意见类型（保留意见），第二部分描述形成保留意见的基础，第三部分增加了强调事项，第四部分"关键审计事项"、第五部分"其他信息"、第六部分"管理层和治理层对财务报表的责任"及第七部分"注册会计师对财务报表审计的责任"与标准审计报告没有差异。

审计报告

一、保留意见

我们审计了乐视网信息技术（北京）股份有限公司（以下简称"乐视网"或"公司"）财务报表，包括2018年12月31日的合并及母公司资产负债表，2018年度的合并及母公司利润表、合并及母公司现金流量表、合并及母公司所有者权益变动表以及相关财务报表附注。

我们认为，除"形成保留意见的基础"部分所述事项可能产生的影响外，后附的财务报表在所有重大方面按照企业会计准则的规定编制，公允反映了乐视网2018年12月31日的合并及母公司财务状况以及2018年度的合并及母公司经营成果和现金流量。

二、形成保留意见的基础

1. 无形资产摊销及减值

由于2017年度财务报表审计时，我们对乐视网应收款项、无形资产、应付账款等相关报表项目未能获取充分适当的审计证据，导致我们对该年度财务报表出具了无法表示意见的审计报告。上述无法表示意见所涉及事项影响除无形资产外在本年已基本消除，我们对乐视网2018年年末相关无形资产的账面价值可以确认，但仍无法对2018年年初无形资产的价值进行认定，从而影响2018年无形资产的摊销额及减值计提额,该事项对本年度数据和可比期间数据可能存在重大影响,但并不广泛。

2. 对持续经营的评价

如第十一节 财务报告 四、财务报表的编制基础 2. 持续经营所述,乐视网截至2018年年末大量债务出现逾期,导致公司存在偿债压力,乐视网目前仍未与主要债权人就债务展期、偿还方案等达成和解;乐视网2018年年末归属母公司净资产为－30.26亿元,2018年度归属母公司净利润为－40.96亿元。这种情况表明存在可能导致对乐视网持续经营能力产生重大疑虑的重大不确定性。财务报表没有对乐视网如何消除对持续经营的重大疑虑做出充分披露。

我们按照中国注册会计师审计准则的规定执行了审计工作。审计报告的"注册会计师对财务报表审计的责任"部分进一步阐述了我们在这些准则下的责任。按照中国注册会计师职业道德守则,我们独立于乐视网,并履行了职业道德方面的其他责任。我们相信,我们获取的审计证据是充分、适当的,为发表保留意见提供了基础。

三、强调事项

我们提醒财务报表使用者关注,公司目前涉及多项诉讼案件,公司已对其进行披露,并评估对财务报表影响。本段内容不影响已发表的审计意见。

四、关键审计事项(略)

五、其他信息(略)

六、管理层和治理层对财务报表的责任(略)

七、注册会计师对财务报表审计的责任(略)

如果注册会计师无法获取充分、适当的审计证据以作为形成审计意见的基础,但认为未发现的错报对财务报表可能产生的影响重大且具有广泛性,则会出具无法表示意见的审计报告。

例如,上市公司华信国际2017年财务报表被上会会计师事务所出具了无法表示意见的审计报告。其审计报告第一部分先表明意见类型(无法表示意见),第二部分描述形成无法表示意见的基础,第三部分"管理层和治理层对财务报表的责任"、第四部分"注册会计师对财务报表审计的责任"与标准审计报告没有差异。

审计报告

上会师报字(2018)第 3429 号

安徽华信国际控股股份有限公司全体股东：

一、无法表示意见

我们接受委托,审计安徽华信国际控股股份有限公司(以下简称"华信国际")财务报表,包括2017年12月31日的合并及公司资产负债表,2017年度的合并及公司利润表、合并及公司现金流量表、合并及公司所有者权益变动表以及相关财务报表附注。我们不对后附的华信国际财务报表发表审计意见,由于"形成无法表示意见的基础"部分所述事项的重要性,我们无法获取充分、适当的审计证据以作为对财务报表发表审计意见的基础。

二、形成无法表示意见的基础

1. 持续经营存在重大不确定性

如财务报表附注"十三、资产负债表日后事项之3. 其他资产负债表日后事项说明"所述,华信国际存在大量逾期应收账款及逾期债务事项：

(1)截至财务报表批准报出日,由于公司存在大量逾期的应收款项,因此华信国际可供经营活动支出的货币资金严重短缺。

(2)截至2017年12月31日,华信国际合并应收账款余额人民币44.71亿元,合并应收利息余额人民币0.57亿元。截至财务报表批准报出日,华信国际保理业务应收账款逾期余额为人民币14.68亿元,转口业务应收账款逾期余额为人民币10.19亿元,保理业务应收利息逾期余额约为人民币0.18亿元。上述逾期应收款项占合并应收账款余额的比例为55.63%,逾期应收利息占合并应收利息余额的比例为31.58%。

(3)截至2017年12月31日,华信国际合并流动负债余额人民币33.32亿元。截至财务报表批准报出日,由于华信国际资金紧张,无力兑付到期债务。华信国际逾期债务中包含向光大兴陇信托有限责任公司借款金额人民币2.94亿元,通过深圳联合产权交易所发行的定向融资金额人民币0.85亿元;

应付供应商上海益电能源控股有限公司的商业承兑汇票余额人民币0.55亿元,对供应商MEIDU ENERGY(SINGAPORE)PTE LTD、珠海海峡石油有限公司和天津国贸石化有限公司的应付账款余额人民币3.60亿元。上述逾期债务占合并流动负债余额的比例为23.83%。

(4)截至财务报表批准报出日,华信国际虽已对改善持续经营能力拟定了相关措施,但我们未能就与改善持续经营能力相关的未来应对计划取得充分、适当的证据,因此我们无法对华信国际自报告期末起未来12个月内的持续经营能力做出明确判断。

2. 资产减值准备计提的充分性

截至2017年12月31日,华信国际应收保理款余额人民币19.36亿元,按照账龄分析法计提坏账准备人民币1936万元。如财务报表附注"十三、资产负债表日后事项之3.其他资产负债表日后事项说明"所述,截至财务报表批准报出日,华信国际应收保理业务逾期金额为人民币14.68亿元。

截至2017年12月31日,华信国际转口业务应收账款余额人民币25亿元,据公司执行的会计政策,大单业务6个月以内(含6个月)不计提坏账准备,华信国际未计提坏账准备。如财务报表附注"十三、资产负债表日后事项之3.其他资产负债表日后事项说明"所述,截至财务报表批准报出日,华信国际转口业务逾期金额为人民币10.19亿元。

对于上述应收款项的减值准备计提,我们无法获取充分适当的审计证据,因此无法确定是否有必要对上述逾期的应收款项计提减值准备以及财务报表其他项目做出调整,也无法确定应调整的金额。

3. 关联方及其关联交易的完整性

在审计中,我们无法实施满意的审计程序,获取充分、适当的审计证据,以识别华信国际的全部关联方,我们无法合理保证华信国际关联方和关联方交易的相关信息得到恰当的记录和充分的披露,以及这些交易可能对华信国际的财务报告产生重大影响。

三、管理层和治理层对财务报表的责任

华信国际管理层负责按照企业会计准则的规定编制财务报表,使其实现公允反映,并设计、执行和维护必要的内部控制,以使财务报表不存在由于舞弊或错误导致的重大错报。

在编制财务报表时,管理层负责评估华信国际的持续经营能力,披露与持续经营相关的事项,并运用持续经营假设,除非管理层计划清算华信国际、终止运营或别无其他现实的选择。

治理层负责监督华信国际的财务报告过程。

四、注册会计师对财务报表审计的责任

我们的责任是按照中国注册会计师审计准则的规定,对华信国际的财务报表执行审计工作,以出具审计报告。但由于"形成无法表示意见的基础"部分所述的事项,我们无法获取充分、适当的审计证据以作为发表审计意见的基础。

按照中国注册会计师职业道德守则,我们独立于华信国际,并履行了职业道德方面的其他责任。

<table>
<tr><td>上会会计师事务所(特殊普通合伙)
中国　上海</td><td>中国注册会计师
(项目合伙人)曹晓雯
张健
2018年4月25日</td></tr>
</table>

注册会计师如果在获取充分、适当的审计证据后,认为发现的错报单独或汇总起来对财务报表的影响重大且具有广泛性,则会出具否定意见的审计报告。由于否定意见的审计报告意味着财务报表既不客观、也不公允,问题相当严重,因此上市公司会尽一切可能避免被出具否定意见的审计报告。国内资本市场从成立至今,没有几家上市公司被出具过否定意见的审计报告。

小案例

中国上市公司第一份否定意见的审计报告

1998年,重庆会计师事务所对重庆渝港钛白粉股份有限公司(以下简称"渝钛白公司")1997年财务报表进行审计后发现,渝钛白公司有8 064万元的债券利息支出未计入当期费用,同时有743万元的银行借款利息未进行确认,两项合计导致全年少计费用8 807万元,而公司此前报告的净亏损金额仅为3 136万元,财务报表信息严重失真。

由于渝钛白公司管理人员拒绝按照注册会计师的建议对上述事项进行账务及报表调整,注册会计师于1998年3月8日签发了中国上市公司的第一份否定意见的审计报告。否定意见的审计报告意味着财务报表不客观、不公允,缺乏真实性、可靠性。监管部门与财经媒体对此事件给予了高度关注,并展开了深入调查,公司面临巨大的社会压力。1998年6月30日,在渝钛白公司股东大会上,股东们最终一致要求公司管理人员按照重庆会计师事务所的审计报告调整1997年财务报表。

重要辨析

审计报告与审计意见

标准审计报告的内容一般由审计意见、形成审计意见的基础、关键审计事项、管理层对财务报表的责任、注册会计师对财务报表审计的责任等几部分组成。审计报告的第一部分是审计意见,并习惯上直接以"审计意见"为标题。审计意见是审计报告中最为重要的结论,审计报告除表明"审计意见"之外,还会提供"形成审计意见的基础",该部分应当包括下列方面:(1)说明注册会计师按照审计准则的规定执行了审计工作;(2)提及审计报告中用于描述审计准则规定的注册会计师责任的部分;(3)声明注册会计师按照与审计相关的职业道德要求独立于被审计单位,并履行了职业道德方面的其他责任(声明中应当指明适用的职业道德要求,如中国注册会计师职业道德守则);(4)说明注册会计师是否相信获取的审计证据是充分、适当的,为发表审计意见提供了基础。

带强调事项段的无保留意见审计报告在"形成审计意见的基础"部分后面会列出强调事项。其他非标准审计报告在"形成审计意见的基础"部分会清楚地说明导致所发表意见或无法发表意见的全部原因,并在可能的情况下指出其对财务报表的影响程度。

注册会计师在审计过程中,如果发现被审计单位的会计核算或财务报表披露不符合会计准则的规定,或者对某些交易或事项的会计处理与被审计单位实际情况存在差别,则首先会与企业的会计人员进行沟通交流,要求会计人员根据企业会计准则做出相应调整,只有在会计人员拒绝调整的情况下,注册会计师才会视情节严重程度出具保留意见或否定意见的审计报告。

当审计范围受到广泛限制、可能产生的影响非常重大时,注册会计师无法获取充分、适当的审计证据,以至于不能确定财务报表是否符合会计准则的规定,注册会计师会出具无法表示意见的审计报告。如果审计范围受到限制的程度较轻,没有对注册会计师获取审计证据造成重大影响,并且注册会计师认为财务报表就其整体而言是公允的,则可以出具保留意见的审计报告。

2018年国内上市公司年度财务报表审计统计结果显示,国内3 622家上市公司年度财务报表的审计报告中,标准审计报告3 403份,带强调事项段的无保留意见的审计报告99份,保留意见的审计报告82份,无法表示意见的审计报告38份。财务报表使用者应该对非标准审计报告给予高度重视:对于强调事项、非标准审计意见的形成基础,要认真阅读分析,深入研究注册会计师关注事项对公司生产经营的影响;对于被出具保留意见审计报告的财务报表,应该适当降低对财务报表信息的依赖,从其他渠道收集相关信息作为补充;对于被出具否定意见和无法表示意见审计报告的财务报表,由于财务报表已经失去基本的公允性和可信性,可以基本放弃对财务报表的分析使用,寻找其他替代信息。

重要辨析

内部审计

很多大中型企业内部设有审计部门或审计岗位,并雇用专业人员作为企业的审计人员进行内部审计。内部审计是对本单位及所属单位财务收支、经济活动、内部控制、风险管理实施独立、客观的监督、评价和建议,以促进单位完善治理、实现目标的活动。内部审计通过对企业中各类交易、业务和程序以及控制事项进行相对独立的审查,以验证相关人员是否遵循了企业的管理政策和合规程序,发生的交易是否符合相关规定并经过相应审批,是否有效和经济地使用了企业资源,是否实现了企业目标。

与外部审计不同,内部审计人员隶属于企业——其独立性有所下降。通过运用座谈、检查、抽样和分析性程序等审计方法,内部审计人员获取充分、相关、可靠的审计证据,审查和评价企业经营活动及内部控制的适当性、合法性和有效性,旨在改善企业的运营效率、提高企业的价值创造能力。

1.3.3 审计委员会

为了加强公司治理,提高会计信息的真实性与可靠性,很多大中型企业在其董事会下设立了审计委员会。审计委员会一般由具有会计专业知识的独立董事组成,主要负责审查公司内部控制制度的有效性及具体执行情况,与内外部审计人员进行沟通、监督、核查审计工作,强化外部审计的独立性,确保审计及会计信息的质量。

美国纽约证券交易所自1978年起,强制要求所有上市公司设立由独立董事组成的审计委员会。中国证监会2018年修订发布的《上市公司治理准则》中规定,上市公司董事会应当设立审计委员会,审计委员会中独立董事应当占多数并担任召集人,且召集人应当为会计专业人士。审计委员会的主要职责是:(1)监督及评估外部审计工作,提议聘请或者更换外部审计机构;(2)监督及评估内部审计工作,负责内部审计与外部审计的协调;(3)审核公司的财务信息及其披露;(4)监督及评估公司的内部控制;(5)负责法律法规、公司章程和董事会授权的其他事项。

企业的内部控制制度、内外部审计鉴证,以及审计委员会的设立与运行作为一套完整的治理机制共同发挥作用,确保会计信息真实、可靠、及时、完整。通常,中小企业在内部控制制度与内部审计方面会相对薄弱,一般不设立审计委员会,但无论企业规模大小、是否公开发行证券,对外披露的财务报告通常都要经过外部审计师审计,附有相应的审计报告。目前,各个国家和地区的证券监管机构都要求上市公司在规定期限内披露经过外部审计师审计的年度财务报告。

小案例

《萨班斯-奥克斯利法案》

2002年前后美国资本市场曝出了安然、世通等一系列会计丑闻,最终促使美国国会在2002年通过了《上市公司会计改革和投资者保护法案》,由于负责制定法案的两名国会议员分别是保罗·萨班斯与迈克·奥克斯利,因此该法案也被称为《萨班斯-奥克斯利法案》。

《萨班斯-奥克斯利法案》是美国自20世纪30年代《证券法》《证券交易法》以来最全面的证券改革法案。该法案的重要目的在于防止企业发生财务舞弊,强化内部审计与注册会计师的监督职能,进而重建投资者对证券市场的信心。

《萨班斯-奥克斯利法案》从强化监管入手,增加了美国证券交易委员会用于监管证券市场的预算,成立了上市公司会计监督委员会,由其负责监督管理会计师事务所,确保外部审计的独立性和质量控制,提高上市公司信息披露的准确性与可靠性。同时,该法案要求会计师事务所不得向审计客户同时提供咨询等非审计服务以及未经上市公司会计监督委员会许可的其他审计服务,以此减少利益冲突。

此外,《萨班斯-奥克斯利法案》强制要求在美国上市的全部企业(包括外国企业)必须建立一套内部控制制度,并定期对内部控制制度进行评估。该法案还要求上市公司的首席执行官与首席财务官,连同公司的审计师,保证财务报告和信息披露的真实性(404条款);公司的审计委员会成员必须保持独立,不能担任公司的管理人员,也不能从公司收取咨询或建议费。

近年来,围绕《萨班斯-奥克斯利法案》的影响,特别是404条款对美国资本市场影响的讨论,存在很多争议。404条款要求上市公司的管理层和审计师对公司财务报告的真实性予以保证,由此大幅增加了企业的合规成本。受此影响,很多原本计划到美国上市的企业选择到其他国家的资本市场上市,已经在美国上市的企业申请退市,导致美国股票市场上市公司数量与新股发行规模下降,资本市场发展相对缓慢。

对于非会计专业的企业管理人员来说,不需要全面细致地学习会计专业的每一项具体业务,但应该了解和掌握重要的基础概念、基本原理及重要交易对财务报表的影响。美国财务学家罗伯特·希金斯曾经说过:"不懂得会计和财务管理工作的经营者,就好比是一个投篮不得分的球手。"

第 2 章

财务会计基本原理

　　财务会计信息以会计准则为标准,包含资产、负债、所有者权益、收入、费用及利润六种会计要素。本章简要介绍各种会计要素的含义,以及由会计要素组成的会计恒等式,然后重点介绍财务会计的记账原理——复式记账法,并举例比较收入、费用与现金流入、流出等重要概念之间的差别,最后描述财务报表的编制流程。

2.1 财务会计的六种要素

会计准则作为财务会计信息最权威的技术标准需要构建一些基本要素,对其概念框架形成支撑。我国财政部发布的《企业会计准则》中定义了会计的六种要素,即资产、负债、所有者权益、收入、费用及利润。

资产(assets)是过去的交易或事项形成的、由企业拥有或控制的资源,这些资源预期会给企业带来经济利益。资产既可以以实物形态出现,如房屋建筑、机器设备等,也可以以非实物形态出现,如客户的欠款、企业持有的债券及专利技术等。简单地讲,资产包括企业持有的钱、权(如收款权、资产使用权)、物三大类。

负债(liabilities)是过去的交易或事项形成的企业的现时义务,履行这些义务预期会有经济利益流出企业。负债表示资产中来自债权人那部分的价值。形象地讲,负债包括企业借入的贷款、拖欠未付的货款、预先收到的定金及该缴未缴的税费。

从资产权属角度来看,企业取得的资产最终只有两类归属:一类归属于债权人;另一类归属于所有者。总资产偿还全部负债之后剩余的部分才归所有者所有,剩余的部分被称为所有者权益(equity),也称净资产(net assets)。在世界各地的法律中,债权人的求偿权都要高于所有者,因此企业清算时债权人将优先得到偿付。公司是最为常见的企业组织形式,其所有者是股东,公司的所有者权益也被称为股东权益(shareholders' equity)。

> 💡 **注意**
> 资产、负债与所有者权益是描述一家企业某一时点财务状况的三种会计要素,所有者权益依据资产和负债的账面价值确定。

由此可以看出,资产与负债是两种基本的、可以明确界定的会计要素,所有者权益则是在前两者基础之上衍生出来的。无论是账面会计核算,还是实际清算中的财产清偿与分配,所有者最终所享有的价值都要受到资产与负债价值变化的影响。值得注意的是,所有者权益是一个整体的价值概念,并不与某项具体资产(例如企业的银行存款或某块优质土地等)形成直接对应关系。只有企业全部负债偿还后，所有者才对剩余的资产具有求偿权。

由于在具体偿还负债的过程中很多资产可能要以低于账面价值的价格对外转让或抵债，少数资产也可能以高于账面价值的价格对外出售（例如很久之前以较低价格购入的土地、房屋和资产），因此企业实际偿债结果存在较大的不确定性，所有者在清算结束后最终得到的剩余资产价值与账面上的所有者权益可能出现较大差异。

尽管如此，所有者权益还是可以在一定程度上反映所有者的账面财富——尤其是在宏观经济环境较为稳定、企业业务相对平稳的情况下，这些账面财富主要来自两个方面，一是所有者向企业投入的资本（投入资产的价值体现），二是归所有者所有并留存在企业内部的生产经营所得，即留存收益（retained earnings）。此外，少数特殊业务，例如某些金融资产发生增值，也会导致账面所有者权益总额增加。

如果企业取得的生产经营所得以现金股利的形式分配给所有者，则留存收益就会减少，所有者权益也会相应减少。在股利税费负担并不显著的情况下，一些所有者更愿意以持续稳定的现金股利的形式提前收回投资成本，而不是把归属于所有者的财富一直存放在被投资企业。此外，也有所有者希望企业通过回购股票的形式将取得的收益返还给所有者，并以此实现股价的稳定或上涨。因此，如果全面考虑现金股利分配与股票回购等因素，并不是所有的所有者都认为账面所有者权益越大越好。

重要辨析

资产与资本的区别

资产是企业掌控的经济资源，具有多种形式。例如，存放在银行的存款、房屋建筑、机器设备等都属于资产。资本是一个反映资产来源的价值概念，被定义为股东投入资产的价值，不同股东投入企业资本的多少可以在法律上代表企业的产权关系。企业通常以实际投入的资本为依据向股东分配利润或进行清算。

股东投入资本的具体形式可以是银行存款等货币性资产，也可以是设备、厂房等其他资产。某项资产一旦作为资本被股东投入企业，企业就应及时办理产权过户或转移手续，将资产的归属权由股东转移到企业，同时股东取得公司股权——股东失去了资产的所有权换来的是对企业的所有权。

小案例

老白干酒业的所有者权益

河北衡水老白干酒业股份有限公司（原名河北裕丰实业股份有限公司，以下简称"老白干酒业"）1999年12月30日成立，注册资本1.4亿元，主营业务是生产和销售衡水老白干白酒，公司2002年10月在上海证券交易所挂牌上市。截至2014年12月31日，老白干酒业股东投入的账面股本一直维持在1.4亿元，即股东投入的初始资本十多年没有发生变化，但所有者权益由2002年年底的3.3亿元增至2014年年底的6.7亿元，增加了3.4亿元，主要原因是公司经营形成的留存收益由2002年年底的2 100万元增至2014年年底的3.5亿元。

资产、负债与所有者权益反映的是企业在某一时点的经济存量，其中与企业生产经营相关的部分在某个期间发生改变是由企业当期取得收入、发生费用引起的。收入（revenue）是企业在日常活动中形成的、导致所有者权益增加的经济利益流入。与收入相反，费用（expense）是企业在日常活动中发生的、导致所有者权益减少的经济利益流出。利润（income/profit），简单地说，就是收入减去费用的差额。收入、费用与利润是反映企业某个期间经济流量的会计要素。

> **注意**
> 收入、费用与利润是描述一家企业某个期间经营成果的三种会计要素，可以用来解释所有者权益经济存量的当期变化，并与经营性资产和经营性负债的变化形成直接对应关系。

与资产、负债及所有者权益三者之间的关系相类似，收入与费用是两项基本的、可以明确界定的会计要素，利润是在前两者基础之上计算得到的结果。收入与费用的确认不以资金流入、流出为依据，而是注重经济业务的实质，关注盈利活动的实质性发生与完成以及是否有相关经济利益流入或流出企业，这种确认标准被称为权责发生制原则（accrual basis）。目前，世界各国的企业会计准则都采用权责发生制原则确认收入与费用。与权责发生制原则相对应的另一种确认标准是收付实现制原则(cash basis),即以资金的流入与流出为依据确认收入和支出,很多国家的政府部门普遍采用收付实现制原则确认收入与支出。初学者往往对权责发生制原则理解得不够深入,时常混淆资源流入流出与资金流入流出等概念,需要对此格外注意。

> **注意**
>
> 权责发生制原则是财务会计最重要的记账基础。会计人员只有深刻理解了权责发生制原则,才能准确确认企业当期实现的收入与发生的费用。

为了使同一时期不同企业之间及同一企业不同时期之间的会计数据具有可比性,会计准则对收入的确认标准做出了明确规定。目前,我国的《企业会计准则第14号——收入》、美国的《会计准则汇编606——源于客户合同的收入》以及《国际财务报告准则第15号——来自客户合同的收入》对收入的确认、计量及报告已经做到完全一致。企业与客户之间的合同只有同时满足以下五个条件,才可以确认为当期收入:

(1)合同各方已批准该合同并承诺将履行各自义务——合同真实有效;

(2)该合同明确了合同各方与所转让商品或提供服务相关的权利和义务——合同内容清晰完整;

(3)该合同有明确的与所转让商品或提供服务相关的支付条款——可以确定交易条件与金额;

(4)该合同具有商业实质,即履行该合同将改变企业未来现金流量的风险、时间分布或金额——避免企业之间发生不具有商业实质的货物串换,以此虚增收入;

(5)企业因向客户转让商品或提供服务而有权取得的对价很可能收回——确保经济利益能够流入企业。

下面的例子可以帮助读者加深对收入确认的理解。假定2019年7月10日凤凰卫视与华为公司签订协议,协议规定凤凰卫视在8月为华为公司制作一个3分钟的宣传片,并播放90次,由此产生的相关成本能够可靠计量,华为公司将在9月为此支付500万元。凤凰卫视在8月按照规定履行了协议,并于9月10日收到华为公司支付的相关款项。

在本例中,凤凰卫视在 2019 年 7 月只是签订协议,并未完成服务,因此不应该在 7 月确认宣传广告的收入。凤凰卫视在 8 月履行了协议,完成了宣传片的制作与播放。尽管 8 月尚未收到相关款项(没有资金流入),但按照协议规定,凤凰卫视取得了一项收款的权利——属于企业的资产,构成了企业的资源流入。在收入与成本能够可靠计量、收款有保证的情况下,凤凰卫视应该在 8 月确认广告收入。

企业销售商品确认收入的业务更为复杂一些。销售方要首先识别与客户所签订合同中的各项履约义务(例如提供商品、发货运输、安装调试、售后维修等),然后确定合同中总的交易金额,并将总的交易金额合理分配到每项履约义务。此后,销售方按照合同约定,完成某项履约义务后确认相应部分的收入。

无论是提供服务取得的收入,还是销售商品取得的收入,在财务会计中都被统称为营业收入。企业在确认营业收入时一定要求相关的营业成本能够可靠计量。如果营业成本无法可靠计量、不能确认,当期只确认了营业收入,营业收入与营业成本分属不同会计期间,就会形成信息扭曲——当期只有营业收入、后期只有营业成本,无法真实反映企业经营业绩。因此,营业收入与营业成本的确认一定要严格遵循匹配性原则(matching principle)。

企业会计准则要求,企业在判断与处理经济业务时要遵循实质重于形式(substance over form)的原则,即按照商业交易的经济实质进行会计处理,而不以商业交易的法律形式为依据。企业实际经营中有时也会发生售后回购与售后租回的业务。售后回购是指销售方在销售商品的同时,承诺日后购回同样或类似的商品。售后租回是指销售方在销售一项资产的同时,同意日后长期租用此资产。从本质上讲,售后回购与售后租回业务虽然在法律形式上发生了销售行为,但销售方以回购或租回的形式保留了商品或资产的控制权,并没有将商品或资产的最终控制权转移给购买方,因此不符合收入确认原则,不能确认营业收入。上述两项业务的实质通常可以理解为销售方把商品或资产抵押给购买方取得资金的一种融资行为。

小案例

雷曼兄弟的售后回购业务

1850年创立的雷曼兄弟,曾经是美国第四大投资银行,在2000年和2002年分别被《商业周刊》和《国际融资评论》评为"最佳投行"。然而,这家具有158年辉煌历史的"最佳投行"却在2008年9月15日突然申请破产保护,让很多投资者颇感意外,大失所望。按照申请破产保护时公司的资产规模(6 390亿美元)度量,雷曼兄弟成为美国历史上最大规模的破产保护案例。

2009年,纽约南区破产法院委托检察官安东·沃卢克斯调查雷曼兄弟倒闭的真实原因,经过一年的时间,耗资3 000万美元,最终形成了一份2 200页的调查报告。调查报告显示,雷曼兄弟从2007年第四季度开始,在邻近季度末时对持有的金融资产大规模开展售后回购业务,违规确认收入、利用取得的资金偿还债务,下个季度初再重新借入资金履行回购义务。

公司从事这些售后回购业务的真实目的只有一个:有效地降低公司对外披露的资产负债率,赢得投资者对公司的信心,维护良好的市场形象。但公司对售后回购业务的会计处理明显违反了实质重于形式的会计原则,而且也并未在财务报告中对外公开披露相关信息,政府的监管部门、市场的评级机构,甚至公司的董事对这些业务都毫不知情,存在明显违反会计准则与信息披露规定的行为。

作为公司的审计机构,安永会计师事务所知悉、允许并协助雷曼兄弟通过售后回购业务降低资产负债率、粉饰财务数据,从而对投资者、分析师、债权人等造成会计欺诈。2010年12月,纽约州总检察官安德鲁·科莫就安永会计师事务所涉嫌参与雷曼兄弟民事欺诈案的行为提出法律诉讼。2013年10月,安永会计师事务所与雷曼兄弟的前股东达成总值9 900万美元的和解协议,以了结这些投资者所提出的安永在担任雷曼兄弟审计机构期间协助公司对外披露虚假财务信息的指控。

航空运输业经常发生飞机售后租回业务。航空公司出售飞机后随即签订租赁协议,把飞机租回使用,并拥有在若干年后购买该飞机的优先认购权。在这种情况下，航空公司对售出的飞机持续占有并长期使用，保留了对飞机的实际控制权，因此不符合销售收入的确认标准，视同企业融资业务进行会计核算。

> 注意
> 实质重于形式是会计人员判断与确认经济业务需要遵循的一项重要原则。

在实际业务中，有时商品还没有转移给购货方或服务尚未提供，但销售方已经收到客户支付的款项（例如演出公司通常在演出之前就收到了观众的票款，航空公司在提供航运服务之前就收到了乘客的票款），此时尽管企业可以掌控的经济资源增加了，但企业有义务在未来某个时间按照合同约定发出商品或提供服务，因此收到的款项暂时不能确认为收入，而是形成了企业的短期负债——合同负债或预收账款。

企业在创造当期收入过程中发生的人、财、物等方面的资源流出要确认为费用，即对这些支出进行费用化（expensing）。前面提到的与企业营业活动密切相关的支出（即营业成本），就是企业当期费用的一个组成部分。例如，啤酒生产企业所出售啤酒的生产制造成本，航空公司提供航运服务过程中发生的各项开支等。与企业营业活动并不直接相关，而是与会计期间联系比较紧密的费用属于期间费用，包括销售费用、管理费用、研发费用、财务费用。当期费用的确认要与当期收入相匹配，为创造多期收入——而不是当期收入——发生的资源流出不能直接确认为当期费用，要先进行资本化（capitalization），形成企业的资产，在资产的使用过程中，逐步把资产的购置成本确认为各个期间的费用。

 重要辨析

费用化与资本化

会计准则对企业经营过程中发生的支出有两种处理方式：要么确认为当期费用——费用化，要么确认为一项资产——资本化。从理论上讲，费用化的支出与取得当期收入有关，资本化的支出与取得多期收入有关。一项支出被费用化后，其全部金额将作为费用，从当期收入中扣除，100%地减少当期利润。

资本化的支出则要先形成一项企业资产,此后在资产的使用过程中,逐步把资产的成本合理分摊,计入各期费用,从而影响各期利润。

不过,企业会计准则中有一条重要性原则(materiality principle),即对于金额重大或性质重要的业务,企业要详细记录并如实反映;对于金额较小且性质不重要的业务,企业可以简化处理。因此,企业采购的订书器、签字笔等金额较小的办公用品尽管并不一定只在当期使用,但由于相关支出的金额不大,一般都作为当期费用处理,而不确认为资产。至于重要性原则适用金额的具体标准,企业应根据自身实际经营规模自行确定。

> **注意**
>
> 很多企业为了提升当期财务业绩,违反会计准则规定,将一些本应该当期费用化的支出资本化,从而减少当期费用,虚增利润与资产。

国内外会计准则中对会计主体都有"持续经营"(going-concern)的前提假设,即在可以预见的未来,企业将按照当前的规模和状态继续经营下去,不会大规模削减业务,更不会停业、清算。常规的会计确认、计量与报告要以企业持续、正常的生产经营活动为前提,如果企业整体或部分业务不能持续经营,则常用的会计处理方法需要做出调整。

财政部2017年制定并发布的《企业会计准则第42号——持有待售的非流动资产、处置组和终止经营》就是专门规范非持续经营业务的会计准则,并在资产负债表中新增了持有待售资产与持有待售负债等项目,在利润表中将净利润进一步划分为持续经营损益与终止经营损益。

收入与费用的定义中强调经济利益流入与流出源于企业的日常活动,说明收入与费用具有经常性与可持续性。那些非日常活动中发生的经济利益流入和流出并不符合收入与费用的定义,那么应该算作什么?中国现行企业会计准则对此并没有做出明确的定义。

在美国会计准则和国际会计准则中,偶然发生的交易以及其他事项、环境变化等导致的经济利益流入与流出被定义为利得与损失。利得(gains)是指由企业非日常活动所形成的、会导致所有者权益增加、与所有者投入资本无关的经济利益流入。损失(losses)是指由企业非日常活动所发生的、会导致所有者权益减少、与向所有者分配利润无关的经济利益流出。利得与损失是一次性交易或事项导致的结果,通常不具有持续性。按照会计准则的规定,大部分利得、损失会影响企业当期利润——被称为计入当期损益的利得或损失,少部分除外。因此,严格来讲,利润不仅受到收入和费用影响,也与企业当期形成的计入当期损益的利得和损失有关。

> **注意**
>
> 尽管中国现行企业会计准则没有对利得与损失会计要素进行确切定义,但在实际会计核算中无法回避利得与损失。大部分的利得与损失都被计入企业当期损益(例如资产减值损失、公允价值变动损益、资产处置损益等),先影响利润总额与净利润,进而再计入期末所有者权益;少部分的利得与损失直接被计入所有者权益下的其他综合收益。具体到某类经济业务的利得与损失究竟如何处理——是否需要计入当期损益,会计准则做出了明确的规定。

尽管所有者向企业投入资本及企业向所有者分配利润也会导致企业经济利益的流入与流出,但这种流入与流出是企业和所有者之间投资与分配活动产生的结果,不是生产经营活动引起的经济利益变化,因此既不属于收入与费用,也不属于利得与损失,而是直接影响所有者权益中的资本与留存收益。

2.2 基本会计恒等式

由于所有者权益被定义为资产减去负债,因此存在以下等式关系:

$$所有者权益 = 资产 - 负债$$

将这一等式进行变换,即可得到会计学中的基本会计恒等式(accounting equation):

$$资产 = 负债 + 所有者权益$$

恒等式左边反映企业掌控的资源,恒等式右边表明这些资源的最终归属:多少资产归债权人所有(属于负债),多少资产归所有者所有(属于所有者权益)。基本会计恒等式突出了资产的产权特征,如果资产总额增加,则要么负债增加,要么所有者权益增加;同样,如果资产总额减少,则要么负债减少,要么所有者权益减少。总之,资产总额发生增减变化时,一定要找出变化部分的产权归属。这也是复式记账法的关键所在。

下面举例说明经济业务如何对基本会计恒等式产生影响。

(1)假定几个朋友共同出资2亿元银行存款,成立一家地产公司,此时该公司的会计恒等式左边的资产为2亿元银行存款,右边的所有者权益对应为2亿元投入资本。

$$资产\ =\ 负债\ +\ 所有者权益$$
$$2亿元\qquad\qquad\qquad 2亿元$$
$$(银行存款)\qquad\qquad(资本)$$

(2)一个月后,该企业用1亿元银行存款购置了一项地产,此时会计恒等式左边的资产总额仍为2亿元,但是资产结构发生了变化,原来的2亿元银行存款变成了1亿元银行存款和价值1亿元的地产,右边没有发生变化。

$$资产\ =\ 负债\ +\ 所有者权益$$
$$2亿元\qquad\qquad\qquad 2亿元$$
$$(1亿元银行存款)\qquad(资本)$$
$$(1亿元地产)$$

(3)一年后,该企业出售地产取得1.2亿元银行存款,此时会计恒等式左边的资产总额由2亿元变为2.2亿元——全部是银行存款,右边所有者权益中2亿元资本保持不变,额外增加了0.2亿元的留存收益(假设企业没有对利润进行分配)。

$$资产\ =\ 负债\ +\ 所有者权益$$
$$2.2亿元\qquad\qquad\quad 2.2亿元$$
$$(银行存款)\qquad\qquad(2亿元资本)$$
$$\qquad\qquad\qquad\qquad(0.2亿元留存收益)$$

通过上面的例子可以看出,一家经营管理有效的企业,如果每年取得的生产经营所得没有全部分配给所有者,而是保留在企业内部继续使用,那么这家企业的留存收益及所有者权益就会不断增加,所有者的账面财富就会持续增长。相反,如果一家企业经营不利,连年亏损,留存收益就会出现负数,当累计亏损金额大于所有者投入的资本时,账面所有者权益就会变为负数。

例如,中国东方航空公司 2008 年年末的会计恒等式如下:

$$\text{资产} = \text{负债} + \text{所有者权益}$$
$$732\text{ 亿元} \quad\quad 842\text{ 亿元} \quad -110\text{ 亿元}$$

该公司截至 2008 年年末累计亏损 175 亿元,亏损金额远远超过了股东投入的资本(58.2 亿元),所有者权益变为负数,意味着公司资产总额小于负债总额,这种情况也被称为"资不抵债"。当企业出现资不抵债的情况时,通常表明企业生产经营出现严重问题,面临严峻危机;不过,如果企业在短期内仍然能够清偿到期债务,就不至于被迫破产清算,可以通过重组整合渡过难关。

> 💡 **注意**
>
> 《中华人民共和国企业破产法》规定,企业法人不能清偿到期债务,并且资产不足以清偿全部债务或者明显缺乏清偿能力的,应该进行破产清算。因此,资不抵债并不单独构成企业破产清算的充分条件,出现资不抵债的企业并不一定要破产清算。

东方航空公司在 2009 年通过增发股票,取得了股东新投入的资本,账面所有者权益由负转正。美国的通用汽车公司 2008 年也曾出现过资不抵债的情况,后来经过美国财政部注资等一系列重组整合,账面所有者权益在 2009 年实现了由负转正,此后公司逐渐恢复了正常的生产经营。

2.3 扩展会计恒等式

基本会计恒等式仅仅涉及资产、负债、所有者权益三种会计要素,无法直观地反映收入、费用等会计要素及利得、损失对会计恒等式的影响,因此需要对基本会计恒等式进行扩展,得到包含收入、费用及利得、损失在内的扩展会计恒等式。

所有者权益由投入资本、留存收益及未计入损益的利得与损失(主要体现为其他综合收益)组成(见等式 1),其中的留存收益是从企业成立时起到当前时点为止累计未分配的经营所得——也称期末留存收益,这部分期末留存收益等于企业期初留存收益加上本期净利润(见等式2,为了简便,假定当期没有向所有者分配股利)。本期净利润等于本期收入减去包含所得税费用在内的本期全部费用,再加上计入损益的利得,减去计入损益的损失(见等式3)。将以上三个等式代入基本会计恒等式,经过整理后便可得到扩展会计恒等式。

基本会计恒等式:

$$资产 = 负债 + 所有者权益$$

$$所有者权益 = 资本 + 其他综合收益 + 期末留存收益 \quad (等式1)$$

$$期末留存收益 = 期初留存收益 + 本期净利润 \quad (等式2)$$

$$本期净利润 = 收入 - 费用(包含所得税费用) +$$
$$计入损益的利得 - 计入损益的损失 \quad (等式3)$$

扩展会计恒等式:

$$资产 + 费用 + 计入损益的损失 = 负债 + 资本 + 其他综合收益 +$$
$$期初留存收益 + 收入 + 计入损益的利得$$

> **注意**
> 扩展会计恒等式通过一个等式将各种会计要素有机地结合起来,可以将会计主体发生的任何一笔可确认商业交易对会计要素的影响反映出来。

扩展会计恒等式引入了收入、费用、利得、损失等,可以对经济业务进行更为详细的描述。例如,前面地产公司例子中的业务(3),出售地产取得银行存款对会计恒等式的影响,可以进一步细化描述,即出售地产取得的1.2亿元银行存款作为当期收入,减少的价值1亿元的地产作为当期费用。

$$资产 + 费用 + 计入损益的损失 = 负债 + 资本 + 其他综合收益 +$$
2.2亿元 1亿元   2亿元
$$期初留存收益 + 收入 + 计入损益的利得$$
                  1.2亿元

由此可见,扩展会计恒等式可以更为清晰地反映出企业各种会计要素的具体变化情况,尤其是增加了当期收入与费用两种会计要素及利得、损失等项目,为当期的经营业绩及财务状况的变化提供了更为全面、详细的信息。

2.4 复式记账法

利用会计恒等式把企业发生的经济业务以特定的表达形式反映出来,这种信息记录方式被称为复式记账法(double-entry accounting)。复式记账法起源于中世纪的意大利,当时威尼斯、热那亚等地较为发达的手工业和商业对详细记录经济业务并且真实反映经营成果产生了迫切的需求,复式记账法在民间经济活动中应运而生。

1300 年前后,两家佛罗伦萨商户 Rinieri Fini & Brothers 和 Giovanni Farolfi & Co. 开始使用复式记账法记录经济业务——这是现存的最早使用复式记账法的相关记录。一百年后,威尼斯当地的银行广泛采用复试记账法记录与描述经济业务。此后,威尼斯的银行业迅速发展,成为当时欧洲的金融中心。

1494 年,意大利牧师卢卡·帕乔利在总结前人实践的基础上出版了《算术、几何及比例概要》一书,在书中第三部分的"簿记论"中详细地介绍了复式记账法,提出了"借""贷"符号、会计基本恒等式以及各种账簿的登记方法,有力地推动了复式记账法的传播与发展,复式记账法逐渐被欧洲各商业组织接受并使用,进而被推广到世界各地。现代会计专业由此开启了新纪元,帕乔利因此也被称为"现代会计学之父"。

在复式记账法下,每一项经济业务将导致扩展会计恒等式两边不同的会计要素同时发生增减,或者等式同侧的不同会计要素之间有增有减,或者同一会计要素内部的不同项目之间有增有减——会计要素内部发生结构变化。总之,在正确记录的情况下,任何经济业务都不会改变会计等式恒等的状态。

例如,股东投入 2 000 万元银行存款设立有限责任公司,这一经济业务会导致会计恒等式中左边的资产与右边的资本同时增加 2 000 万元,等式关系不会因此而改变。

资产+费用+计入损益的损失=负债+资本+其他综合收益+

2 000 万元   2 000 万元

期初留存收益+收入+计入损益的利得

如果仅仅使用基本会计要素来描述经济业务对企业及扩展会计恒等式的影

响,则很多详细信息将无法得到记录与反映。例如,在上面的例子中,通过基本会计要素只能简单地反映出公司拥有 2 000 万元的资产,资产的具体类别、功能及质量无法得到充分体现,信息含量有限。

为了更加详细、具体地反映企业的经营成果和财务状况,财务会计对基本会计要素做出进一步分类,形成了若干个账户。例如,资产要素按照类别细分为银行存款账户、应收账款账户、固定资产账户等。传统的账户形状类似一个大写的英文字母"T",习惯上被称为 T 型账户。T 型账户的左边与右边最初被定义为威尼斯方言 dare、avere,后经帕乔利修改为 debito、credito,英国学者欧文将其进一步简化为 debit、credit,日本学者福泽谕吉在译著《账合之法》中将 debit、credit 翻译成"借""贷"。此后,中国会计界先驱、知名会计学者谢霖和孟森将"借""贷"的译法引入中国。此处的"借"与"贷"没有任何经济含义,仅仅是账户左右两边的名称而已。T 型账户表示如下:

> **注意**
> 账户的借方与贷方可以简单理解为左边与右边,此处的"借"与"贷"并不具有任何字面或引申含义,不应该对其过分解读。

在复式记账法中,通过在某个账户的借方或贷方记录某一金额——用会计术语描述就是借记或贷记某个账户,来表示该账户金额的增加或减少。具体记录规则如下:扩展会计恒等式左边的资产类、费用类及计入损益的损失类账户的借方记录金额(借记)表示账户金额增加,贷方记录金额(贷记)表示账户金额减少;扩展会计恒等式右边的负债类、所有者权益类、收入类、计入损益的利得类账户的贷方记录金额(贷记)表示账户金额增加,借方记录金额(借记)表示账户金额减少。

资产＋费用＋计入损益的损失＝负债＋资本＋其他综合收益＋

期初留存收益＋收入＋计入损益的利得

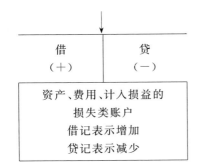
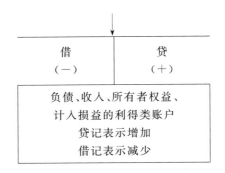

当然，也可以从基本会计恒等式来理解复式记账法的借贷记账规则，即借记资产类账户表示增加，贷记资产类账户表示减少；负债和所有者权益类账户由于在会计恒等式右侧，其记账规则与资产类账户相反，借记表示减少，贷记表示增加。由于收入与利得导致所有者权益增加，其记账规则与所有者权益类账户一致，借记表示减少，贷记表示增加；费用与损失导致所有者权益减少，其记账规则与所有者权益类账户相反（与资产类账户保持一致），借记表示增加，贷记表示减少。

简单来说，借记或贷记某个账户仅仅是财务会计中该账户金额增加或减少的特殊表达方式而已，没有任何其他经济含义。会计人员为了增强其工作的专业性——也是延续职业传统，在日常记账时只使用借贷，不使用增减。至于何时借记（贷记）表示增加，何时借记（贷记）表示减少，需要视具体账户的类别而定。复式记账法是日常会计核算中最为核心的技术规范，非专业人士在没有学习和掌握复式记账法之前对会计人员常说的借记、贷记某个账户很难理解，深感迷惑。

💡 注意

财务会计中账户金额的增加或减少是通过借记或贷记该账户来表示的，增减与借贷之间的具体对应关系取决于账户的会计要素属性。

由于借记资产类的账户表示资产增加，经过一段时间的累积变化之后，绝大部分的资产类账户会具有一定数量的借方余额，一般不会出现贷方余额。而贷记负债类、所有者权益类账户表示负债或所有者权益增加，经过一段时间的累积变化之后，绝大部分的负债类、所有者权益类账户会具有一定数量的贷方余额，一般不会出现借方余额。

通常情况下,经过一个会计年度的累积,收入与计入损益的利得类账户会有贷方余额,费用与计入损益的损失类账户会有借方余额,但会计分期假设要求这些账户只反映企业当期经营的结果,账户金额不能跨期结转,期末要将账户余额通过本年利润账户结转为零,下一个会计年度相关账户从零开始重新进行累积,确认下一期的收入与费用以及计入损益的利得与损失。

从账户属性角度进行区分,资产、负债及所有者权益类账户属于永久性账户(permanent accounts),账户的期末余额自动递延到下一个会计期间,因此通常情况下本期的期末余额就是下一期的期初余额;而收入、费用、计入损益的利得与损失类账户属于暂时性账户(temporary accounts),会计年度结束后要把期末余额结转为零,下一个会计年度从零开始。

专业会计人员在记录某项经济业务时,首先要识别受到经济业务影响的具体账户,然后判断这些账户的要素属性,再根据复式记账法的记账规则及账户的增减变化借记或贷记相应的账户,最终反映出经济业务对会计恒等式中各项会计要素的影响,这种记录经济业务的表达形式被称为会计分录。在复式记账法下编写会计分录时要遵循两条基本原则:每项经济业务至少要影响两个账户;会计分录中"有借必有贷,借贷必相等"。只有满足这两条基本原则,编写出来的会计分录才能保证不破坏会计恒等式的平衡。

> **注意**
>
> 有借必有贷是针对不同账户来说的,即描述一项经济业务,在借记某个(些)相关账户的同时,一定要贷记其他某个(些)账户,而不是对同一个账户同时借记与贷记某个金额。如果一个账户同时借记与贷记某个金额,相当于这个账户最终没有发生变化。

2.5 常用会计分录举例

下面举例说明,企业如何按照复式记账法编写实际发生经济业务的会计分录。会计人员若要实现完全独立编写正确的会计分录,则需要全面了解企业会计账户的基本情况,本书将在第 4 章和第 5 章详细介绍常用的会计账户。下面例子中出现的会计账户,读者只需简单了解,能够理解会计分录是如何反映经济业务的即可。

(1)凤凰卫视公司支付 800 万元银行存款购入影像设备。

本例中,发生的经济业务涉及凤凰卫视公司的银行存款账户(减少 800 万元)与固定资产账户(增加 800 万元)——对于凤凰卫视公司来说,购入的影像设备是重要的长期生产工具,属于公司的固定资产。固定资产与银行存款都属于资产类账户,增加要借记,减少要贷记,因此复式记账法下该项经济业务通过下面的会计分录来反映。此项交易导致会计恒等式左边资产类会计要素的内部结构发生了变化,资产总额不变,并不破坏会计恒等式的等式关系。

  借:固定资产   8 000 000
    贷:银行存款   8 000 000

(2)凤凰卫视公司实现 500 万元广告收入,款项尚未收到。

本例中,发生的经济业务涉及凤凰卫视公司的主营业务收入账户(增加 500 万元)与应收账款账户(增加 500 万元)。主营业务收入属于收入类账户,增加要贷记,应收账款属于资产类账户,增加要借记,因此复式记账法下该项经济业务通过下面的会计分录来反映。此项交易导致会计恒等式左边资产类会计要素与右边收入类会计要素同时增加相同的金额,并不破坏会计恒等式的等式关系。

  借:应收账款   5 000 000
    贷:主营业务收入   5 000 000

企业管理人员在日常经营管理过程中常常感受到业绩考核与资金周转的压力,比较关注确认收入和费用的经济业务及与资金流入、流出相关的经济业务,下面简单列出这四个方面常见的一些经济业务与会计分录。

2.5.1 确认收入的经济业务

(1)企业发出商品完成销售,同时收到货款。

  借:银行存款   ×××
    贷:主营业务收入   ×××

(2)企业发出商品完成销售,尚未收到货款。

  借:应收账款   ×××

贷：主营业务收入　　　　　　　　　　　　　　　　　×××

（3）企业预先收到货款后，发出商品完成销售。

　　借：预收账款　　　　　　　　　　　　　　　　　　×××

　　　贷：主营业务收入　　　　　　　　　　　　　　　　×××

企业预先收到货款时编制的会计分录如下：

　　借：银行存款　　　　　　　　　　　　　　　　　　×××

　　　贷：预收账款　　　　　　　　　　　　　　　　　　×××

上面例子中的银行存款与应收账款属于资产类账户，而预收账款属于负债类账户。由此可以看出，复式记账法在确认收入的同时，要么增加资产，要么减少负债，从而导致所有者权益相应增加。同时，在当期没有资金流入的情况下，企业仍然可以确认收入，如上面例子中的情况(2)与(3)。

2.5.2　确认费用的经济业务

（1）企业发出商品完成销售，确认销售成本。

　　借：主营业务成本　　　　　　　　　　　　　　　　×××

　　　贷：库存商品　　　　　　　　　　　　　　　　　　×××

（2）企业发生并支付董事会会议费。

　　借：管理费用　　　　　　　　　　　　　　　　　　×××

　　　贷：银行存款　　　　　　　　　　　　　　　　　　×××

（3）企业月末计提销售人员当月佣金。

　　借：销售费用　　　　　　　　　　　　　　　　　　×××

　　　贷：应付职工薪酬　　　　　　　　　　　　　　　　×××

上面例子中的库存商品与银行存款属于资产类账户，而应付职工薪酬属于负债类账户。由此可以看出，复式记账法在确认费用的同时，要么减少资产，要么增加负债，从而导致所有者权益相应减少。同时，在当期没有资金流出的情况下，企业仍然可以确认费用，如上面例子中的情况(1)和(3)。

2.5.3　资金流入的经济业务

（1）股东投入银行存款设立有限责任公司。

　　借：银行存款　　　　　　　　　　　　　　　　　　×××

贷：实收资本　　　　　　　　　　　　　　　　　×××

(2) 企业从金融机构取得长期借款。

　　借：银行存款　　　　　　　　　　　　　　　　　×××

　　　　贷：长期借款　　　　　　　　　　　　　　　×××

(3) 企业发出商品之前预先收到货款。

　　借：银行存款　　　　　　　　　　　　　　　　　×××

　　　　贷：预收账款　　　　　　　　　　　　　　　×××

(4) 企业销售商品形成收入，同时取得银行存款。

　　借：银行存款　　　　　　　　　　　　　　　　　×××

　　　　贷：主营业务收入　　　　　　　　　　　　　×××

(5) 企业收回前期销售形成的应收账款。

　　借：银行存款　　　　　　　　　　　　　　　　　×××

　　　　贷：应收账款　　　　　　　　　　　　　　　×××

通过上面的例子可以看出，企业的资金流入主要来自四个渠道：(1) 股东注入资金；(2) 向外部债权人借入资金；(3) 生产经营取得资金；(4) 收回其他资产占用的资金。前两种渠道属于企业融资活动，取得资金的时效性较强，金额较大，可以帮助企业有效缓解资金紧张的压力。后两种渠道属于企业的经营活动，是健康企业资金流入的主要来源。

> 💡 注意
>
> 　　如果企业不是因为战略调整而是通过大规模出售土地、厂房、生产设备等优质资产来筹集资金，则通常意味着企业经营出现了严重问题。

2.5.4　资金流出的经济业务

(1) 企业分配现金股利。

　　借：利润分配——未分配利润　　　　　　　　　　×××

　　　　贷：银行存款　　　　　　　　　　　　　　　×××

(2) 企业偿还金融机构长期借款。

　　借：长期借款　　　　　　　　　　　　　　　　　×××

贷：银行存款   ×××

 (3)企业支付银行存款购置固定资产。

 借：固定资产   ×××

  贷：银行存款   ×××

 (4)企业发生并支付董事会会议费。

 借：管理费用   ×××

  贷：银行存款   ×××

  与资金流入相对应，企业的资金流出主要有四个去向：(1)分配现金股利或减少资本——流向所有者；(2)支付利息或偿还本金——流向债权人；(3)支付生产经营成本及相关税费——流向服务供应商、政府税务部门、企业员工等；(4)购置资产——流向材料、设备供应商。企业为减少资金流出，应该在投资和经营管理方面严格把关，尤其要重点关注后两个去向的资金流出，节约日常开支，控制材料与设备采购成本，避免购入不必要的资产。

重要辨析

利润与资金的区别

  对于企业来说，利润与资金是两样好东西。但利润属于会计概念，一般情况下，主要是由收入减去费用形成的，同时受到计入当期损益的利得与损失影响。利润所体现的经济利益归属于所有者，是所有者权益的组成部分，其确认、计量以权责发生制为基础。

  广义的资金(cash)属于财务概念，包括用于对外支付或偿还负债的银行存款、库存现金及银行汇票存款等其他货币资金，其确认、计量以收付实现制为基础，收到资金即为资金流入，支付资金即为资金流出，用资金流入减去资金流出即可得到资金流量净额。资金是一种特殊形态的资产，企业账面上的资金只归属于企业。企业偿还全部负债之后剩余的资金才归所有者所有。由于企业购置大型机器设备、大规模采购原材料、集中收回前期大额应收账款、借入或偿还债务等活动会影响资金流量，但不影响当期利润，因此与利润相比，资金流量的波动性较大，更不容易准确预测。

前面会计分录的例子能够较好地反映出收入与费用和资金流入与流出两对概念之间的差别。很多时候,企业未来的现金流量源自当前的经济业务,很多当前的现金流量对未来的收入、费用又具有影响。为了向信息使用者清晰地反映收入与费用和资金流入与流出的情况,会计准则要求企业同时编制利润表(income statement)与现金流量表(statement of cash flow)来分别对利润和资金进行反映。

2.6　财务报表编制流程

企业发生经济业务后,具体经办人员通常要取得购货或销货发票、银行支票等原始凭证,并将原始凭证及内部管理授权的审批单据交给会计人员,由会计人员根据经济业务的实质及相关证明在记账凭证上(外国企业一般是在日记账上)编写会计分录,再按照会计分录涉及的相关账户逐一登记相应的账簿,在会计年度结束时结计出各个账户本期的发生额和期末余额,将收入、费用及计入当期损益的利得和损失等账户的期末余额结转至本年利润账户,使这些账户的期末余额变成零——保证下一个会计年度这些账户从零开始累计,转入本年利润账户的收入与费用及计入损益的利得与损失经过配比之后,账户余额要结转到所有者权益项下的利润分配——未分配利润账户中。最后根据资产类、负债类与所有者权益类账户的期末余额与收入类、费用类及计入损益的利得和损失类账户的当期发生额编制财务报表。近年来,随着计算机技术的普及与应用,这些工作都可以由电算化会计软件辅助完成。

> 💡 **注意**
> 本年利润属于企业期末结账时短暂使用的利润类过渡性账户,年度结账工作结束后,本年利润账户期末余额应该为零。

对于非专业人士,不必纠结于编写分录、登记账簿、编制报表等技术细节,但应该掌握经济业务对会计要素及财务报表项目的具体影响,并通过解读财务报表重要项目的变化、关注报表的结构调整、计算特定财务比率来深入研究企业经营运作的实际情况,发现生产与经营中存在的问题并及时解决。

第 3 章

财务报告的形式与内容

日常经常提到的财务报表仅仅是财务报告的一个组成部分,完整的财务报告是按照财务会计技术标准详细描述企业全貌的一套系统性文件。各国上市公司都必须按照证券监管机构的要求定期向资本市场披露财务报告。财务报告除了包含财务报表、生产经营数据等"硬信息",还涵盖董事长致信、董事会与管理层对经营业绩的定性分析与前瞻性预判等"软信息"。公司的股东、债权人及重要供应商、主要客户等利益相关方一般都有定期查阅、研究分析企业财务报告的需求。

3.1 财务报告的形式

财务报告是按照财务会计技术标准详细描述企业全貌的一套系统性文件,是向投资者、债权人等外部信息使用者提供决策有用信息的重要媒介和渠道,为投资者和债权人与企业管理层之间的信息沟通起到了桥梁及纽带作用。股神巴菲特曾半开玩笑地说过:"别人喜欢看《花花公子》杂志,但是我喜欢看公司的财务报告。"

国内外证券监管机构都有明确规定:公开发行股票、债券的公司必须向社会公众定期发布财务报告,及时披露公司信息。通常上市公司网站的投资者(investors)或投资者关系(investor relations)栏目会及时发布公司的最新财务报告。在上海证券交易所(www.sse.com.cn)、深圳证券交易所(www.szse.cn)及巨潮资讯网(www.cninfo.com.cn)等网站也可以找到国内上市公司最近披露的财务报告。中国债券信息网(www.chinabond.com.cn)、上海清算所(www.shclearing.com)等网站可以找到国内公开发行债券企业的财务报告。

> **注意**
>
> 不仅公开发行股票的上市公司需要定期披露财务报告,公开发行债券的企业也需要定期披露财务报告。相比之下,上市公司财务报告涵盖的内容更为全面,信息含量更大。

重要辨析

董事会秘书

按照证券监管机构的要求,上市公司必须设置董事会秘书这一职位,专门负责按照相关规定向证监会与交易所提交定期报告和临时报告等,以及对外披露公司重要信息。定期报告包括年度报告和中期报告,国内上市公司的中期报告包括前半个会计年度的半年度报告,也包括第一、第三季度报告;临时报告包括股东大会决议公告、董事会决议公告、监事会决议公告等。

董事会秘书要具备一定的专业知识,不仅要掌握《公司法》《证券法》、上市规则、信息披露规定等相关法律法规,还要熟悉公司章程,了解企业战略发展布局、生产经营管理及财务与会计等方面的相关知识。因此,董事会秘书不是普通意义上的行政秘书,而是公司的高级管理人员。上海证券交易所与深圳证券交易所要求拟在上市公司担任董事会秘书的人员必须通过相关考试,才能取得任职资格。

3.1.1 证券监管机构对财务报告的要求

上市公司要在规定的时间内按照证券监管机构指定的报告格式向公众披露信息。由于对会计信息披露及时性的要求不断提高,很多证券交易所要求上市公司不仅要公布年度财务报告(annual report)与半年度财务报告(semiannual report),还要公布季度财务报告(quarterly report)。

中国证监会规定内地上市公司要在第一季度和第三季度结束后的1个月内披露季度财务报告,半年度结束后的2个月内披露半年度财务报告(半年度财务报告的内容、格式比季度财务报告更为详细,与年度财务报告相当,但一般不需要经过审计),会计年度结束后的4个月内披露年度财务报告。在香港上市的公司,目前不需要披露季度财务报告,只需要在半年度结束后的3个月内和会计年度结束后的4个月内,分别披露半年度财务报告和年度财务报告。两者的比较如表3-1所示。

表3-1 内地和香港上市公司财务报告披露期限要求

	季度财务报告	半年度财务报告	年度财务报告
内地上市公司	第一季度和第三季度结束后1个月	半年度结束后2个月	年度结束后4个月
香港上市公司	不需要披露	半年度结束后3个月	年度结束后4个月

> 💡 **注意**
> 在国内会计信息监管过程中,财政部负责制定适用于所有企业的会计准则,证监会负责规范上市公司财务报告披露的具体内容、格式及期限。

美国证券交易委员会规定在美国上市的美国公司都要按照 10Q 的文件格式披露季度财务报告,按照 10K 的文件格式披露年度财务报告;外国公司要按照 20F 的文件格式披露年度财务报告。美国公司财务报告的具体披露期限与公司市值有关(见表 3-2),市值较大的公司披露期限相对较短;外国公司要在会计年度结束后 6 个月内披露年度财务报告。

表 3-2 美国证券交易委员会对上市公司财务报告披露期限的要求

	公司标准	年度财务报告披露期限	季度财务报告披露期限
大型公司	市值等于或超过 7 亿美元	年度结束后 60 天	季度结束后 40 天
中型公司	市值等于或超过 7 500 万美元但不及 7 亿美元	年度结束后 75 天	季度结束后 40 天
小型公司	市值不及 7 500 万美元	年度结束后 90 天	季度结束后 45 天

3.1.2 可扩展商业报告语言

近年来,可扩展商业报告语言(extensible business reporting language,XBRL)在世界范围内迅速得到推广普及,毫无悬念地成为未来全球财务报告的电子格式标准。XBRL 是一种财务类报告的电子交换格式,是目前应用于财务信息处理的最新技术和标准,使用这种技术可以为商业信息的收集、整理、生成、应用、分析及交流带来极大的便利。

> 💡 注意
> XBRL 仅仅是改进财务报告生成与使用形式的技术手段,它对企业会计准则具体规定及财务报表项目数值结果并不产生任何实质影响。

XBRL 由一个超过 600 家公司、组织及政府机构组成的国际公共联盟开发,是一套开放的技术标准,在全球范围内免费使用。目前,美国、日本、丹麦、德国等许多国家的证券监管机构已经要求上市公司使用 XBRL,美国大型上市公司必须提供 XBRL 格式的财务报告。我国上海证券交易所与深圳证券交易所上市公司的定期财务报告也已经实现 XBRL 的应用。

XBRL 采用电子标签对商业信息进行明确定义,从而便于商业信息的收集整理、深度加工、自动交换、可靠提取及分析使用。同时，XBRL可以更好地描述信息之间的相互关系，给出各种财务比率的计算公式，提供可供参考的重要会计准则和其他相关信息来源，甚至可以将商业信息在不同的人类语言之间自由转换。这些特征意味着编制财务报告的传统流程可以得到进一步简化和规范，从而极大地节约成本，改进效率，提高商业信息的及时性、准确性与可靠性。

XBRL格式的财务报告使财务信息使用者能够更为方便快捷地检索、读取、使用及分析财务数据，为财务数据的比较提供更便捷的服务，信息使用者不仅可以方便地对同一家公司的财务数据进行纵向的跨年度跟踪比较，还可以对不同公司、不同行业乃至不同国家的财务数据进行横向的对比分析，极大地提高了信息使用者财务分析能力。

3.2 财务报告的内容

从信息内容来看，财务报告一般包含"软信息"与"硬信息"两个方面。所谓"软信息"，主要是指那些数字图表以外的、用于定性分析描述及前瞻性主观判断的文字信息。"软信息"主要体现在董事长致信、董事会报告、管理层讨论与分析（management discussion and analysis, MD&A）、公司治理情况，以及董事、监事及高级管理人员简介等部分。

3.2.1 财务报告的"软信息"

"软信息"可以在一定程度上帮助财务报告使用者从"质"的角度去了解、把握企业外部经营环境与内部运营管理的实际情况，不过这部分信息的可靠性与分析的深度和精度常常难以得到保证。首先，"软信息"中带有较多的主观成分，不同的评判者对企业的经营发展会有不同的认知，会对企业的经营业绩做出不同的评判，因此这部分信息存在较强的主观判断性。其次，管理人员出于自利性动机，一般只对外披露对其有利的信息，减少披露或干脆回避对其不利的信息，多数情况下把较好的财务业绩归因于管理层努力的结果，把较差的业绩归因于外部环境的影响。因此，财务报告使用者得到的信息往往是管理人员选择性披露的结果,信息缺乏完整性与公正性。最后,还有一些深层次的问题是财务报告通常没有对外披露的,例如主要大股东之间的关系、公司治理的实际状况,以及高管人员的企业管理能力与经验等。

> **小案例**
>
> **厦华电子的核心竞争力分析**
>
> 厦华电子曾经是国内重要的彩电生产厂家,但近年来公司陷入困境,业绩持续下滑。经过业务重组后,公司已于2013年年底终止经营原来主营的彩电生产业务,并进行了资产、负债、人员清理工作,近年来收入、利润规模持续萎缩,时常出现年度亏损,公司持续经营能力存在重大不确定性。审计师因为无法获取厦华电子运用持续经营假设编制财务报告的充分、适当的审计证据,对公司2013年的财务报告出具了保留意见;因为与持续经营相关的重大不确定性,审计师对公司2014—2018年的财务报告均出具了带强调事项的无保留意见。
>
> 然而2016年厦华电子年报中"核心竞争力分析"部分却声明:公司拥有经验丰富的管理团队,具有很强的业务能力和管理能力,为公司的可持续经营发展提供了有力的保障。公司年报显示:当年主要经营高端电子产品贸易业务,员工18人,销售人员4人,2016年实现营业收入3.7亿元,亏损510万元。无论是审计师审计意见中的强调事项,还是公司的实际经营情况与具体财务数据,恐怕都无法支持公司"核心竞争力分析"部分的说法。

> **注意**
>
> 研究表明,管理人员具有一种普遍倾向:在公司业绩好的时候,用大量篇幅的"软信息"描述管理人员的勤勉工作,强调其对公司业绩的贡献,将良好业绩归因于管理人员主观努力的结果;在公司业绩差的时候,把外部市场环境恶劣作为"软信息"的描述重点,引导财务报告使用者将不利业绩归因于客观环境发生的不利变化。

公司治理(corporate governance)是指通过一套制度、机制或组织安排管理与控制公司,协调不同利益主体之间的相互关系。从公司治理的产生与发展来看,公司治理可以分为广义的公司治理和狭义的公司治理两个层次。

广义的公司治理重点关注如何协调股东、债权人、客户、供应商、管理人员、员工、政府部门等广泛利益相关者之间的经济利益与权利关系。以此为基础形成的公司治理理论兼顾利益相关者的各方利益,也被称为利益相关者理论(stakeholder theory)。

狭义的公司治理重点关注股东如何实现对管理人员的监督与制衡,协调大股东与小股东及股东与管理人员之间的经济利益与权利关系。以此为基础形成的公司治理理论坚持股东利益至上,也被称为股东理论(stockholder theory)。

国际上比较有影响力的公司治理模式主要包括英美模式与德国模式。英美模式的公司治理遵循股东利益至上原则,治理机制的设置主要从股东利益出发。股东选举董事形成董事会(board of directors),董事会聘用管理团队运营管理公司。为了维护小股东利益,董事会中设有与公司没有"重大关系"的独立董事,在公司重大决策表决时独立董事需要坚持独立、公正的立场,代表广大小股东利益发表专业意见。

德国模式的公司治理是利益相关者理论的实践,治理机制的设置除了照顾股东的利益,还会考虑其他利益相关者的利益。公司设有监事会(supervisory board),监事会成员由公司员工、工会成员、股东及债权人(银行)指定,对利益相关者负责。监事会下再设立管理委员会(management board)负责具体运营公司,管理委员会的成员由监事会指定。

虽然公司治理相关信息也是国内年度财务报告和半年度财务报告中必须披露的内容,但这部分信息的分析利用价值相当有限。中国证监会为了加强上市企业的公司治理,发布了一系列规章制度,要求国内上市公司按照相关规定建立股东大会、董事会、监事会,聘请独立董事,在形式上形成一套协调大股东与小股东之间及股东与管理人员之间利益关系的治理机制,但现阶段实际的运作效果并不尽如人意。大股东侵占小股东权益的事件时有发生,管理人员损害股东利益的问题仍然存在,债权人、公司员工等其他利益相关者的合法权益并没有得到有效保证。

重要辨析

公司治理的实质与形式

学术界大量研究结果表明,国内上市公司内部治理混乱,少数大股东利用控股地位侵占上市公司资金、掏空上市公司优质资产;一些公司高管人员完全不受监管规定与公司章程约束,个人意志凌驾于治理机制之上;个别公司董事长坚持"一把手负责制",董事会上搞"一言堂",公司重大决策流于形式,并未经过实质性深入讨论;监事会形同虚设,无法有效发挥监督、制衡作用;公司的独立董事普遍由大股东或公司内部高管人员提名选聘,"人情董事""名人董事""官员董事"现象严重,独立董事的独立性、知情权和工作时间都无法得到充分保证,在公司重大决策表决时未能发表独立意见。

实际上,公司治理机制能否真正发挥作用不仅需要在制度上建立一系列形式要件,还取决于参与者内心深处是否对制度自觉认同和足够尊重,尤其是公司的主要负责人是否愿意接受规章制度的约束与限制,从根本上摒弃"一个人拍板决策"的传统集权思想。这需要人们的传统思想理念发生彻底转变,例如足够尊重契约与制度、发自内心地认同民主决策机制,以及包容与接受不同观点等。

此外,充分竞争的市场环境也有助于推动公司治理的不断完善。大量国内外商业案例表明,那些治理混乱的公司在关键时刻更容易出现严重的管理问题,拖累公司发展,甚至导致公司破产倒闭,最终退出历史发展舞台。相反,只有治理良好的公司才能在长期竞争中立于不败之地,保持基业长青。因此,强化公平、充分、透明的市场竞争,减少政府对经济和企业的管制与干预(尤其是大额财政补贴),真正实现优胜劣汰,有利于推动甚至是逼迫企业不断提升公司治理能力与水平。

综上,中国企业公司治理的根本改进不能简单寄希望于监管部门发布规章制度、上市公司聘请独立董事及建立"三会"(股东大会、董事会、监事会)等表面行为,而应该从内心深处改变相关人员根深蒂固的传统观念——摒弃个人集权思想,接受民主决策机制,坚持契约精神,服从制度约束。只有这样,包括公司治理在内的西方制度体系在中国企业才能有效运行。

当然,制度规范的制定要事先经过充分的讨论与研究,尽可能做到与实际相符,在达成广泛共识后再发布实施,实施过程中如果遇到重大问题则要及时调整加以解决,对违反制度规范的人员严加惩处,让每个人——尤其是关键管理人员——都敬畏制度规范,绝无例外。只有这样,全社会才能形成遵守制度规范的良好氛围。

此外,政府还应建立公平竞争的市场秩序,消除各种保护主义,鼓励企业之间的有序竞争,通过市场力量实现产品与服务及企业的优胜劣汰,突出公司治理对企业生存与发展的重要意义和作用,整体提升中国企业公司治理水平。从这个意义上讲,现阶段国内上市公司年度财务报告中公司治理部分披露的信息内容,实际作用与分析意义相当有限。

通过阅读"软信息"中的董事、监事及高级管理人员简介部分,可以简单了解这些人员的背景,不过财务报告中"董监高"简历的披露内容并不全面客观,通常只披露光鲜亮丽的正面信息,对于相关人员的品行道德、思维理念、工作能力等方面的缺陷鲜有提及,因此如果想深入了解公司董事、监事及高级管理人员的背景,则还需要从其他渠道获取额外的信息资料。很多职业投资者常说:"投资企业就是在挑选值得信任的管理人员,并把资金交给他们运营增值。"因此,大额投资者必须投入大量时间与精力认真了解、深入研究公司的董事会成员与高级管理人员,切忌敷衍了事。

注意

如果公司的董事会成员或高级管理人员过于年轻或者团队成员变动频繁,则说明公司管理人员可能经验不足、缺少稳定的决策层和执行团队,在制定重大决策时容易出现问题,公司的战略选择与实施很可能受到不利的影响。

3.2.2 财务报告的"硬信息"

所谓"硬信息",主要是指那些通过数字、图表对企业生产经营情况进行定量描述的信息,一般包括生产经营的具体数据、财务报表及其附注等,这部分信息最明显的特征就是数字及图表较多。

一些公司会在"管理层讨论与分析"部分披露关键经营指标。例如,石油公司的油气产量与实现的销售价格,航空公司的客座率、旅客周转量、货邮运输量,酒店、宾馆等企业的客房总数、入住率、平均客房价格,零售企业的门店数、建筑面积、店面坪效等都是较为常见的关键经营指标。经营指标不理想的公司,财务数据很难有出色的表现,因此经营指标的分析与理解对于投资者掌握公司的真实经营状况与财务业绩具有重要意义。

小案例

锦江股份的经营数据

酒店管理企业的酒店数量、客房数量、入住率、平均客房价格、每间客房收入等经营指标的结果直接影响企业当期的营业收入,进而影响当期的营业利润。表3-3是目前中国酒店集团规模最大的上海锦江国际酒店发展股份有限公司(以下简称"锦江股份")2015—2018年年报中披露的重要经营数据。从公司的网站(www.jinjianghotels.com.cn)上可以找到投资者关系(investor relations)链接部分,其中财务报表栏目下就有公司最近几年的年度报告。

从锦江股份2015—2018年的经营数据中可以看出,公司经营规模快速扩张,特别是2016年2月完成了对铂涛集团的相关收购交割工作(拥有后者81%的股权)后,运营酒店数量与房间数量实现跨越式增长,2018年公司境内外开业酒店数量合计7 443家,境内外房间数量达到732 701间,当年酒店业务实现营业收入145亿元、营业利润15.9亿元。

锦江股份2018年境内分布城市数量明显下降,但集中在国内省、自治区和直辖市的332个地级市及省直属管辖县市,市场环境得到改善,平均客房价格上升,入住率维持在80%以上,每间客房收入创历史新高,在开业酒店数量、房间数量大幅增长的背景下,酒店营运与管理业务的营业收入与毛利均创历史新高。

表 3-3　锦江股份 2015—2018 年关键经营数据

经营指标	2015 年	2016 年	2017 年	2018 年
境内外开业酒店数量（家）	2 223	5 868	6 694	7 443
自有和租赁酒店数量（家）	531	1 093	1 055	1 012
加盟和管理酒店数量（家）	1 692	4 775	5 639	6 431
境内外房间数量（间）	224 666	569 363	649 632	732 701
境内房间数量（间）	128 336	466 491	540 747	625 235
境外房间数量（间）	96 330	102 872	108 885	107 466
境内分布城市数量（个）	319	539	579	332
境内开业满 18 个月酒店的入住率（%）	76.87	76.17	82.50	80.16
平均客房价格（元）	183.65	186.02	184.31	194.61
每间客房收入（元）	141.17	141.69	152.05	156.00

注：由于公司年报披露口径发生调整，2015 年与 2016 年无法取得境内开业满 18 个月酒店的入住率、平均客房价格及每间客房收入等指标精确数据，此处使用"锦江都城""锦江之星""金广快捷"和"百时快捷"四个品牌的相关数据代替。

资料来源：锦江股份 2015—2018 年年报。

财务报告中的财务报表由报表本身及其附注两部分构成。报表通常包括资产负债表、利润表、现金流量表及所有者权益变动表等，分别从财务状况、经营成果、现金流量及所有者权益变化等不同角度反映公司的实际情况。

重要辨析

财务报告与财务报表的区别

财务报告（financial report）是综合反映公司全貌的一套系统性文件，一般包括董事长致信，董事会报告，管理层讨论与分析，董事、监事及高级管理人员简介，财务报表（financial statement）等内容。由报表本身及其附注组成的财务报表只是财务报告的一个核心组成部分。企业会计准则只对财务报表及其附注进行约束规范，目前对于其他财务报告内容并不具有指导作用。

由于商业银行、证券公司、保险公司等金融类企业的经济业务比较特殊，与其他一般企业差异较大，因此金融类企业的财务报表格式与其他企业不同，本书在此只讨论一般企业的财务报表,不涉及金融类企业的财务报表。

财务报表中的数据是会计人员以会计准则为标准,对大量经济业务经过高度抽象、浓缩之后形成的可量化的经济信息。信息背后常常具有深层含义,要想深入挖掘数据表象下所掩饰的经济业务实质,报表使用者往往需要对财务报表的重点项目加深理解,认真解读。

第 4 章

资产负债表

资产负债表描述企业在某个时点的财务状况,详细地反映企业掌控的资源情况及资源的最终归属,被认为是企业在某个时点的"快照"。本章全面介绍资产、负债及所有者权益三种会计要素各自所包含的主要会计账户和对应的报表项目,揭示主要报表项目所体现的深层经济含义,帮助读者深入理解资产负债表。

资产负债表(balance sheet)是反映企业在某个时点财务状况的报表,是对基本会计恒等式的进一步详细列示,常常被认为是企业在某个时点的"快照"(snapshot),即企业在某个时点看上去如何,相当于企业的一份"体检报告",在国外也常常被称为财务状况表(statement of financial position)。资产负债表集中地反映了企业掌控的资源、负担的债务及所有者的账面财富等信息,帮助报表使用者评价企业的财务状况。

4.1 资产负债表的概况

资产负债表有账户式和报告式两种格式。账户式的资产负债表(见表 4-1)看起来像一个"T"型账户,分为左、右两个部分,左边列示资产,右边列示负债与所有者权益。报告式资产负债表按照由上至下的顺序,上面列示资产,接下来列示负债,最后列示所有者权益。

两种格式的资产负债表只是表现形式有所不同,实质内容没有差异,企业可以根据实际情况自由选择其中的一种对外披露。为了便于比较财务状况的变化情况,资产负债表一般要分别列示每个项目期初、期末两个时点的金额,其中期初金额通常就是年初金额,期末金额就是资产负债表编制日的金额。对于季度报表,期末金额就是季末时点的实际金额;对于年度报表,期末金额就是年末时点的实际金额。

表 4-1 我国账户式资产负债表

资产	期末余额	期初余额	负债和所有者权益	期末余额	期初余额
流动资产:			流动负债:		
货币资金			短期借款		
交易性金融资产			交易性金融负债		
衍生金融资产			衍生金融负债		
应收票据及应收账款			应付票据及应付账款		
预付款项			预收款项		
其他应收款			合同负债		
存货			应付职工薪酬		
合同资产			应交税费		

(续表)

资产	期末余额	期初余额	负债和所有者权益	期末余额	期初余额
持有待售资产			其他应付款		
一年内到期的非流动资产			持有待售负债		
其他流动资产			一年内到期的非流动负债		
流动资产合计			其他流动负债		
非流动资产:			流动负债合计		
债权投资			非流动负债:		
其他债权投资			长期借款		
长期应收款			应付债券		
长期股权投资			其中:优先股		
其他权益工具投资			永续债		
其他非流动金融资产			长期应付款		
投资性房地产			长期应付职工薪酬		
固定资产			预计负债		
在建工程			递延所得税负债		
无形资产			非流动负债合计		
开发支出			负债合计		
商誉			所有者权益:		
长期待摊费用			实收资本(或股本)		
递延所得税资产			其他权益工具		
非流动资产合计			其中:优先股		
			永续债		
			资本公积		
			减:库存股		
			其他综合收益		
			盈余公积		
			未分配利润		
			所有者权益合计		
资产总计			**负债和所有者权益总计**		

中国和美国企业的资产负债表都是按照流动性递减的顺序列示资产与负债。在资产方面,先列示流动资产,再列示非流动资产。流动资产是指预计在一年内能够转化为货币资金、出售或耗用掉的资产以及为交易目的而持有的资产;

非流动资产是指流动资产以外的其他资产,通常是指那些持有或使用年限超过一年的长期资产。

在负债方面,先列示流动负债,再列示非流动负债。流动负债是指一年内将要到期偿还的负债以及为交易目的而发生的负债;非流动负债是指流动负债以外的其他负债,通常是指那些偿还期限超过一年的负债。

欧盟国家与中国香港地区的企业以及在上述国家或地区股票交易所上市的外国企业对外披露的资产负债表列示资产与负债的顺序与此相反,按照流动性递增的顺序列示,即先列示非流动资产/负债,再列示流动资产/负债。下面对资产负债表的重点项目逐一进行解释、分析。

4.2　资产

按照企业会计准则的定义,资产是指企业过去的交易或者事项形成的、由企业拥有或者控制的、预期会给企业带来经济利益的资源。这里所说的资源,必须要有经济价值,未来能够给企业带来经济利益。一种经济资源除了需要满足资产的定义,还需要符合以下两个条件才能作为一项资产被确认与计量:(1)与该资源有关的经济利益很可能流入企业;(2)该资源的成本或者价值能够可靠地计量。企业自行建立的销售渠道、客户关系、品牌声誉以及支付的广告宣传费、大部分研发支出,虽然从理论上讲也可以算作企业的重要资源,但是由于这些资源未来能否给企业带来经济利益以及带来多少经济利益存在较大的不确定性,因此企业会计准则目前并不允许把这些资源确认为资产,资产负债表中也就不反映这些经济资源。企业持有的资产种类一般较多,资产负债表中经常出现的资产项目要达到二十余种。

4.2.1　货币资金

国内资产负债表的第一项是货币资金(与国外资产负债表中的现金及现金等价物"cash and cash equivalents"相对应),一般包括企业持有的库存现金、银行存款以及银行汇票存款、银行本票存款、信用证存款和信用卡存款等其他形式的货币资金。货币资金可以作为支付手段和偿债工具,用于采购设备、购买材料、支付工资、缴纳税费、偿还债务等多个方面,是企业不可或缺的重要资产,常常被称为企业的"血液"。

一般情况下,企业会把大部分货币资金存放在银行等金融机构中,取得收益较低的存款利息,获利能力相当有限。如果一家企业持有过多的货币资金,则会拉低资产的整体盈利能力。从盈利角度来看,企业持有的货币资金并非越多越好。当然,从风险角度来看,如果企业持有的货币资金太少,则可能导致企业支付困难,资金链断裂,出现财务危机。因此,货币资金的持有量应该保持适度。至于持有多少货币资金算作适度,则要全面考量企业生产经营、资本支出与偿债付息的资金压力,以及经营活动与筹资活动创造资金的能力等多方面因素后综合判定。

此外,由于货币资金具有较强的支付能力及高度的流动性,属于企业内部管理风险极高的资产,因此企业需要通过内部控制制度规范管理,建立相应的授权、审批、领用制度,由专职人员妥善保管。专门负责资金收支、存放、记录以及相关票据、印章保管的工作被称为出纳。出纳工作虽然对会计专业技术要求不高,但属于会计部门中的重要岗位,对从业人员职业道德要求较高。出纳人员不得兼任稽核,不得登记收入、支出账项,企业不得由一人办理货币资金业务的全过程。

4.2.2　往来款项

企业在日常经济业务交往过程中形成的应收款项、应付款项被统称为往来款项或往来账目。资产负债表中资产部分的预付款项、应收账款、应收票据、应收股利、应收利息、其他应收款、长期应收款,以及负债部分的预收款项、合同负债、应付账款、应付票据、应付股利、应付利息、应交税费、其他应付款、(长期)应付职工薪酬、长期应付款等项目,在本质上都属于往来款项。

往来款项内容繁多,为了强化记忆与加深理解,需要对其进行归纳总结。按照资金收付与交易完成时间的不同,往来款项可以分为事前款项与事后款项两大类。企业在取得商品或接受服务之前支付的款项是预付账款;在出售商品或提供服务之前收到的款项是预收账款或合同负债。预付账款和预收账款或合同负债分别对应同一项经济业务的交易双方,交易中预先付款的一方将减少的银行存款确认为预付账款,交易中预先收款的一方将增加的银行存款确认为预收账款或合同负债。这两类往来款项名称中基本带有"预"字,属于事前款项。其他往来款项名称中都带有"应"字,属于事后款项。

> **注意**
> 企业日常核算事前款项时使用的是"预付账款""预收账款"等会计账户,但财务报表上对应的是"预付款项""预收款项"等项目,名称略有不同。

事后款项按照期限长短又有长期、短期之分。长期应收款与长期应付款及长期应付职工薪酬属于长期往来款项,前两类款项主要是分期销售、融资租赁等业务产生的存续时间超过一年的应收账款与应付账款。长期应付职工薪酬反映的是企业负担的与职工薪酬相关的长期债务。除此之外,其他带"应"字的往来款项都属于短期事后款项。其中,应收账款与应付账款分别表示出售商品或提供服务之后卖方应该收取的款项和取得商品或接受服务之后买方应该支付的款项,并分别与同一项经济业务的交易双方相对应,交易中的一方确认应收账款,另一方确认应付账款。

应收票据和应付票据反映的经济业务与应收账款和应付账款基本相同,只是买卖双方的债权债务关系不再是普通的商业信用,而是有商业汇票作为依据。因此,债权人的利益通常能够得到更好的保护。商业汇票按照票据承兑人的不同分为商业承兑汇票(由银行以外的付款人承兑的汇票)与银行承兑汇票(由银行作为付款人承兑的汇票)。相比之下,银行承兑汇票收款的可靠性更高,很多企业在与客户结算时只接受银行承兑汇票。

至于其他短期事后款项,一般从名称上就可以大致推测出其经济含义,例如应收利息是指企业按照权责发生制原则,在资产负债表日应该收取但尚未收到的利息收益;应付职工薪酬是指期末应该确认但尚未发放给职工的工资、奖金及福利等。主营业务活动以外形成的、收付款原因不够明确的往来款项一般被确认为其他应收款或其他应付款。

从会计要素的角度来看,往来款项可以分为资产与负债。代表收款权利的应收款项及企业事先将资金支付给供应商或服务商形成的预付账款属于资产,资产类往来款项意味着企业未来有资金流入,或者可以取得一定数量、金额的货物或服务;代表付款义务的应付款项及客户事先将资金支付给企业形成的预收账款属于负债,负债类往来款项意味着企业未来有资金流出,或者有义务向客户提供等值金额的货物或服务。

> **注意**
>
> 往来款项按照资金收付与交易发生时间的不同划分为事前的预收、预付账款与事后的应收、应付账款;按照收付款时间期限划分为应收、应付账款及预收、预付账款等短期往来款项与长期应收账款、长期应付账款等长期往来款项;按照会计要素分为(长期)应收账款、预付账款等资产与(长期)应付账款、预收账款等负债。

1. 应收账款

应收账款反映企业销售商品或提供服务之后应该收取但尚未收到的货款或服务费以及相应的增值税。应收账款与信用销售有关,是现代商业信用的产物。在权责发生制的记账基础下,企业销售商品或提供服务后,如果满足会计准则中的收入确认条件,便可以在没有资金流入的情况下确认收入,同时账面形成应收账款,即企业当期确认的收入可以只增加收款权、不形成现金流入。在企业信用销售政策与外部市场环境保持稳定的条件下,资产负债表中的应收账款与利润表中的营业收入常常具有一定的对应关系。

在实际经营中,绝大多数企业的应收账款是为了扩大销售而允许客户延迟付款形成的正常商业活动结果,但也有少数企业的应收账款是在没有真实交易背景下虚增收入产生的附属产物。大量学术研究结果表明,多数虚假收入无法取得真实的现金流入,在账面上不可避免地要形成应收账款,其中最为典型的手法就是"渠道填塞"。

所谓"渠道填塞"(channel stuffing),是指一些制造型企业为了增加当期收入与利润、提升经营业绩所采用的一种会计技术手段。通常企业在临近期末时,迫于完成预算目标或者达到资本市场盈利预期的压力,将超过正常市场销量的货物发送给经销商(一般会私下允诺经销商日后无条件退货),在明知超额销售部分未来将会发生退货、并不会实际取得经济利益流入的情况下,确认不真实的销售收入,同时账面形成大额应收账款。在当期财务报告正式对外披露之后,企业再让经销商将卖不出去的货物退回来,调整下一会计期间的财务数据。企业在与经销商谈判时,如果市场话语权较弱,那么采用这种手段虚增收入往往还需要负担超额发货部分的运输费、仓储费、保险费等相关支出。

"渠道填塞"在汽车、医药、消费品等具有大量经销商的制造型企业中普遍存在。这种伎俩不仅无法从根本上提升企业的真实业绩,企业还需要额外支付相关的运输费、仓储费、保险费等,承担高昂的造假成本,严重损害股东利益。性质恶劣、情节严重的"渠道填塞"行为属于财务欺诈。

> 💡 **注意**
> 某些季节性较强的企业由于受到行业特征限制,存在年末集中确认收入的情况。如果企业不是因季节性特征而异常地在年末集中确认收入,账面形成大额应收账款,则收入的真实性很可能存在问题。

就其经济本质来讲,应收账款的产生根源是企业为了促销商品或服务,在客户付款条件方面给予的优惠条款。在收回应收账款之前,客户持续占用了企业的资金,影响了企业资源的整体使用效率。同时,应收账款还面临到期无法收回的坏账风险,尤其是那些账龄较长的应收账款,最终能够收回款项的可能性很低。由此可见,作为一项资产,应收账款的创收创效能力较差,不能算作企业的优质资产。优秀企业的应收账款规模往往很小,甚至没有应收账款。企业只有不断提高自身的竞争力,严格审查客户信用资质,对不合条件的客户拒绝赊销,才能有效控制应收账款的规模。

如果企业应收账款在总资产中占比较大或者异常增加,这往往是一个重要的预警信号,需要报表分析者给予足够的重视。上市公司一般会在财务报表附注中详细披露应收账款的账龄情况、应收账款金额较大的客户信息及关联方欠款情况。从市场竞争角度来看,应收账款的大幅增加(增幅远远超过收入增幅),即便排除"渠道填塞"等人为操控因素的影响,也可以反映出企业产品或服务在市场上竞争地位的下滑,企业未来盈利前景不容乐观。

小案例

四川长虹巨额应收账款

2001年,国内彩电制造业遭遇"严冬",行业面临的形势相当严峻,各大厂商之间竞争激烈,产品价格大幅下滑,海信、康佳、厦华等知名厂商当年纷纷出现亏损,四川长虹对外披露的年报显示净利润仅为9000万元,勉强实现账面盈利,但与1997年26.1亿元的盈利纪录相比,还是形成巨大反差。

尽管没有出现账面亏损,但四川长虹的应收账款余额由2000年年底的18.2亿元快速上升到2001年年底的28.8亿元,增幅高达58%,而销售收入却由2000年的107.1亿元下降到2001年的95.1亿元。应收账款大幅增加,销售收入却不升反降,表明当期有很大一部分账面收入并未收到货款,没有现金流入支撑,收入与盈利质量严重下降,不能排除公司虚增收入的可能。因此,综合考虑上述因素后可以判断,四川长虹在2001年对外披露的9000万元账面微利与其他彩电厂商的亏损并无实质区别。

此后两年,四川长虹的销售收入凭借"海外市场"快速增长,由2001年的95.1亿元增长到2003年的141.3亿元,年均增幅达到22%,而同期应收账款余额由28.8亿元增长到50.8亿元,年均增幅达到33%,远超销售收入增幅。更值得注意的是,四川长虹2002年与2003年年报显示,公司有大量应收账款来自同一客户——Apex Digital Inc.(简称"Apex数字")。2002年四川长虹42.2亿元的应收账款中有38.3亿元来自该公司,占91%;2003年50.8亿元的应收账款中有44.5亿元来自该公司,占88%。

四川长虹在年报中对此做出的解释是:应收账款大幅增加主要是海外销售快速上升导致的结果,而海外销售正是与注册资本仅为2800万美元的美国洛杉矶小型贸易公司Apex数字合作开展的。有证据显示,Apex数字商业信用较差,曾先后多次拖欠宏图高科、天大天财以及中国五矿等公司货款。因此,四川长虹账面的巨额应收账款能否收回存在很大的不确定性,公司面临巨大的坏账风险。此外,在应收账款没有可靠保障的情况下,四川长虹持续向Apex数字发货,并坚持在发货后确认收入,这一做法明显违反了会计准则中收入的确认标准,属于虚增收入行为。

在外界的一片质疑声中,四川长虹在 2004 年年报中终于承认,全额收回 Apex 数字所欠货款存在困难,并对此进行了相应的会计处理,大幅增加了当期坏账损失,公司也在 2004 年出现了自上市以来的首次亏损,亏损金额高达 36.8 亿元,创下了当时沪深两市的亏损纪录,其规模远远超过了当年 26.1 亿元的盈利纪录,相当于公司此前八年净利润之和。

> 💡 **注意**
>
> 应收账款大幅增加,要么表明企业的市场竞争力严重下降,企业发展前景不乐观;要么表明企业做了假账,确认了虚假收入。

2. 坏账准备

应收账款源于企业的赊销活动,本质上体现为商业信用,存在信用违约风险。一旦客户无法还款,应收账款便成为坏账,给企业造成经济损失。在权责发生制和谨慎性原则要求下,企业不能等到坏账实际发生时才确认坏账损失,而是要在应收账款形成后持续关注账款质量,根据历史经验或客户的财务状况判断应收账款收回的可能性,对预期无法收回的部分提前确认坏账损失。一般情况下,随着欠款存续时间(即账龄)的延长,发生坏账的风险也不断加大,坏账损失的金额会相应增加。

因此,会计准则要求,企业在形成应收账款后,会计人员要根据历史经验及客户的财务状况等信息,定期评估应收账款收回的可能性,对预计无法收回的应收账款事先提取准备金,作为坏账准备,降低资产价值,同时确认坏账损失,计入资产减值损失账户,减少当期利润。

坏账准备是应收账款的备抵账户(contra account),即用来抵减应收账款资产价值的账户。因为应收账款属于资产类账户,所以坏账准备可以理解为资产的抵减项目,即一种"负"资产——在复式记账法下,其记账规则与资产类账户刚好相反。坏账准备账户要么期末余额为零,要么期末存在贷方余额。如果账户期末余额为零,则意味着企业判断应收账款不存在发生坏账的可能,无须计提坏账准备。如果账户期末存在贷方余额,则意味着企业判断应收账款将会发生坏账,并且坏账准备的余额越大,说明企业未来发生坏账损失的可能性越大,可以收回的应收账款越少。

企业提取坏账准备后,实际出现坏账时,要同时减少应收账款与坏账准备两个账户,并不影响当期损益——企业此前为应收账款预提坏账准备时已确认坏账损失。由此可以看出,在会计核算过程中,应收账款账户余额的减少,要么表示款项已经实际收回,要么表示款项确实无法收回,作为坏账进行了注销,两种情况都是基于确定的事实;而预先估计的坏账损失——并非发生事实性坏账,要单独通过坏账准备账户来反映,不能直接调整应收账款账户。

按照会计准则的规定,企业在提取坏账准备时,要对单项金额重大的应收账款单独分析判断发生坏账的可能性,如果预计应收账款的未来实际可收回金额下降,则需要为该笔应收账款提取坏账准备。对于未单独计提坏账准备的应收账款,一般可以依据账龄长短划分为不同的资产组合,分别提取坏账准备。通常情况下,账龄越长,预计坏账率越高,提取的坏账准备越多。

表 4-2 列出了零售商苏宁易购 2018 年年报中披露的应收账款账龄与坏账准备计提比例之间的对应关系。从表中可以看出,苏宁易购对 5 年以上的应收账款全额计提坏账准备,而对 1 年以内的应收账款只计提 5% 的坏账准备,对账龄在 1—5 年的应收账款计提 10%—60% 的坏账准备,可见随着账龄的延长,坏账准备的计提比例相应提高。

表 4-2 苏宁易购 2018 年 12 月 31 日账龄与坏账准备计提比例的对应关系

账龄	应收账款		坏账准备	
	账面金额(万元)	占总额比例(%)	金额(万元)	计提比例(%)
1 年以内	544 577	97.6	(27 271)	5
1—2 年	9 703	1.7	(970)	10
2—3 年	1 700	0.3	(340)	20
3—4 年	877	0.2	(263)	30
4—5 年	170	0.0	(102)	60
5 年以上	1 044	0.2	(1 044)	100
合计	558 070	100.0	(29 989)	

资料来源:苏宁易购 2018 年年报。

重要辨析

账户余额与账面价值

账户余额是指账户在某一时点的剩余金额,账面价值是指某资产类账户的账户余额减去其备抵账户余额之后的差额。例如,应收账款的账户余额是应收账款在某一时点账户的剩余金额;应收账款的账面价值是应收账款的账户余额减去其备抵账户(坏账准备)之后的差额。

从理论上讲,企业的应收款项类资产都应该根据预计的未来收款情况计提坏账准备。不过,在实务操作中,一般认为银行承兑的应收票据(汇票)、应收股利和应收利息等资产的坏账风险较低,通常不需要提取坏账准备。按照会计准则的规定,列示在资产负债表中的应收账款应该是应收账款的账面价值,表示企业预计未来可以实际收回的账款金额。

> **注意**
> 资产负债表中的资产类项目都要减去其备抵账户余额后以其账面价值对外披露。

小案例

四川长虹为巨额应收账款计提坏账准备

前面案例提到,四川长虹从2001年开始大规模拓展海外市场,形成了巨额的应收账款。为了避免出现亏损,公司必须严格控制当期的费用与损失,因此对账面大额应收账款没有按照行业标准计提合理的坏账准备。根据测算,包括四川长虹在内的国内18家生产日用电子器具的上市公司在2001—2003年间平均坏账准备率——坏账准备除以应收账款账面余额所得到的比率,分别为3.6%、8.4%、7.3%,而四川长虹同期的坏账准备率只有0.1%、0.1%、1.9%,远低于行业平均水平。

四川长虹人为压低坏账准备率,在2001—2003年为账面几十亿元的应收账款分别只计提了207万元、335万元和9 503万元的坏账准备,没有合理反映坏账风险,在一定程度上隐瞒了坏账损失、虚增了利润,引发了证券监管部门与社会大众的广泛关注和强烈质疑。在巨大的社会压力之下,赵勇接替倪润峰成为四川长虹董事长,并于2004年为应收账款提取了25亿元的坏账准备,坏账准备率快速上升至54.4%,由此公司当年出现巨额亏损。

3. 预收账款与合同负债

预收账款与合同负债是企业收到客户预先支付的款项而形成的负债。两者之间的区别在于企业是否与客户签订合同。在双方未签署合同的情况下,预先收到客户支付的款项确认为预收账款。如果双方已经签订合同,则客户按照合同约定进度支付的款项作为合同负债处理。与其他负债不同,预收账款与合同负债一般不需要企业用银行存款或现金偿还,通常是以发出商品或提供服务的形式偿还的。只要企业的生产能力、服务能力可以满足客户的需求,能够按时发货或提供服务,这类负债就不会增大企业的财务风险。

企业在发出商品或提供服务之后,要减少预收账款或合同负债的账面余额,同时增加当期营业收入。因此,账面上某一时点的预收账款或合同负债实际上是企业未来可确认收入的前期阶段,其增减变化对预测后续期间的营业收入及经营业绩意义重大,是财务报表中为数不多的先行财务指标之一。

> **注意**
>
> 预收账款与合同负债是用来判断企业未来收入情况的重要先行财务指标。

小案例

万科公司的预收账款

在公司产能限度内,预收账款的金额越大说明公司提前签订销售合同积累的订单越多,未来收入和业绩越有保证。表4-3列出了2014—2018年万科公司年初预收款项与当年营业收入的数据。从表中可以看出,年初的预收款项(即上年年末的预收款项)与当年的营业收入存在较为明显的正相关关系,可以为形成当年营业收入提供可靠保障。万科公司 2018 年 12 月 31 日的合同负债(新的收入准则要求企业将按照合同约定预先收到的款项作为合同负债进行核算)金额超过 5 000 亿元,由此也可以推断万科公司短期内的营业收入和经营业绩具有一定的支撑和保障。

表 4-3 万科公司 2014—2018 年年初预收款项与营业收入对比　　单位:亿元

项目	2014 年	2015 年	2016 年	2017 年	2018 年
年初预收款项	1 555	1 817	2 126	2 746	5 047
营业收入	1 464	1 955	2 405	2 429	2 977

资料来源:万科公司 2014—2018 年年报。

按照商业惯例,企业有权自行支配预先收到的货款或劳务费,可以直接用于购买原材料、支付工人工资等日常生产经营活动,也可以偿还到期借款、进行投资等。预收账款或合同负债可以作为企业筹集资金的重要来源。与长(短)期银行借款、发行债券及股权融资相比,预收账款或合同负债取得的资金不需要支付利息或股利,没有任何融资成本,一般只需企业按照合同约定提供商品或服务,偿债压力较小,具有明显的融资优势。因此,企业在产能限度内形成的预收账款或合同负债是企业的一种良性负债。

不过,预收账款或合同负债的形成与企业所处的行业及市场竞争地位有关,并不是每家企业在经营过程中都能形成预收账款或合同负债。从现行的行业惯例及近年来各行业的发展态势来看,国内房地产开发、建筑工程与设计及大型设备制造等企业,一般会提前收取预售房款、前期工程设计款及设备建造款等,形成预收账款或合同负债。表 4-4 列出了截至 2018 年 12 月 31 日,预收账款与合同负债占资产总额比重前十位的国内上市公司,其中以房地产企业居多。

表 4-4 2018 年预收账款与合同负债占资产总额比重前十位的国内上市公司

公司	所属行业	预收账款与合同负债(亿元)	资产总额(亿元)	占比(%)
博信股份	电子产品	3.2	5.3	61.0
合肥城建	房地产	67.4	128.1	52.6
帝尔激光	专用设备制造	4.6	8.8	52.2
中南建设	房地产	1101.2	2 356.9	46.7

（续表）

公司	所属行业	预收账款与合同负债（亿元）	资产总额（亿元）	占比（%）
上海机电	电气设备制造	153.5	336.6	45.6
*ST津滨	房地产	31.3	69.2	45.2
中远海科	信息技术	9.7	21.6	44.8
广宇发展	房地产	330.1	759.5	43.5
上海钢联	信息技术	41.9	96.7	43.3
同济科技	咨询服务	52.9	123.3	42.9

资料来源：Wind资讯。

如果企业提供的产品或服务具有较强的竞争力，在市场上供不应求，则这些企业也会要求客户预先支付款项，从而形成预收账款或合同负债。相反，如果企业提供的产品或服务需求疲软，在市场上供过于求，则为了促进销售，企业一般不得不同意客户在收到商品或接受服务之后延缓一段时间再支付款项，此时账面上不是形成预收账款或合同负债，而是形成应收账款。

由此可见，应收账款与预收账款或合同负债规模的大小及其占资产总额的比重（相当于剔除了企业资产规模的影响）可以在一定程度上反映一家企业的市场竞争地位。例如，贵州茅台2018年12月31日的预收款项为136亿元，应收账款余额为0，这在一定程度上体现出茅台白酒在市场中所处的强势竞争地位。

4.2.3 存货

企业在日常活动中持有的准备对外出售的产成品或库存商品、处在生产加工过程中的在产品、为生产产品或提供服务而准备的材料和物料被统称为存货（inventory）。

存货是制造型企业与商业企业取得销售收入的直接物质基础，是一项非常重要的流动资产。制造型企业的存货通常包括以下几种：购入的拟在生产过程中使用的材料、物料被称为原材料；单位价值较低或使用年限较短的生产工具、劳动资料被称为低值易耗品；处在生产过程中的未完工产品被称为在产品；加工制造后的完工产品被称为产成品；由生产车间转交仓库存放保留准备对外出售的产品被称为库存商品。对于商业企业，购入准备出售的商品被称为库存商品。

制造型企业产成品的制造成本主要由三部分组成：直接材料成本、直接人工成本和制造费用(manufacturing overhead),习惯上也被简称为"料""工""费"。直接材料成本指生产制造过程中消耗的与产品直接对应的原材料价值。直接人工成本指与产品直接对应的生产工人薪酬与福利支出。制造费用包括生产车间的水电费、管理人员的薪酬与福利支出、生产厂房和机器设备的折旧费等。

制造费用通常与多个种类或多个批次的产品相关,因此需要采用一定的标准在不同种类或不同批次的产品之间进行合理分摊。管理会计中重点研究如何合理分摊制造费用、如何正确核算产品成本属于成本会计的内容。

注意

产品的制造成本与制造费用是两个不同的会计概念,前者包含后者及生产过程中耗用的原材料与人工成本。

财务报表中列示的存货项目只披露存货总的账面价值,中国证监会要求上市公司在财务报表附注中详细披露存货的具体种类及各自的金额。存货中的库存商品一旦被对外售出,企业就要相应减少存货价值。减少的这部分存货价值是为了取得当期收入而必须付出的实物代价,要确认为一种当期费用,计入主营业务成本,在利润表中体现为营业成本的增加。

重要辨析

存货与收入之间的联系

不熟悉会计核算的人很容易把企业售出存货的账面价值与取得的营业收入混淆在一起,认为减少的存货账面价值就是当期取得的收入。出现这种问题的根本原因在于没有深刻理解和掌握收入与费用的定义。企业的收入与经济利益流入相对应,费用与经济利益流出相对应。存货减少对于企业来说属于经济利益流出,不是收入,而是费用。企业销售存货取得的货款或收款权——客户已经支付或同意将要支付款项——才属于经济利益流入,符合收入的定义。因此,减少的存货账面价值对应的应该是当期费用——计入主营业务成本,而销售存货取得的货款对应的是当期收入——计入主营业务收入。

一般情况下,存货的售价会大于存货的账面价值——往往也是库存商品的

> 制造成本或外部采购成本,这样才能保证营业收入大于营业成本,企业才有机会实现盈利。此处也体现出复式记账法的一个重要特征,即日常核算过程中只记录收入、利得与费用、损失等项目,不直接记录利润,在编制财务报表时用收入与计入损益的利得减去费用与计入损益的损失计算得到当期利润。

由于存货是制造型企业和商业企业营业利润的主要来源,因此其构成与变化趋势具有重要的经济含义。如果存货中的产成品或库存商品大幅增加,则可能意味着企业在市场竞争中出现了问题,销售压力增大,形成产品积压,企业的生存发展将面临挑战,需要报表使用者予以关注。为了避免出现存货积压,尤其是库存商品积压,企业在日常经营管理过程中需要密切跟踪行业动向,不断改进设计、提升产品性能质量与服务标准、合理安排生产、做好存货管理。

小案例

适时存货管理

从20世纪90年代开始,丰田公司、戴尔公司等很多国际知名制造型企业在存货管理中纷纷采用了适时存货管理模式(just-in-time inventory management)。这种存货管理模式的目标是,做好企业存货采购、生产、组装、发送各个环节的有效衔接,尽可能做到以销定产,严格控制存货规模,甚至实现"零存货",以降低存货存储与管理成本,减少存货对资金的占用,提高企业的运营管理效率。

不过,适时存货管理模式并不适用于所有企业,一般只有某些行业的大型企业才有资格、有条件使用。在与供应商的沟通中,大型企业通常处于相对有利的谈判地位,可以要求供应商在供货方式与运送时间方面做出一定调整与让步,从而减少材料与零部件在大型企业存储的规模,缩短存储时间,降低存储与管理成本,控制存货积压过季降价出售带来的价值损失。

需要注意的是:大型企业通过采用适时存货管理模式对存货进行精细化管理,节约的成本主要来自两个方面:一是通过提升运营效率节省一部分存货存储和管理的相关成本,二是将部分本来由自身负担的存货存储和管理成本转嫁给上游供应商,由供应商承担。企业不可能通过提高效率彻底消除存货存储与管理的全部相关成本,但过度转嫁成本也会导致企业与供应商之间的合作关系受到破坏,对供货质量、运送时间等方面产生负面影响,从而可能影响企业正常的生产运营。因此,对于大型企业来说,实施适时存货管理也需要全面衡量、调整与供应商的关系。小型企业通常不具有市场话语权,很难要求供应商根据自己的生产安排供应原材料或关键零部件,也无法将存货的存储与管理成本转嫁给供应商,所以不适宜采用适时存货管理模式。

此外,炼油、化工、钢铁等一些特殊行业的企业由于固有的生产特征,需要某些生产装置保持持续运转状态,以确保生产过程的安全、高效、经济。一旦原材料供应出现短缺导致生产装置停工,就会造成巨大的经济损失,甚至可能出现重大安全事故。因此,这类企业也不适宜采用适时存货管理模式。至于沃尔玛、永辉超市一类的传统零售企业,其自身特有的竞争优势就在于顾客购物的便利性和选择的多样性,也不适宜采用适时存货管理模式。

重要辨析

"去库存"的正确解读

经济学家在进行宏观经济分析与预测时常常使用"去库存"这一概念。"去库存"是指企业在经济上行周期中增加产能,加大原材料采购,通过高负荷生产形成大量的产成品,在经济形势发生逆转、外部产品市场需求出现严重萎缩的情况下,企业减少当期采购与生产、降低库存的行为。

在"去库存"的过程中,企业一方面自身减产,甚至停工,以控制产成品的库存规模;另一方面减少原材料的外部采购,由此常常导致对上游产品的需求下降,上游企业也会联动调整生产计划,实施减产,甚至停工,并同时降低对其上游产品的需求。这些因素循环叠加,最终会严重降低全社会的总需求,减少企业生产总量,给宏观经济带来较大的负面影响。

国内生产总值(gross domestic produce,GDP)——是国际上用于反映一个国家或地区宏观经济增长最常用的经济指标——测度的就是当地的实际生产情况,企业出现大规模减产甚至停产会导致GDP增长放缓,甚至出现负增长。经济学家根据实际观察到的企业库存规模的变化情况,可以推测企业的生产行为,并据此判断宏观经济走势。不过,这种判断方法需要一个重要的前提假设,即大部分企业能够根据未来销售的预期积极主动地调整库存规模。

在我国现阶段实际经济运行中,企业库存规模的调整变化是否满足这一前提假设还很难说。特别是,钢铁、石化、电力等大型企业原材料采购环节常常存在较为固定的订货周期,采购决策受原材料价格走势的影响较大,对产品市场需求变化的反应相对迟缓。国际贸易中大宗商品交易由于受到航运期的限制,企业常常要延迟一至两个月的时间才能在账面上确认为存货。此外,一些企业由于受到特殊生产装置的限制,调整生产安排的空间较为有限,因此对于某些行业的企业来说,库存规模的变化趋势与生产活动的联系未必像经济理论上描述的那样简单、直接。如果企业没有根据市场销售预期及时主动地调整原材料采购与生产安排,产成品库存规模却大幅下降,则有可能意味着市场需求出现强劲增长,产品供不应求,企业一定会增加采购与生产。这种看似"去库存"的表象通常预示着行业发展或宏观经济将会迎来强劲增长,而不是出现经济下滑或衰退。

此外,企业的利润主要取决于权责发生制原则下确认的收入与费用之间的差额,与企业当期的生产情况并无直接联系。因此,从单个微观企业来看,尤其是那些处于行业下游的企业或生产周期较长的企业,库存规模的大幅下降不一定会对其当期盈利情况产生负面影响。

管理人员从企业财务管理角度出发甚至认为库存规模的下降有利于加速企业的资金周转与回笼,很多时候这对于提升企业效率来说是求之不得的。很多国际大公司在实际运营中都采用适时存货管理模式,追求"零库存",也正是基于同样的道理。

总之,在我国当前的经济发展阶段,如何正确解读微观企业库存变化信息所蕴含的经济含义,还需要进一步深入、细致分析,而不是照搬已有的经济理论,笼统地使用"去库存"的概念简单加以判断。

如果企业购入的材料或商品没有本质差别，则在使用材料或出售商品的过程中，实物的流转顺序并不重要。在不影响生产与销售的情况下，企业并不关心库存的材料或商品实际被使用或出售的顺序，但这些材料与商品的购入价格或制造成本存在批次差别，可能不同，财务人员为了进行会计核算，需要关注存货成本的流转顺序，妥善解决当期耗用（或减少）存货与剩余存货的计价问题。

例如，某炼油厂2018年7月分两批采购原油，第一批采购100吨，每吨4 000元，第二批采购100吨，每吨5 000元，假定两个批次采购的原油是同质的，不存在质量差别，并且炼油厂7月初没有原油库存，当月炼油过程中共消耗140吨原油，当期减少的原油价值是多少？剩余原油的价值是多少？

同质存货的成本结转有三种计价方法供企业选择。第一种计价方法是先进先出法（first in first out，FIFO），这种方法假定企业最先购入的材料或商品的采购成本被最先结转使用。上面的炼油厂例子在先进先出法下，先购入的100吨原油的成本被最先结转，因此当期减少的原油价值为6000 000元（4 000×100＋5 000×40），期末剩余原油的价值为300 000元（5 000×60）。国内零售商苏宁易购使用的存货计价方法就是先进先出法（参见苏宁易购2018年年报）。

第二种计价方法是后进先出法（last in first out，LIFO）。与前一种方法刚好相反，这种方法假定企业最后购入的材料或商品的成本被最先结转使用。上面的炼油厂例子在后进先出法下，后购入的100吨原油的成本被最先结转，因此当期减少的原油价值为660 000元（5 000×100＋4 000×40），期末剩余原油的价值为240 000元（4 000×60）。美国石油公司埃克森美孚使用的存货计价方法就是后进先出法（参见埃克森美孚2018年年报）。

第三种计价方法是加权平均法（weighted average method），即根据不同批次购入的材料或商品的成本计算出该类别存货的加权平均成本，使用加权平均成本计算当期减少存货的成本。上面的炼油厂例子在加权平均法下，两批原油的加权平均成本为4 500元[（4 000×100＋5 000×100）/200]，当期减少的原油价值为630 000元（4 500×140），期末剩余原油的价值为270 000元（4 500×60）。

由此可见，采用不同的存货计价方法会导致当期存货结转成本与期末存货价值出现不同（见表4-5）。在购入的材料或商品价格大幅上涨的情况下，产成品或商品在市场上被售出，采用先进先出法计价会导致当期的营业成本相对较低，利润相对较高,期末存货的账面价值较高;相反,采用后进先出法计价会导致当期的营业成本相对较高,利润相对较低,期末存货的账面价值较低。在购入的材料或商品价格大幅下跌的情况下,产成品或商品在市场上被售出,情况则刚好相反。后进先出法与先进先出法可以被看作购入材料或商品的价格发生变化对当期利润影响的两种极端情况,加权平均法是对两种极端情况的折中,能够在一定程度上平滑购入存货价格波动对当期营业成本、利润及期末存货价值的影响。

表 4-5　不同存货计价方法对比　　　　　　　　　单位:万元

	存货初始价值	减少存货价值	剩余存货价值
先进先出法	90	60	30
后进先出法	90	66	24
加权平均法	90	63	27

为了降低不同存货计价方法导致财务报表结果差异给人们理解企业经营业绩与财务状况带来的影响,国际会计准则和我国企业会计准则目前不允许企业使用后进先出法,只允许使用先进先出法与加权平均法。在美国会计准则中,三种存货计价方法都可以被使用,但如果公司选用后进先出法,则要在财务报表附注中披露期末存货的重置成本价值。对 2018 年我国制造型上市公司存货计价方法的调查结果表明,超过 80% 的上市公司选用了加权平均法。加权平均法在实际使用中又分为移动加权平均法与月末一次加权平均法两种。前者用每次进货的成本加上原有库存存货的成本,除以进货数量加上原有库存存货的数量,得到每次进货后的加权平均成本。后者用当月全部进货成本加上月初存货成本,除以当月全部进货数量加上月初存货数量,得到全月统一的加权平均成本。

小案例

国际石油公司的存货计价方法

美国石油公司埃克森美孚、雪佛龙均采用后进先出法计量存货流转价值,而欧洲同行壳牌、英国石油采用的却是先进先出法。由于采用的存货计价方法不同,国际油价的大幅波动对石油公司经营业绩产生了不同的影响,特别是在炼油、化工等下游业务板块,业绩差异十分明显。

2008年上半年，国际原油价格大幅上涨，美国西得克萨斯轻质原油(West Texas Intermediate(Crude Oil)，WTI)期货价格在2008年7月11日创历史新高，达到147.27美元/桶，且上涨幅度远超上年同期。受外购原油价格快速上涨的影响，采用先进先出法的壳牌与英国石油公司第二季度炼油业务成本相对较低(当期结转的炼油成本主要是较早以前购入的价格相对较低的原油成本)，净利润同比大幅上涨；而采用后进先出法的埃克森美孚与雪佛龙公司的情况则刚好相反，炼油业务利润同比大幅下降，具体数据如表4-6所示。

表4-6 国际石油公司炼油业务2008年第二季度净利润比较分析

公司	2008年第二季度(亿美元)	2007年第二季度(亿美元)	同比增幅(%)	2008年第一季度(亿美元)	环比增幅(%)
壳牌	45.4	39.3	16	23.7	92
英国石油	44.3	39.8	11	25.7	72
埃克森美孚	15.6	33.9	−54	11.7	−34
雪佛龙	−7.3	13.0	−157	2.5	−391

注：由于英国石油公司的炼油业务财务数据仅披露息税前收益，不披露净利润，所以表中英国石油公司的数据是炼油业务息税前收益。

资料来源：各公司季报、Wind资讯。

进入2008年7月后，国际原油价格掉头向下，下半年持续快速下滑，到年底前后，WTI跌破40美元/桶。受此影响，采用后进先出法的埃克森美孚与雪佛龙公司第四季度炼油业务成本相对较低(当期结转的炼油成本主要是当期购入的价格相对较低的原油成本)，净利润同比大幅增长；而采用先进先出法的壳牌与英国石油公司炼油业务利润却严重下滑，双双出现亏损，具体数据如表4-7所示。

表4-7 国际石油公司炼油业务2008年第四季度净利润比较分析

公司	2008年第四季度(亿美元)	2007年第四季度(亿美元)	同比增幅(%)	2008年第三季度(亿美元)	环比增幅(%)
雪佛龙	20.8	2.0	920	18.3	14
埃克森美孚	24.1	22.7	6	30.1	−20
壳牌	−64.2	25.6	−351	−0.4	
英国石油	−80.6	0.7	−12 136	−8.2	

资料来源：根据Wind资讯计算所得。

因此，在原材料价格大幅波动的情况下，比较分析不同企业同一业务的经营业绩时，一定要注意区分不同存货计价方法对业绩产生的影响。

除了上述三种存货计价方法,还有一种存货计价方法——个别认定法。这种方法假定企业存货的成本流转与实物流转完全一致,逐一辨认各批存货的实际采购成本与生产成本,发出存货时,按照该批存货实际对应的采购成本或生产成本进行结转。使用个别认定法计算发出存货的成本和期末存货的价值比较合理、准确,但需要密切跟踪存货的实物流转情况。在传统手工记录的情况下,个别认定法在实务中工作量繁重,困难较大,通常只有不同质的存货计价才使用这种方法。近年来很多公司开始使用企业资源计划系统(enterprise resource planning,ERP)、计算机存货管理系统及条形码技术,大大降低了使用个别认定法对存货进行计价的工作难度。国内上市公司扬州亚星客车对发出产成品采用的存货计价方法就是个别计价法(参见亚星客车2018年年报)。

4.2.4 合同资产

合同资产是指企业已向客户转让商品而有权收取对价的权利,且该权利取决于时间流逝之外的其他因素。与应收账款不同,合同资产并不是一项无条件收款权,该权利除时间流逝之外,还取决于其他因素(例如只有履行合同中的其他履约义务才能收取相应的合同对价)。因此,持有合同资产的企业既面临信用风险,又同时面临履约风险等其他风险。合同资产可以简单地理解为应收账款的前一个阶段。国内中国铁建、中国中铁、中国交建等大型工程类企业按照履约进度确认的收入超过客户办理结算的对价部分即确认为合同资产。

4.2.5 长期资产

企业长期使用的资产主要包括固定资产与无形资产,某些特殊行业的企业还存在生产性生物资产、油气资产、投资性房地产及长期待摊费用。通常情况下,长期资产使用期限较长——超过一个会计年度,个别资产的专用性较强,转作他用的可能性很小。一般情况下,专用性强的长期资产在总资产中所占的比重越高,企业退出当前业务的难度越大、成本越高,业务调整的自由度越小。

1. 固定资产

企业为生产商品、提供劳务、出租或经营管理而持有的、使用年限超过一个会计年度的有形资产属于固定资产(fixed assets 或者 property, plant and equipment, PPE),常见的固定资产包括投入使用的房屋建筑、机器、设备等。

固定资产的显著特征是具有实物形态,即看得见、摸得着。同时,资产的单位价值通常较高,使用年限较长。企业只有为了使用而持有的长期资产才能被确认为固定资产,为了出售而持有的资产不属于固定资产,属于存货。企业以对外出租或增值为目的而持有的土地或房屋,也不属于固定资产,属于另一类长期资产——投资性房地产。

> **注意**
> 除了土地、房屋,企业对外出租的、可以长期使用的其他有形实物资产属于固定资产。

在财务会计核算中,资产类别的划分在很大程度上依赖于企业持有资产的目的和用途。同样的资产由于企业持有的目的不同,将被划分为不同类别的资产。例如,同样是一辆红旗轿车,华为公司以使用为目的而持有,要将其确认为固定资产;汽车经销商以出售为目的而持有,要将其确认为存货——库存商品。

经济学家常常按照生产要素投入比例的不同把行业或企业分为资本密集型和劳动密集型两大类别。对于资本密集型企业,一般需要大规模使用资金购买机器设备、购建厂房,投入的资本要素相对较多,资产负债表上固定资产金额较大、在总资产中所占比重较高,航空、电力、电信、铁路、煤炭、钢铁、石油石化等基础工业和重加工业的企业普遍具有这一特征(见表 4-8)。

表 4-8 2018 年部分资本密集型企业固定资产规模及占总资产比重

企业	行业	固定资产(亿元)	总资产(亿元)	固定资产占总资产比重(%)
南方航空	航空	1 700	2 467	69
中国联通	电信	3 415	5 418	63
华能国际	电力	2 463	4 034	61
中国海洋石油	石油	4 073	6 788	60
大秦铁路	铁路	819	1 459	56
鞍钢股份	钢铁	501	900	56

资料来源:各公司 2018 年年报。

> **注意**
>
> 房地产企业也属于资本密集型企业,但投入的资本主要用于购买土地、建造房屋,在资产负债表上表现为存货或投资性房地产规模较大,占总资产比重较高,与其他资本密集型企业有所不同。

对于劳动密集型企业,投入的劳动力要素一般较多,人工成本相对较高,固定资产金额通常不大、在总资产中所占比重不高,互联网类、批发零售类、餐饮住宿类、纺织服装类、家具制造类及快递运输类企业普遍具有这一特征(见表 4-9)。

表 4-9　2018 年部分劳动密集型企业固定资产规模及占总资产比重

企业	行业	固定资产(亿元)	总资产(亿元)	固定资产占总资产比重(%)
腾讯控股	互联网	400	7 235	6
永辉超市	零售	45	396	11
科大讯飞	信息服务	19	153	12
森马服饰	服装	20	166	12
首旅酒店	住宿	24	168	15
尚品宅配	家具	9	53	17
顺丰控股	快递	140	716	20

资料来源:各公司 2018 年年报。

对于医药类、高科技类企业来说,其核心竞争优势通常体现在研发与创新能力,而不是对机器设备的大规模投入,因此固定资产金额往往不大,在总资产中所占比重一般不高。例如,美国医药巨头辉瑞公司截至 2018 年年底固定资产价值 134 亿美元,仅占公司总资产的 8%。苹果公司截至 2018 年 9 月 29 日[①]固定资产价值 413 亿美元,仅占公司总资产的 11%。

处于建造、安装及调试阶段的建筑、厂房、机器、设备,由于企业暂时无法投入使用,不能确认为固定资产,而要作为在建工程(construction in progress)进行会计核算,并在资产负债表中单独列示。在建工程由于尚未投入使用,无法为企业带来收益,因此属于创收创效能力较低的资产。如果这类资产在建状态存续时间过长、在总资产中所占比重过大,则会拉低企业资产总体的盈利

---

① 2018 年 9 月 29 日是苹果公司 2018 会计年度的最后一天。

能力。

在建工程修建期间可能会消耗一些物料与部件,企业购入这些物料与部件并不是用于生产产品、提供服务的,最终没有成为产成品的一部分,而是通过在建工程形成了固定资产,因此企业购入的用于修建工程使用的物料与部件不属于企业的原材料存货,而属于另一类资产——工程物资,在资产负债表上列示在"在建工程"项目中。

> **注意**
> 企业购入的用于建造固定资产的机器、设备在尚未投入建造、安装阶段前要作为工程物资核算。

2. 无形资产

企业拥有或控制的没有实物形态的可辨认非货币性长期资产属于无形资产(intangible assets)。无形资产主要包括土地使用权、特许经营权、商标权、专利技术及计算机软件等。尽管往来款项中的长期应收款也没有实物形态,但其具有固定的收款金额,属于货币性资产。货币性资产不属于无形资产的范畴。无形资产具有可辨认的特征是指经济资源可以脱离企业独立存在或进行交易,企业自身良好的信用与口碑不满足这一条件,因此不能作为无形资产进行核算。

无形资产的确认需要满足两个条件:一是与该无形资产有关的经济利益很可能流入企业;二是该无形资产的成本能够可靠地计量。企业用于广告宣传方面的支出虽然实际受益期可能超过一年,但未来能否带来经济利益及究竟能够带来多大的经济利益存在较大的不确定性,无法满足第一个条件,因此出于谨慎性原则的考虑,广告宣传支出不被确认为企业的无形资产,而是作为一种费用,计入当期销售费用。

国际会计准则与我国企业会计准则目前均把企业内部的研究与开发支出区分为研究阶段支出与开发阶段支出。研究阶段的活动被认为是探索性的,其研究结果具有较大的不确定性,相应的支出要当期费用化,确认为研发费用,不形成无形资产;开发阶段的活动未来获取收益的不确定性相对较小,如果满足一定的条件,则其支出可以资本化,确认为无形资产。不满足资本化条件的开发阶段支出,确认为研发费用。

企业经过长期经营或成功打造所形成的品牌,有助于将企业的产品(或服务)与其他竞争对手的同类产品(或服务)区分开来,具有品牌价值的产品(或服务)通常比不具有品牌价值的产品(或服务)能够获得更大的销量和更高的售价,使拥有品牌的企业在市场竞争中能够获得更多的经济利益。因此,就其本质来说,品牌也是一种无形资产。在财务会计中,企业通过自身长期积累所形成的品牌由于无法可靠计量其成本,因此不被确认为无形资产,但企业从外部购入的品牌或商标具有明确的购买成本,可以确认为无形资产。

小案例

苹果公司的品牌价值

在 Interbrand 公司近期发布的2018年全球最具价值品牌百强排行榜中,苹果公司以2 145亿美元的品牌价值蝉联榜首,但截至2018年9月29日(公司2018会计年度的截止日期),苹果公司资产负债表中并未单独披露商誉与无形资产金额,有可能包含商誉与无形资产的其他非流动资产账面价值为223亿美元,与评估结果差距较大。

3. 折旧与摊销

企业购建的固定资产或无形资产,要按照资产达到可使用状态前所发生的一切合理的、必要的支出确认为资产的初始入账金额,具体包括购买价款、包装费、运输费、安装成本、相关借款利息、汇兑损益等。确认了资产的初始入账金额后,会计准则要求企业在资产使用期限内采用系统的方法将固定资产、无形资产的购建成本合理地分摊到各个使用期间或所生产产品的成本,这个分摊资产购建成本的过程被称为折旧或摊销。每个会计期间,会计人员都要为固定资产提取折旧、对无形资产进行摊销,用来反映这些资产在正常使用过程中的价值损耗。

> **注意**
>
> 国内会计准则规定的折旧与摊销起止月份有所不同：企业当月增加的固定资产，当月不提取折旧，从下个月开始计提；当月减少的固定资产，当月照常计提折旧；当月增加的无形资产，当月开始摊销；当月减少的无形资产，当月不再摊销。

在实际操作中，折旧和摊销的方法有很多种，最为常见的是年限平均法，也叫直线法（straight-line method）。通常，企业的会计人员在固定资产与无形资产投入使用时，需要为资产估计使用寿命和残值（或残值率）——预计资产在使用年限结束时的价值。用资产的初始入账金额减去残值后得到的是应计折旧额（或应摊销额），用应计折旧额（或应摊销额）除以使用年限，便得到每年的折旧（摊销）费用，每年的折旧（摊销）费用除以12就得到了每个月的折旧（摊销）费用。这种方法使企业每年产生的折旧（摊销）费用相等，因此被称为年限平均法。

例如，某采油厂购入一辆油罐车，初始入账金额为40万元，使用年限为5年，预计残值为4万元。年限平均法下每年应提取折旧7.2万元[（40−4）÷5]，每个月要提取折旧6 000元。

根据对2018年度国内上市公司折旧方法的调查，95%以上的公司选用年限平均法。众多公司偏爱年限平均法的主要原因是，这种方法简单，易于操作，并与税务会计的规定一致。但此种选择未必科学、合理。使用年限平均法计提折旧（摊销）费用暗含着一个潜在假设：固定资产或无形资产实际使用情况比较均匀，每年为企业带来的经济利益大致相当。但现实世界中，这个假设常常无法得到满足。

由此可以看出，财务会计其实并不是一门非常严谨的学科，实际操作中很多会计核算只是遵循职业传统习惯，财务报表中很多项目的具体数字并不能做到科学、精准。即便如此，如果同一家企业持续使用同样的折旧（摊销）方法，或者不同的企业使用同样的折旧（摊销）方法，对这些结果进行分析比较还是具有参考价值和现实意义的。

很多公司会在财务报告中披露不同类别固定资产的使用年限（即折旧年限）、残值率（3%、5%较为常见）及年折旧率（用1减去残值率后再除以使用年限后得到的比率)。在固定资产初始入账金额不变的情况下,残值率越高、折旧年限越长,年折旧率越低,每年负担的折旧费用越少。表4-10列出了燕京啤酒2018年财务报告中披露的固定资产折旧年限、残值率及年折旧率。

表4-10 燕京啤酒2018年固定资产折旧情况

类别	折旧年限(年)	残值率(%)	年折旧率(%)
房屋及建筑物	35	5	2.71
机器设备	12	5	7.92
运输设备	9	5	10.56
电子设备	5	5	19.00

资料来源:燕京啤酒2018年年报。

小案例

多家钢铁企业延长固定资产折旧年限提升账面业绩

从2011年开始,随着国内基础设施建设、房地产投资及汽车制造等下游产业发展速度放缓,钢铁行业市场需求疲软,产能严重过剩,很多钢铁企业利润大幅下滑,甚至出现严重亏损。为了减轻经营业绩压力,多家钢铁企业纷纷延长固定资产折旧年限,减少当期折旧费用,以达到增加账面利润的目的。

鞍钢股份从2011年10月1日起调整固定资产折旧年限,房屋、建筑物的折旧年限由原来的20年调整为30年,机器设备的折旧年限由原来的10年调整为15年,受此影响,第四季度减少折旧费用4.9亿元,增加净利润3.7亿元。武钢股份从2012年4月1日起将房屋建筑物及机器设备类固定资产折旧年限延长3年,当年减少折旧费用5.9亿元,增加净利润4.5亿元。此外,新钢、柳钢、马钢、南钢等企业也先后做出类似调整,减少当期折旧费用,提升公司业绩。

由此可以看出,企业固定资产折旧年限、残值率的确定更多地来自传统习惯或行业惯例,并不具有太多的科学标准。当行业内的多家企业迫于经营业绩压力先后改变折旧年限或残值率时,虽然账面利润确实得到改善,但企业真实的盈利能力并没有得到提升。

除了经常使用的年限平均法,会计准则还允许企业使用工作量法、年数总和法及双倍余额递减法等固定资产折旧方法。仍以采油厂的油罐车为例,假定油罐车初始入账金额为 40 万元,使用年限为 5 年,行程可达 36 万公里,预计残值为 4 万元。使用工作量法计提折旧时,先计算单位工作量负担的折旧费用,在本例中就是油罐车每行驶 1 万公里要负担 1 万元[(40−4)/36]的折旧费用,即每公里折旧费 1 元,每个月根据油罐车实际行驶的公里数乘折旧费用分摊标准(1 元/公里),就得到当月应该计提的折旧费用。

使用年数总和法计提折旧时,第一年计提的折旧费用为 12 万元[(40−4)×5/(1+2+3+4+5)],其中初始入账金额 40 万元减去残值 4 万元是 5 年内一共需要计提折旧的总数,即应计折旧额,再乘一个分数——分母为从 1 开始到使用总年限的年数加总,分子为计提折旧当年年初时点的固定资产剩余使用年限。每年计提折旧费用时,相关分数的分母固定不变,分子随着剩余使用年限的减少而逐年下降。在本例中,第一年计提折旧费用时,年初时点剩余使用年限为 5 年。第二年计提折旧费用时,年初时点剩余使用年限变为 4 年,当年计提的折旧费用为 9.6 万元[(40−4)×4/(1+2+3+4+5)],以此类推。国内上市公司红星发展使用年数总和法对固定资产计提折旧(参见红星发展 2018 年年报)。

使用双倍余额递减法计提折旧时,各年的情况较为复杂。第一年计提的折旧费用为 16 万元[(40−0)×2/5],第二年计提的折旧费用为 9.6 万元[(40−16)×2/5],第三年计提的折旧费用为 5.76 万元[(40−16−9.6)×2/5]。前三年中,每年计提折旧时均乘一个折旧系数,即 2/5,分母的 5 代表折旧年限为 5 年,分子的 2 代表双倍的含义,双倍余额递减法的双倍即体现在这里。双倍余额递减法的余额体现在每年计提折旧时,都要用固定资产的初始入账金额减去以前年度计提的累计折旧(如果企业此前还计提过固定资产减值准备,则要一并扣减)后的余额再乘折旧系数。在本例中,由于第一年计提折旧时,此前没有计提过任何折旧,因此当年计提折旧时用初始入账金额 40 万元减去 0 乘 2/5,结果为 16 万元。第二年计提折旧时,由于上一年计提过 16 万元的折旧,此时用初始入账金额 40 万元减去 16 万元折旧后的余额乘 2/5,结果为 9.6 万元。由于前两年分别计提了 16 万元和 9.6 万元的折旧,第三年计提折旧时用初始入账金额 40 万元减去 16 万元和 9.6 万元后的余额再乘 2/5,结果为 5.76 万元。

如果在折旧年限内完全按照双倍余额递减法提取折旧,则无法保证使用寿命结束时(本例中为第五年年末)固定资产的账面价值——固定资产初始入账金额减去每年提取的折旧——刚好等于预计的残值。因此,在使用双倍余额递减法时,最后两年要把折旧方法改回到年限平均法。在本例中,第四年和第五年计提的折旧均为2.32万元[(40－16－9.6－5.76－4)/2]。其中16万元、9.6万元、5.76万元分别代表前三年计提的折旧费用,4万元是资产的预计残值,用40万元减去已经计提的折旧及第五年年末的残值,得到的金额就是在剩余的最后两年内需要计提的折旧费用,再除以2,即得到每年需要计提的折旧费用。国内上市公司东方电气对部分固定资产采用双倍余额递减法计提折旧(参见东方电气公司2018年年报)。由于年数总和法与双倍余额递减法在固定资产使用寿命的第一年计提的折旧费用较多,以后年度折旧费用逐渐递减,因此这两种方法也被称为加速折旧法。

会计人员在提取折旧(摊销)费用时,并不直接减少固定资产(无形资产)的账面余额,而是使用累计折旧(累计摊销)账户,在增加累计折旧(累计摊销)的同时,增加当期的营业成本或其他费用。累计折旧(累计摊销)账户的属性与前面介绍过的坏账准备相似,是固定资产(无形资产)的备抵账户。累计折旧(累计摊销)账户金额增加,意味着固定资产(无形资产)的账面价值相应减少。

企业购入的固定资产、无形资产等长期资产,就某个时点来看,属于企业掌控的资源。人们往往习惯性认为这些资产的规模越大越好,但从未来一段时间来看,这些资产是折旧与摊销费用的来源,在资产使用期限内会产生期间费用或增加生产成本。很多企业在经济效益不错的时候大量购置长期资产,此后并没有实现营业收入的大幅增加或对其他成本费用的有效控制,导致成本费用快速增加,业绩出现下滑,甚至发生亏损或走向破产边缘。

小案例

UT斯达康的高级办公楼

UT斯达康成立于1995年,总部位于美国,主要从事无线通信业务,最初主要研发和生产无线传输的相关产品,1997年以后在中国生产和销售无线市话专用手机设备——小灵通,由于当时国内主要移动通信公司拒绝实施手机单向收费政策,小灵通业务凭借免费接听的收费政策取得了巨大的价格竞争优势,UT斯达康快速打开中国市场,收入与利润均实现强劲增长。2000年3月,UT斯达康在美国纳斯达克证券交易所发行股票,筹集资金近2亿美元。

取得资金后,UT斯达康并没有大规模投入研发,而是于2000年6月在杭州钱塘江畔购买了380亩土地,建造了集生产、研发于一体的高级办公楼。办公楼于2004年10月投入使用,占地20万平方米,是当时国内最大的科研生产基地之一,也是杭州当地一景。2004年年底UT斯达康财务报表附注显示,公司建筑物总价值1.4亿美元,而2003年年底公司的建筑物总价值仅为40万美元。按照38年的折旧年限对建筑物进行年限平均法折旧,公司从此每年将为建筑物固定负担折旧费用300多万美元。

包括折旧费用在内的成本费用持续快速上升,导致UT斯达康从2005年开始出现亏损,当年亏损4.9亿美元。由于未能及时研发出新产品,公司从2006年开始营业收入持续大幅下降,连续三年未能摆脱亏损局面。2009年12月,在经营业绩持续下滑、资金极度紧张的情况下,UT斯达康被迫将杭州办公大楼出售给中南集团,获得税后所得9亿元。大楼出售后,UT斯达康回租了部分场地继续使用。

企业员工都希望在高档写字楼办公,高管人员也都期盼外出办事可以享受企业内部专车的待遇,但实现这些愿望是有代价的,需要企业有足够的创收能力负担得起相应的成本费用。投资建楼只能风光一时,无法久持一世。相比之下,企业还是应该把资金实实在在地用于研发,不断地推出新产品、新服务,或者持续改进产品与服务的性能、质量,只有这样才能在激烈的市场竞争中长期立于不败之地。

4. 生物资产与油气资产

一些企业拥有或控制与农业生产相关的有生命的动物或植物,这些活的动、植物在会计准则中被定义为生物资产。生物资产可以划分为两类:消耗性生物资产与生产性生物资产。企业以出售为目的而持有的生物资产属于消耗性生物资产,例如生长中的蔬菜、存栏待售的牲畜等,会计核算中把消耗性生物资产作为企业的存货处理。为生产农产品、提供劳务或者对外出租等目的而持有的生物资产属于生产性生物资产。生产性生物资产由于具备自我生产能力,能够不断产出农产品或者在生产中被长期、反复使用,为企业带来持续的经济利益,例如果树、奶牛等,属于企业的长期资产。

生产性生物资产通常需要生长到一定阶段之后才具备生产能力或商业使用价值。根据是否达到预定生产功能,这类生物资产一般可以进一步划分为成熟生产性生物资产与未成熟生产性生物资产。已经达到预定功能的生产性生物资产属于成熟生产性生物资产,例如可以产果的果树、开始产奶的奶牛等,相关的会计核算与固定资产类似,使用过程中要计提折旧费用。尚未达到预定功能的生产性生物资产属于未成熟生产性生物资产,例如还没有挂果的果树、尚未产奶的奶牛等。这部分资产仍然处于购建成本归集阶段,不需要计提折旧费用,相关的会计核算与在建工程类似。

按照会计准则的规定,从事油气开采业务的石油及天然气企业所拥有或控制的油井、气井及相关设施和矿区权益属于油气资产。油气资产反映了企业在油气开采活动中生产设施的投入成本,并不代表地下储藏油气资源的价值,这一点常常容易引起混淆。

> 💡 **注意**
> 财务报表中的油气资产是指油气开采企业的油井、气井等生产设施和矿区权益等资产,并不反映企业拥有的油气资源的价值。因此,企业的油气资产账面价值大,并不一定代表企业拥有的油气资源多。

类似于固定资产计提折旧,油气开采企业需要对油气资产计提折耗(depletion)。一般常用的折耗计提方法是产量法或年限平均法,随着开采进度或时间,企业将油气资产的账面价值逐渐转移到所开采资源的生产成本中。日常会计核算中,提取的折耗形成累计折耗——油气资产的备抵账户(类似于固定资产的累计折旧),抵减油气资产的账面价值。

5. 长期待摊费用

企业发生的、应由以后各期共同负担的各项长期支出,包括预付的长期租金、租入房屋建筑的装修费,以及摊销期在1年以上的固定资产大修理支出等,在账面上确认为长期待摊费用。长期待摊费用账户虽然名称中出现了"费用"字样,但属于企业的一种长期资产,要在受益期间内平均摊销。最常见的长期待摊费用就是企业支付的装修费、租赁费、保险费等。

例如,永辉超市的财务报告显示,公司的长期待摊费用主要包括门店装修及改良支出、房屋租金等。该公司门店装修及改良支出具体分为两类:一类是新门店开业前的经营和办公场所装修及改良支出,在预计最长受益期(10年)和租赁期孰短的期限内按直线法进行摊销;另一类是已开业门店的二次(或二次以上)装修及改良支出,在预计最长受益期(5年)和剩余租赁期孰短的期限内按直线法进行摊销。房屋租金支出在受益期内平均摊销。表4-11描述了永辉超市2018年长期待摊费用的明细情况。

表4-11 永辉超市2018年长期待摊费用情况　　　　　　　　　　单位:万元

项目	期初余额	本期增加	本期摊销	其他减少金额	期末余额
租入门店装修费	285 151	112 318	55 655	26 150	315 665
房屋租金	1 379		152		1 228
租赁使用权	705		188	80	437
福建彩食鲜新装、整改项目	2 562	3 407	508		5 461
南通物流园项目装修	1 475	45	163		1 357
华东物流园		1 642	105		1 537
其他	214	4 938	258		4 894
合计	291 487	122 350	57 029	26 230	330 578

资料来源:永辉超市2018年年报。

注:本年其他减少金额是部分门店闭店和处置原子公司永辉云创科技有限公司所致。租赁使用权是收购门店支付的溢价,在受益期内平均摊销。

4.2.6 以公允价值计量的资产

国内企业的固定资产、无形资产等长期资产有一个较为明显的财务特征,即都以初始购置成本为基础对资产计价,以后不需要根据市场价格变化定期调整资产的账面价值,这种资产价值计量标准被称为历史成本原则。

在历史成本原则下,财务报表上资产的账面价值并不代表资产的现行价值,而是仅仅反映资产在编制财务报表时剩余的、尚未分摊的购入或建造成本余额。

事实上,资产的账面价值与市场实际价格之间常常存在差异,其中主要有两方面原因。一方面,资产自身的市场交易价格并不是固定不变的,会出现上下波动,中国企业会计准则与美国会计准则更加强调谨慎性原则,在固定资产、无形资产等长期资产发生减值时要计提资产减值准备,调低资产账面价值,而在资产价值回升时不做任何处理;另一方面,固定资产与无形资产的使用期限一般较长,在使用过程中资产实际价值的减损情况与账面折旧、摊销的提取进度可能并不完全一致。

因此,对于固定资产、无形资产等长期资产所占比重较高的企业来说,如果想要准确了解资产的真实价值,就不能仅仅依靠财务报表等资料,还需要结合技术进步与相关产品市场需求的实际情况,现场查看资产的实际状况与质量。

与中国和美国的会计准则有所不同,国际会计准则为固定资产的价值计量提供了两种模式,即成本模式与价值重估模式。成本模式与历史成本原则一致,价值重估模式允许企业按照评估价值定期调整固定资产账面价值。

国内企业资产负债表中的绝大部分资产都使用历史成本计价,只有少数以交易为目的或者具有金融属性的资产才以公允价值计价。所谓公允价值,是指公平有序的交易中,出售资产所能收到的价格或者转移负债所需支付的价格。企业持有的交易性金融资产、其他权益工具投资、其他债权投资及采用公允价值模式计量的投资性房地产采用公允价值计价。有确凿证据表明生物资产的公允价值能够持续可靠取得的,应当对生物资产采用公允价值计价。

企业持有的常见金融资产按照品种类别主要可以划分为两大类:债权资产与股权资产。最典型的债权资产就是企业投资的债券;最典型的股权资产就是企业投资的股票。中国企业会计准则从会计核算角度将金融资产划分为以摊余成本计量的金融资产、以公允价值计量且其变动计入当期损益的金融资产及以公允价值计量且其变动计入其他综合收益的金融资产。其中,以摊余成本计量的金融资产用于核算企业购入的仅以收取利息形式获利的债权投资——不准备在到期日前出售的债权资产。这类金融资产的获利情况与资产的公允价值无关,只要债权合同中约定的还本付息时间与金额确定、购入资产的价格确定,债权投资未来将会取得的投资收益及收益率就被确定下来(债务人出现无法还本付息的情况除外)。企业只需按照投资过程中实际被占用的资金额(在会计准则中被定义为"摊余成本")确认"债权投资"——既是会计核算账户,又是财务报表项目。每个会计期间,企业使用实际被占用的资金额乘该笔投资的实际收益率确认投资收益——如果投资过程中出现折溢价,则还需要同时摊销折溢价。债权投资到期后,企业收回本金,债权投资账户的资产价值归零,相关投资活动结束。

企业购入的股权投资及可能在到期日前出售的债权资产需要以公允价值计量——这些资产的公允价值变化会影响实际的投资收益结果。企业对股权类金融资产公允价值的变化有两种不同的处理方式:一种是计入公允价值变动损益账户,影响当期净利润;另一种是直接计入所有者权益中的其他综合收益,不影响当期损益。

对于企业购入的股权资产,管理人员需要在投资发生后明确指定该金融资产的类别——属于以公允价值计量且其变动计入当期损益的金融资产还是以公允价值计量且其变动计入其他综合收益的金融资产。前一类金融资产日常核算的会计账户是"交易性金融资产"(也是财务报表项目)——主要反映企业以赚取差价为目的从市场购入的随时准备交易的股票及基金等;后一类金融资产日常核算的会计账户是"其他权益工具投资"(也是财务报表项目)。

对于企业购入的可能在到期日前出售的债权资产,企业会计准则规定只能作为以公允价值计量且其变动计入其他综合收益的金融资产,日常核算的会计账户是"其他债权投资"(也是财务报表项目)。

> **注意**
> 当企业购入金融资产时,如果交易价格中包含已宣告但尚未发放的现金股利或已开始计息但尚未发放的现金利息,则由于这部分支出未来短期内会以现金股利或现金利息的形式收回,不属于企业的投资支出——不计入金融资产购入成本,因此只能算作垫付性支出,计入"应收股利"或"应收利息"。

企业为出租或增值目的而持有的土地和房屋属于投资性房地产。企业会计准则规定,投资性房地产有两种后续计量模式:一是像固定资产那样按照初始成本计量,以后每年计提折旧,出现减值时计提减值准备;二是在有确凿证据表明企业能够持续可靠地取得投资性房地产公允价值的情况下,采用公允价值模式计量。

注意

同一家企业只能采用一种模式对所有投资性房地产进行后续计量,不得同时采用两种计量模式。

企业购入金融资产属于金融投资行为。非投资类企业通过适度买卖股票、基金等金融资产可以提高闲置资金的使用效率,但如果不能很好地控制投资规模与风险,甚至因此占用主营业务资金而影响企业的正常生产经营活动,则会导致灾难性后果。很多国内上市公司在这方面曾经有过惨痛的教训,佛山照明就是其中一例。

 小案例

佛山照明痛定思痛

佛山电器照明股份有限公司(以下简称"佛山照明")1993年成为广东省首批上市公司,主要生产和经营各种电光源产品及配套灯具,曾经是全国电光源行业中规模最大、创汇最多、效益最好的出口型企业,各项指标均居全国同行业之首,在国内外市场享有"中国灯王"的美誉。从1993年上市(新股发行价格为10.23元/股)至2007年的15年间,佛山照明发展势头良好,从未出现过亏损,并且坚持每年大规模分红,截至2007年年底每股累计现金分红6.55元,居同期深市首位,被投资者称为国内上市公司中的"现金奶牛"。

不过,在2007年中国股市过热时,佛山照明没能抵制住股市的诱惑,使用自有资金购买了大量股票、基金。2007年年底,公司金融资产规模达到6.2亿元,而同期固定资产规模也不过7.8亿元。随着股市进入下行周期,公司的金融资产投资开始出现亏损,并且损失规模越来越大,2008年第一季度金融资产投资亏损超过1亿元,严重拖累了公司整体业绩结果,导致公司当季净亏损7 000万元,出现了上市以来的首次季度亏损。

公司董事长在2008年4月17日的董事会上对第一季度的亏损进行了深刻反思,表示"要老老实实做实业,公司闲置资金也将从资本市场转回主营业务"。董事会秘书也对记者表示,"资本市场真是有风险,二级市场干脆撒手不做算了,还是老老实实把实业做好"。"股市有风险,入市需谨慎",这句世人耳熟能详的忠告往往只有在当事人亲身经历了惨痛的投资教训之后才能被深刻理解与认知,上市公司也不例外。

4.2.7 资产减值

对于那些以历史成本计价的资产,虽然在编制财务报表时并不按照公允价值调整资产的账面价值,但根据会计准则中谨慎性原则的要求,要定期检查资产是否发生了减值,即资产未来可收回金额是否低于其账面价值。如果资产发生了减值,则企业要相应提取资产减值准备,确认资产减值损失。

各种资产减值准备账户都属于资产的备抵账户。大部分资产类账户都需要设置相应的减值准备账户(例如固定资产减值准备、无形资产减值准备),并根据实际减值情况计提准备金。应收账款与存货的减值准备账户名称比较特殊,分别是坏账准备和存货跌价准备。

对于提取了减值准备的各项资产,要按照扣除减值准备后的账面价值在资产负债表中列示,对外披露。例如,应收账款要定期计提坏账准备,按照应收账款账户余额减去坏账准备账户余额后的账面价值对外披露。

某些已经提取减值准备的资产,如果情况发生变化,则资产价值可能发生回升。此前的会计准则允许企业转回前期提取的减值准备,一方面减少资产减值准备,另一方面减少当期的资产减值损失——减少损失则意味着增加利润。国内外大量学术研究发现,由于会计人员在提取与转回资产减值准备的过程中具有较强的主观性,企业管理人员常常把计提或转回资产减值准备作为操纵利润的一种重要手段。在业绩良好的时候,一些公司会主动超额提取资产减值准备,隐藏一部分当期利润,为以后年度提升业绩做好储备;在业绩不佳的时候,公司再转回以前年度提取的资产减值准备,用于提升当期业绩。因此,国外的财务分析师常常形象地将资产减值准备账户称为企业管理人员非常喜爱的"甜饼罐"(cookie jar)。

为了减少管理人员对资产减值准备的操控空间,中国企业会计准则目前规定固定资产、在建工程、无形资产、生产性生物资产及油气资产等长期资产,一旦发生减值、提取了减值准备,即便以后资产价值发生回升,也不能转回前期已经计提的资产减值准备,这一规定与美国会计准则保持一致,但国际会计准则对此规定有所不同,即在长期资产价格回升的情况下,允许转回前期计提的资产减值准备。

与上述长期资产不同,存货的期末计价使用"成本与可变现净值(net realizable value)孰低"原则。如果企业存货的购买或制造成本低于可变现净值,则不需要计提存货跌价准备;如果企业存货的购买或制造成本高于可变现净值,则需要根据差额计提存货跌价准备。

可变现净值是存货的预计未来净现金量。产成品、库存商品和用于出售的原材料等可以直接对外出售存货的可变现净值,一般应当以该存货的估计售价减去估计的销售费用和相关税费后的金额确定;需要经过加工的材料存货的可变现净值,一般应当以所生产的产成品的估计售价减去至完工时估计将要发生的成本、估计的销售费用和相关税费后的金额确定。

如果企业存货的购买或制造成本高于可变现净值,根据差额计提存货跌价准备之后,可变现净值发生了回调,则应该按照"成本与可变现净值孰低"原则,在下一个会计期末相应冲减存货跌价准备,将存货的账面价值调整为最新的(低于成本的)可变现净值或成本。

4.2.8 长期股权投资

企业持股比例相对较大的股权投资既不属于以公允价值计量且其变动计入当期损益的金融资产,也不属于以公允价值计量且其变动计入其他综合收益的金融资产,而要确认为长期股权投资。长期股权投资主要包括对子公司的投资、对合营企业的投资及对联营企业的投资,具体划分标准主要体现在投资方对被投资方的影响力与控制权上。

如果投资方持有被投资方表决权的比例超过50%,投资方可以绝对控制被投资方的生产经营及财务决策,则被投资方为子公司,投资方为母公司。实际操作中,在被投资方股权相对分散的情况下,投资方持有被投资方表决权的比例不足50%时也可以实现对被投资方的控制。例如,截至2018年年底尽管珠海格力集团仅持有上市公司格力电器18.22%的股权,但仍然可以实现对格力电器的控制,是格力电器的控股股东——母公司。如果投资方持有被投资方表决权的比例不超过50%,投资方与其他合营方可以一起决定被投资方的生产经营及财务决策,能够对被投资方实施共同控制,则被投资方为投资方的合营企业;如果投资方持有被投资方表决权的比例低于50%且无法实施共同控制,但投资方能够对被投资方施加重大影响,例如可以选派董事或高级管理人员等,则被投资方为投资方的联营企业。在没有公司章程等其他约定限制的情况下,实际操作中常常将持股比例作为表决权的一个替代标准。

> **注意**
>
> 长期股权投资与前面介绍的以公允价值计量且其变动计入当期损益的金融资产及以公允价值计量且其变动计入其他综合收益的金融资产的区别主要体现在持股比例与影响力、控制权方面,企业长期股权投资通常对被投资企业具有较强的影响力与控制权,一般持股比例相对较高。

对于表决权比例超过50%的股权投资来说,子公司(被投资方)受到母公司(投资方)的控制,母公司有权决定子公司生产经营与财务方面的重大决策,母子公司之间发生的交易可能受到母公司单方面的操控,不能保证交易的真实与公平,母子公司自身的财务报表受到这些非正常交易的影响可能无法客观、公允地反映企业的真实状况。此时,会计准则要求把母公司与其控制的子公司看作一个企业集团,对于集团内部企业之间发生的交易要进行抵销,剔除其经济影响,然后以企业集团为主体编制合并财务报表。母公司对外披露的财务报告中一般同时包含企业集团的合并财务报表与母公司自身的个别财务报表。合并财务报表通常是财务报表使用者关注的重点。

重要辨析

个别财务报表与合并财务报表

企业财务报表分为个别财务报表与合并财务报表。单个公司编制的以公司自身为会计主体的财务报表属于个别财务报表。母子公司形成的企业集团作为一个整体,经过合并抵销之后编制的企业集团财务报表属于合并财务报表。

具体来讲,企业编制合并资产负债表首先要对母子公司的资产、负债及所有者权益各个项目合并加总,然后再抵销母公司的长期股权投资与子公司的所有者权益、母子公司之间的债权债务、内部交易导致的存货与固定资产增值及内部往来款项等。经过合并抵销之后,合并资产负债表最后只反映企业集团作为一个整体拥有的资产及对外的负债,能够更为客观、真实地反映全集团的财务状况。

企业编制合并利润表首先要对母子公司全部的收入、费用及计入损益的利得与损失项目合并加总,然后再剔除母子公司内部交易产生的营业收入、营业成本,由于内部交易导致多提取的折旧、摊销、坏账准备等,以及内部借贷产生的利息收入与利息费用等。合并利润表最后只反映企业集团整体取得的对外营业收入及为取得这些收入所发生的营业成本与期间费用,排除母子公司内部交易对企业集团的影响,能够更为客观地反映全集团整体的经营业绩。

由于母子公司之间存在投资与被投资的关系,因此合并财务报表中的长期股权投资项目中要剔除母公司对子公司的股权投资,反映的仅仅是母公司与子公司对合营企业、联营企业的投资;而母公司财务报表中的长期股权投资反映的是对子公司、合营企业、联营企业的投资,不包括子公司对合营企业、联营企业的投资。

小案例

顺丰控股的长期股权投资

顺丰控股股份有限公司(以下简称"顺丰控股")是国内领先的快递物流综合服务商,2016年12月12日获证监会批准实现国内A股市场上市。截至2018年年末,顺丰控股母公司个别财务报表中的长期股权投资为433亿元,占总资产(540亿元)的80%;合并财务报表中的长期股权投资为22亿元,仅占总资产(716亿元)的3%,两者之间反差巨大,形成鲜明对比。

顺丰控股2018年财务报告显示,母公司个别资产负债表中的433亿元长期股权投资均为对子公司的股权投资,母公司没有合营企业与联营企业,而合并资产负债表中的22亿元长期股权投资均为子公司对合营企业、联营企业的股权投资。

> **注意**
>
> 合并资产负债表中的长期股权投资体现的是母、子公司及孙公司(子公司的子公司)对合营企业、联营企业的股权投资,不包括母公司对子公司及子公司对孙公司的股权投资。

根据会计准则的规定,长期股权投资的后续计量有成本法(cost method)与权益法(equity method)两种方法。权益法适用于对合营企业、联营企业的投资;成本法适用于对子公司的投资。

在成本法下,投资企业要按照初始投资或追加投资的成本确认长期股权投资的账面价值;被投资单位宣告分派的现金股利中投资企业享有的部分,确认为当期投资收益,被投资单位取得经营收益或发生亏损一般不影响投资企业长期股权投资的账面价值。日常核算只需关注股利分配情况,收到股利即确认为投资收益。

在权益法下,长期股权投资最初以初始投资或追加投资成本计价,以后根据投资企业享有被投资单位所有者权益份额的变化对长期股权投资的账面价值进行调整。例如,被投资单位取得经营收益时,投资企业要按照股权比例相应增加长期股权投资的账面价值,同时确认投资收益;被投资单位宣告分派现金股利时,所有者权益总额减少,投资企业要按照相应的股权比例确认应收股利,同时减少长期股权投资的账面价值,并不确认投资收益。与其他资产一样,长期股权投资也需要定期进行减值测试,如果出现减值,企业就需要计提长期股权投资的减值准备。

小案例

新希望投资民生银行

截至 2018 年年末,新希望持有 1 828 327 362 股民生银行股票,持股比例为 4.175 9%,同时向民生银行选派了一名董事和一名监事——新希望董事刘永好任民生银行副董事长、新希望董事王航任民生银行监事,对民生银行具有影响力,因此新希望使用权益法对民生银行股权投资进行后续核算。

2018年民生银行实现归属于母公司股东的净利润503.3亿元,新希望按照4.175 9%的持股比例,确认了21亿元投资收益,占公司净利润的77.21%。被中国证监会、Wind资讯划分为农业类企业的新希望2018年实现了27亿元净利润,其中接近80%来自银行股权投资,相信很多人对此始料未及。

4.2.9 商誉

资产负债表中有一类较为特殊的资产——商誉。商誉(goodwill)是企业整体协同效应产生的、未来能够给企业带来超额收益的、不可辨认的无形经济资源,其产生可能缘于优越的地理位置、精湛的工艺技术、著名的品牌形象及良好的信用声誉等多方面因素。

与无形资产相比,商誉是由企业整体产生的,无法脱离企业而单独存在,因此具有不可辨认性。按照会计准则的规定,企业只有发生兼并收购才有机会确认账面商誉,自创的商誉不能被确认为账面资产。如果两家企业在合并之前不受共同的股东控制,则收购方的合并成本大于合并中取得的被收购方可辨认净资产公允价值份额的差额部分被确认为商誉。

重要辨析

控股合并与吸收合并

两个或两个以上独立的企业合并形成一个报告主体的交易事项被称为企业合并。企业合并具体可以分为控股合并与吸收合并。在收购方与被收购方合并之前不受共同股东控制的前提下,两种合并方式对商誉的确认与对外披露存在一定的差别。

在控股合并中,收购方一般通过收购对方半数以上具有表决权的股份以达到控制对方的目的。收购结束后,被收购方仍然持续存在,但其控股股东变为收购方,收购方与被收购方成为母子公司的关系,需要作为一个企业集团编制合并财务报表。在收购过程中,收购方取得长期股权投资时并不确认商誉——收购成本大于被收购方净资产公允价值份额的差额部分计入长期股权投资,只是在与被收购方作为一个整体编制合并财务报表抵销会计分录时——收购方(可能包含商誉在内)的长期股权投资与被收购方的所有者权益相互抵销,才有机会出现商誉。因此,商誉并不出现在收购方的个别资产负债表中,只可能出现在合并资产负债表中。

在吸收合并中,收购方将被收购方的资产与负债吸纳到自己的企业中,收购结束后被收购方丧失了法人地位,只有收购方存续经营。收购方对合并中取得的符合会计准则确认条件的各项可辨认资产、负债按照公允价值确认入账,收购价款减去可辨认资产与负债公允价值净额之后剩余的差额部分确认为商誉。因此,吸收合并下收购方的个别财务报表中存在商誉。收购方如果还存在其他子公司,则需要编制合并财务报表,吸收合并中产生的母公司账面商誉同样会出现在合并财务报表中。

小案例

万科公司收购南联地产

万科公司2012年7月16日通过全资子公司万科置业(香港)有限公司以10.95亿元港币收购了香港上市公司南联地产控股有限公司75%的股权,并于2013年1月11日将南联地产更名为万科置业(海外)有限公司。在收购过程中,万科公司的合并成本超过按75%的股权比例获得的南联地产可辨认净资产公允价值2.02亿元人民币,这部分价值在编制合并财务报表时被确认为万科公司的商誉,列示在合并资产负债表上(此前万科公司合并资产负债表上的商誉为0)。由于该合并属于控股合并,万科公司的个别资产负债表中并不确认商誉。

虽然从理论上讲,商誉可以为企业带来超额收益,属于企业的资产,但与其他资产相比,商誉未来所能带来的经济利益存在更大的不确定性。从确认与计量的角度来看,现行会计准则下财务报表中确认的商誉的账面价值并不能够真正代表企业未来可以获得的超额收益,只是反映企业合并中支付的成本与所收

购净资产公允价值之间的差额。采用差额法确认的账面商誉,既受到合并双方讨价还价能力的影响,又受到被合并方净资产公允价值评估结果的影响,不确定因素较多。

巨大的账面商誉可能是收购优秀企业而必须付出的代价,也可能是企业愚蠢投资的负面结果——花了大价钱收购了很差的企业,这两种情况虽然在短期内很难从财务报表角度分析清楚,但经过一段时间的检验,差别通常还是明显的,大量案例研究结果表明,后一种情况居多。

虽然商誉在很多方面与无形资产相似,但全球各国(日本除外)会计准则目前并不允许对商誉资产进行摊销。同其他资产一样,商誉要定期进行减值测试,一旦发现减值,就要确认为当期资产减值损失。一些企业在某些扭亏无望的年份利用对商誉大规模计提减值确认资产减值损失,加大亏损额度,严重影响了企业盈利的稳定性与连续性。因此,账面上的商誉不能算作企业的优质资产,财务报表使用者对资产负债表中的商誉项目要保持高度警惕。

小案例

国内 A 股上市公司 2018 年商誉减值

近年来,某些国内上市公司频繁发生大规模兼并重组。据 Wind 资讯统计,2018 年年末,国内 A 股上市公司商誉资产合计 1.3 万亿元,巨额的商誉资产虽然不需要定期摊销,但一旦发生大规模减值,对上市公司自身账面利润及 A 股市场整体都将是巨大灾难,市场参与者和市场监管者(中国证监会及财政部)面临严峻挑战。

从国内 A 股上市公司 2018 年计提商誉减值情况来看,885 家上市公司共计提了 1 668 亿元减值,其中前十家上市公司计提额度均超过 20 亿元。表 4-12 表明,2018 年计提商誉减值规模前十家上市公司当年均出现严重亏损,商誉减值规模占年初股东权益的平均比重超过 40%。到底是这些上市公司经营出现问题、发生严重亏损导致商誉资产确实出现减值,还是公司当年扭亏无望、索性"洗个大澡"——大规模计提商誉资产减值,值得监管机构与学术界深入研究。

表 4-12　2018 年国内商誉减值规模最大的前十家 A 股上市公司

公司	商誉减值（亿元）	净利润（亿元）	年初股东权益（亿元）	商誉减值占年初股东权益比重（%）
天神娱乐	40.6	−69.8	95.5	42.5
东方精工	38.9	−38.7	77.1	50.4
掌趣科技	33.8	−31.0	86.0	39.3
聚力文化	29.7	−29.0	49.8	59.5
人福医药	28.9	−19.6	166.1	17.4
联建光电	27.3	−28.9	49.0	55.8
大洋电机	24.2	−24.0	96.6	25.0
康尼机电	22.7	−31.9	39.7	57.3
深大通	21.2	−23.5	54.0	39.3
联创互联	20.7	−19.0	44.3	46.8

资料来源：Wind 资讯。

企业合并除了可以按照交易形式的不同划分为控股合并与吸收合并，还可以按照合并前是否受到共同股东控制，划分为同一控制下的企业合并与非同一控制下的企业合并。同一控制下的企业合并，由于合并双方受到共同控制人的控制，无法确保合并交易的公允性与可靠性，因此会计核算中对交易涉及的资产或负债的确认与计量以原有账面价值为基准，合并过程中并不新增资产或负债。非同一控制下的企业合并一般被认为是独立的市场主体之间发生的正常的、公允的企业合并交易，对交易涉及的资产或负债以公允价值为基准进行确认与计量。

> **注意**
> 企业合并的会计核算一定要区分合并双方在合并前是否受到共同股东控制，正确选用资产与负债的确认原则和计量基准。

4.2.10　持有待售资产与持有待售负债

如果企业对持有的固定资产、无形资产、长期股权投资等非流动资产或处置组（既包括要处置的资产，也包括相关债务）已经做出出售决议并获得确定的购买承诺，预计相关出售工作将在一年内完成，且（根据类似交易惯例判断）

这些资产或处置组在当前状况下可立即出售,则需要将拟出售的资产转入"持有待售资产"账户,相关的债务转入"持有待售负债"账户,资产负债表的流动资产与流动负债中分别设有"持有待售资产"与"持有待售负债"项目与其相对应。

企业专为转售而取得的非流动资产或处置组,在取得日满足"预计出售将在一年内完成"的规定条件,且短期(通常为3个月)内很可能满足持有待售类别的其他划分条件的,企业应当在取得日将其划分为持有待售类别。

持有待售资产的入账价值应该按照相关资产结转之前的账面价值与可变现净值(公允价值减去出售费用后的净额)两者中较低的金额计量,体现了资产计价的谨慎性原则。

4.3 负债

企业的负债是过去的交易或事项形成的现时义务,履行这些义务预期将会有经济利益流出企业。负债有很多分类,按照债务形成的原因不同,可以分为融资性负债与经营性负债。融资性负债是指以筹集融通资金为目的产生的负债,例如企业从金融机构取得的长(短)期借款、在市场上发行的债券等;经营性负债是指企业在经营过程中由于正常营业活动而产生的负债,例如应付的货款、应发的工资、应交的税费等。

尽管两类负债的形成原因不同,但在一定限度内,两者具有相互替代关系。例如,如果企业与供应商签订的购货合同中约定可以在供应商发货后六个月内付款,则企业不需要在未来的四五个月内提前支付货款,不形成短期资金流出压力,账面上会增加应付账款。在邻近供应商发货后六个月的时候,企业可以使用自有资金支付货款或为此筹集资金。如果企业需要筹集资金,则账面上融资性负债会增加。向供应商支付货款后,经营性负债相应减少,同时融资性负债增加。运营平稳、管理有序的企业经营性负债规模一般会随着企业业务发展同步增加,在财务报表上常常表现为经营性负债占总资产的比重相对稳定。

重要辨析

经营性负债与融资性负债的偿还弹性差别

经营性负债的债权人主要包括企业的供应商(应付账款的债权人)和员工(应付职工薪酬的债权人)以及政府税务部门(应交税费的债权人)。现阶段,在市场契约并未严格执行的情况下,国内大型企业凭借市场竞争地位在经营性负债的偿还时间方面常常具有一定的调整空间。很多上市公司在年末推迟向供应商付款,控制当年资金流出,增加账面货币资金期末余额,同时在财务报表中出现大额应付账款。相比之下,融资性负债的债权人一般与企业之间的关系较为简单,仅仅是资金供给方与需求方的关系,债权人之所以会向企业提供资金是为了在确保本金安全的情况下取得利息、获得收益。因此,债券投资者、贷款银行及相应的监管机构(国内的银监会等)通常不接受债务人延迟付息或延期还本,企业融资性负债的还款安排很难进行调整,延迟还款的弹性空间相对较小。

按照偿还期限的长短,负债可以分为流动负债与非流动负债。流动负债通常是指偿还期限在一年以内的负债,非流动负债是指流动负债以外的其他负债。按照是否需要负担利息,负债可以分为无息负债和有息负债。无息负债主要是指日常经济活动中形成的应付账款、预收账款等往来款项,主要是经营性负债。有息负债主要是指企业从银行等金融机构借入的长(短)期借款、发行的债券、从其他企业拆借的资金及融资租赁形成的债务等,基本属于融资性负债。由于前面已经介绍了往来款项等无息负债,这里重点介绍有息负债和一种较为特殊的负债——预计负债。

4.3.1 有息负债

企业从银行等金融机构取得借款有到期还本付息的现时义务,属于企业的负债,依据还款期限的长短,借款被划分为短期借款与长期借款。还款期限在一年以内的借款属于短期借款,还款期限超过一年的借款属于长期借款。与此相似,企业在债券市场上发行的偿还期限在一年以内的债券属于应付短期债券,偿还期限超过一年的债券属于应付债券。按照"实质重于形式"的会计信息质量要求,一年内将要到期的长期借款与应付债券要作为企业的流动负债,在资产负债表中以一年内到期的非流动负债形式反映。企业发生融资租赁或分期付款采购交易确认的长期应付款由于考虑了货币的时间价值,也属于有息负债。此外,企业从其他非金融类企业借入的付息借款通常计入其他应付款。无论是从金融机构取得的借款,还是在市场上发行债券及从其他企业取得的借款,都要负担利息,作为占用资金所付出的代价,因此这些负债都属于企业的有息负债。

重要辨析

有息负债利息的会计核算

有息负债要产生利息。根据权责发生制原则,无论企业当期是否实际支付利息,都应该在借款期间进行账面确认。按照会计准则的规定,利息支出有资本化与费用化两种确认方式。如果有息负债是为购建某项资产而发生的,例如企业为建造厂房从银行取得的借款或房地产开发企业为开发商品房从银行取得的借款等,在满足一定条件的情况下,便可以将利息支出确认为资产购建成本的一部分——实现利息支出资本化。除此之外,有息负债的利息支出都要费用化,计入当期损益(财务费用),影响净利润。本书前面提到的渝钛白公司正是由于将不符合规定的借款利息资本化并且拒绝按照审计师的意见做出调整,最终被出具了否定的审计意见。

4.3.2 预计负债

有些企业的资产负债表中会有一种比较特殊的负债——预计负债。预计负债反映的是企业对外担保、未决诉讼、产品质量保证、重组义务、亏损性合同等所形成的或有负债(contingent liability)。

与普通负债不同,或有负债具有一定的不确定性,债务最终可能发生,也可能不发生,或者负债的金额暂时无法确定。或有负债的种类有很多,只有同时满足以下三个条件的或有负债才能被确认为预计负债,进入资产负债表:(1)该负债是企业承担的现时义务;(2)履行该义务很可能导致经济利益流出企业;(3)该义务的金额能够可靠地计量。Wind 资讯数据库显示,截至 2018 年年底,国内 A 股上市公司中国石油的预计负债规模最大,达到 1 328 亿元,均为油气资产弃置义务。表 4-13 列出了上汽集团 2016—2018 年的预计负债,主要包括产品质量保证、预计赔偿支出等。

表 4-13　上汽集团 2016—2018 年预计负债情况　　　　　　　单位:亿元

项目	2016 年	2017 年	2018 年
产品质量保证	148.8	168.2	170.1
预计赔偿支出	5.2	7.1	7.1
继续涉入负债款		1.8	10.6
其他	21.4	23.9	24.5
减:一年内到期的预计负债	53.0	66.5	59.6
合计	122.4	134.5	152.7

资料来源:上汽集团 2016—2018 年年报。

重要辨析

与所得税有关的资产和负债

资产负债表中的递延所得税资产与递延所得税负债两个项目反映的是按照会计准则确认的所得税费用与按照税法确认的当期应缴纳所得税之间的差别。在以后期间可以用于抵减所得税的项目是递延所得税资产,属于企业的资产;在以后期间应该缴纳所得税的项目是递延所得税负债,属于企业的负债。

4.4　所有者权益

所有者权益是总资产减去负债之后剩余的归属于所有者享有的部分。所有者权益反映的是企业资产价值的权利归属,并不与具体资产之间形成直接对应关系。从形成来源看,所有者权益主要来自四个方面:一是所有者投入的资本;二是企业生产经营形成的未分配收益,这部分也被称为留存收益;三是一些特殊的交易或事项产生的直接计入所有者权益的利得;四是某些夹层融资。

4.4.1 所有者投入的资本

所有者投入的资本一般被划分为股本(或实收资本)与资本公积两部分。其中,体现股权比例的部分被确认为公司的股本(或实收资本),余下的部分被看作资本溢价,确认为资本公积。

股份有限公司将全部资本划分为等额股份,以发行股票的形式筹集资本。我国《公司法》规定,在国内发行的股票都要有面值,国内多数上市公司普通股的面值为1元,目前只有紫金矿业、洛阳钼业及福莱特三家公司例外——每股面值分别为0.1元、0.2元、0.25元。

股票面值的经济意义相当有限,通常与股票实际发行价格并无直接联系。我国《公司法》规定,股票发行价格可以按票面金额,也可以超过票面金额,但不得低于票面金额。因此,股票的面值成为国内股票发行价格的下限。其他国家和地区的法律对股票面值的规定比较灵活,新加坡和美国有些州的法律甚至还允许公司发行无面值股票,例如总部在德克萨斯州的美国石油公司埃克森美孚发行的普通股就没有面值。一些证券交易所对上市股票的交易价格有限制,例如如果国内上市公司连续20个交易日(不含停牌交易日)每日收盘价均低于股票面值,则证券交易所将终止其上市资格。很多在美国、中国香港上市的企业倾向于把股票面值定得更低一些,例如腾讯2004年在香港上市时发行股票的面值为0.0001港币,阿里巴巴2014年在美国上市时发行股票的面值为0.000 025美元。

股份有限公司用股票面值乘发行在外的普通股股数作为公司的股本(capital stock/common stock/paid-in capital),股本是体现股份有限公司产权状况最重要的一个会计指标。在国内现行法律框架下,股份有限公司分配股利、破产清算时都要依据股本项下的股东持股比例进行。有限责任公司使用实收资本账户替代股本账户,核算相关经济业务。不同股东持有的实收资本在总实收资本中所占的比例体现了股权结构。一般情况下,有限责任公司的股权比例等同于表决权比例,但公司章程也可以另做规定。

股份有限公司通常会按照超过面值的价格溢价发行股票,发行收入中超出股本的那部分价值作为资本溢价,被计入资本公积(capital surplus/additional paid-in capital)账户。股票一旦被发售出去,无论其市场交易价格如何变化,发行公司账面上的股本与资本公积都不再受到影响。有限责任公司股东实际投入的资产价值超过实收资本账户对应金额的部分,也属于资本溢价,计入资本公积账户。

资本公积账户除了可以用于反映资本溢价,也可以用于反映一些特殊事项所形成的利得或损失。例如,2014年8月,永辉超市高级管理人员谢香镇副总裁因"手机不慎操作",一次性误买入公司股票27.1万股。因为该笔交易处于公司2014年半年报披露窗口期内,属于违规买卖公司股票行为,交易取得的盈利归上市公司所有,计入资本公积项目。

按照财政部发布的相关规定,企业接受控股股东或控股股东的子公司直接或间接的捐赠、债务减免,从经济实质上判断属于控股股东对企业的资本性投入的,应作为权益性交易,相关利得计入所有者权益中的资本公积。

资本公积可以用于转增股本或实收资本。公司使用资本公积转增股本或实收资本时,资本公积相应减少,股本或实收资本等额增加,所有者权益的总额并不发生变化,只是内部结构有所改变。例如,同仁堂公司以2010年年末总股本5.2亿股为基数,实施资本公积转增股本,每10股转增10股,转增后资本公积减少5.2亿元,股本增加5.2亿元,所有者权益总额并不因此发生改变。

重要辨析

股市交易对公司财务会计的账面影响

金融行业习惯上将股票发行与交易市场划分为一级市场和二级市场。一级市场集中进行股票发行的交易,主要是股票发行公司与认购者之间发生的股票买卖交易:发行公司将股票出售给认购者,筹集到资金,实现股权融资的目的;认购者购入股票后,成为公司的股东,实现股权投资的目的。发行公司第一次在某个股票市场上公开发行股票并上市交易,也被称为在该市场的首次公开发行(initial public offerings, IPO)。一些发行公司的原有股东可以利用IPO的机会,将持有的原始股票卖出,这部分股东被称为献售股东。2014年9

月阿里巴巴在美国上市时,一共向市场出售了3.2亿股美国存托股(ADS),其中雅虎公司贡献了1.4亿股,成为此次IPO中最大的献售股东,阿里巴巴董事局主席马云也献售了1 275万股,执行副主席蔡崇信献售了425万股。IPO之后,如果公司再有股权融资需求,那么可以在一级市场进行股权再融资(seasoned equity offerings)。

在二级市场上进行的是股权投资者之间买卖股票的交易,即公司现有股东将所持有的股票转让给其他投资者,换取资金退出原有投资,其他投资者取得股票后成为公司新的股东。2018年10月我国修订了《公司法》,其中在很大程度上解除了对公司回购股票的限制,允许上市公司在二级市场上回购本公司发行的股票。除非上市公司发生回购行为,否则二级市场上股票的交易价格发生波动不会对股票发行公司自身的财务报表造成直接影响。不过,如果上市公司在二级市场上股价长期低迷,则将不利于公司增发新股进行股权再融资,会严重限制公司的股权融资能力。

小案例

中石油A股回归事件

2007年10月,中国石油天然气股份有限公司(以下简称"中石油")在国内一级股票发行市场上以每股16.7元的价格向投资者发行了40亿股普通股,每股面值1元,共募集资金668亿元,剔除发行过程中的手续费后,公司实际取得资金净额662亿元,中石油的股本相应增加40亿元,资本公积增加622亿元。

2007年11月5日,中石油股票在上海证券交易所上市,当天的开盘价高达48.6元/股。尽管股票的开盘价接近发行价的3倍,但一、二级市场之间的巨大价差收益并不归中石油所有,而是归属于那些在一级市场上成功认购了中石油股票并及时出售的投资者。巨大的价差一方面反映了国内资本市场股票发行与定价过程中存在的一些深层次制度问题,另一方面也与少部分机构投资者操纵股票市场谋取巨额暴利有关,很多不明真相的散户股民用自己的辛苦血汗钱高价买入了中石油股票,在此后股价的持续下跌中损失惨重。中石油 A 股回归给股民带来的惨痛教训也因此成为中国资本市场上具有标志性意义的"中石油事件"。资本市场监管部门由此对新股发行机制展开了新一轮改革。

4.4.2 留存收益

企业生产经营取得的收益可以以现金股利的形式分配给股东,也可以留在企业,这部分留在企业的经营收益就是留存收益。国内的留存收益通常包括盈余公积与未分配利润两个部分。

1. 盈余公积

《中华人民共和国公司法》(2018 修正)第一百六十六条规定,公司分配当年税后利润时,应当提取利润的 10% 列入公司法定(盈余)公积金。公司法定(盈余)公积金累计额达到公司注册资本 50% 以上的,可以不再提取。公司的法定(盈余)公积金不足以弥补以前年度亏损的,在依照规定提取法定(盈余)公积金之前,应当先用当年利润弥补亏损。公司从税后利润中提取法定(盈余)公积金后,经股东会或者股东大会决议,还可以从税后利润中提取任意(盈余)公积金。公司弥补亏损和提取公积金后所余税后利润,按照股东持有的股份比例分配,但公司章程规定不按持股比例分配的除外。股东会、股东大会或者董事会违反规定,在公司弥补亏损和提取法定(盈余)公积金之前向股东分配利润的,股东必须将违反规定分配的利润退还公司。法定盈余公积金与任意盈余公积金统称为盈余公积。

企业提取的盈余公积可以用于弥补亏损、扩大生产经营或转增资本。在具体使用时,相关法律要求先使用任意盈余公积,任意盈余公积用完之后,再按规定使用法定盈余公积。使用法定盈余公积时,其余额不得低于公司注册资本的 25%,意味着法定盈余公积中只有超过注册资本 25% 的部分才可以用于弥补亏损或转增资本。

2. 未分配利润

公司提取盈余公积、完成当年利润分配后,留待以后年度分配的利润在资产负债表中的未分配利润项目反映。期末未分配利润等于期初未分配利润,加上本期实现的净利润减去提取的盈余公积和分配的现金股利后的余额。因此,期末未分配利润受到当期净利润的影响,是连接资产负债表与利润表的桥梁和纽带。公司内部编制财务报表时,一般要先编制利润表,确定了净利润之后才知道未分配利润项目的期末余额,再编制资产负债表。

有些公司在利润分配过程中会发放股票股利。公司在发放股票股利时,一方面减少公司的未分配利润,另一方面增加股本。与使用资本公积、盈余公积转增股本相似,发放股票股利并不改变股东权益总额,只是调整其内部结构。例如,同仁堂公司以2010年年末总股本5.2亿股为基数,向全体股东每10股送5股红股,股票股利发放后未分配利润减少2.6亿元,股本增加2.6亿元,股东权益总额并未发生改变。

发放股票股利与使用公积金转增股本等事项,并不影响公司的生产运营,净利润与股东权益总额也不会受到影响,公司整体市场价值一般并不因此而改变,但由于普通股股票数量增加了,每股股票的交易价格会按照一定比例相应地下调。例如,全聚德公司2012年度利润分配方案中,以总股本为基数,使用资本公积转增股本,向全体股东每10股转增10股。2013年6月3日收盘后公司实施转增,总股本由14 156万股增加到28 312万股,6月4日公司开盘价17.16元/股,约为前日收盘价34.8元/股的一半。

因此,发放股票股利与使用公积金转增股本,一方面可以在法律形式上增加公司的注册资本与股本,提升其社会形象;另一方面流通在外的普通股股数增加可以降低每股股价,有利于资金较少的投资者购买公司股票,增加股票的流动性,在一定程度上提振股价,从而受到国内很多中小型上市公司的青睐。国内资本市场上将发放股票股利或使用公积金转增股本的行为称为"高送转"。从本质上讲,"高送转"并没有从根本上改变公司的盈利能力,公司整体估值不应该出现显著变化,一些股票交易者炒作"高送转"概念,大幅推升股价,实属股票投机行为。

重要辨析

公司的账面价值与市场价值

总资产减去总负债后的余额,是所有者权益,也是一家企业的账面价值,这一价值是以企业会计准则为标准测度的股东财富。用公司股票在二级市场上的交易价格乘发行在外的普通股股数,也可以得到一个公司价值,这一价值被称为公司的市场价值(简称"市值")。对于经营状况良好的公司,市场价值通常会大于账面价值。这一方面是因为现有的企业会计准则没有确认公司自创商誉、品牌等无形资产,导致账面资产和所有者权益被低估;另一方面是因为账面价值仅仅是一个静态概念,大部分资产都是按照历史成本入账,没有考虑公司未来发展导致的资产、权益增加,而市场价值则考虑了公司的未来发展前景。

英国的《金融时报》曾经每年评选出全球市值最大的500家公司并定期发布结果,国内也将其译为全球500强。由于排名标准是公司的市场价值(发行在外的普通股股数乘股票的交易价格),排名入选企业必须是上市公司(未上市企业不在评选范围之内),各个国家和地区股票市场的交易状态可能差异很大(有的市场处于"熊市",有的市场处于"牛市",上市公司的估值结果存在较大差异),因此这种按照市值结果进行的全球500强排名具有很大的局限性,《金融时报》近些年已不再发布此排名。

4.4.3 少数股东权益

在公司合并资产负债表中,有一个特殊项目——少数股东权益,它代表母公司下属的非全资子公司或特殊目的实体(special purpose entity, SPE)中其他股东享有的权益。例如,A公司持有B公司60%的股份,B公司的股东权益中有60%归属于A公司,剩下的40%股东权益归属于其他股东,与A公司无关。由于其他股东在B公司全部股东权益中合计持股不足半数,一般对公司不具有控制能力,因此被称为少数股东,相应的股东权益被称为少数股东权益。

注意

少数股东权益只可能出现在合并资产负债表中,母公司自身的个别资产负债表通过长期股权投资项目反映对子公司的投资,报表中不会出现少数股东权益项目。

如果母公司的下属公司均为全资子公司,即母公司持有子公司100%的股份,则不存在少数股东权益。例如,美国亚马逊公司、苹果公司、英特尔公司及微软公司,下属的子公司都是100%控股的全资子公司,因此这些公司的合并资产负债表中都没有少数股东权益。如果报告公司没有下属子公司,则根本不需要编制合并财务报表,也不会出现少数股东权益。

资产负债表可以反映一家企业的资源配置状况,进而在一定程度上揭示出企业的价值创造能力。通常情况下,货币资金、应收账款、商誉及积压的老旧存货等资产创收创效能力较弱,核心区域的土地与房屋建筑、运转良好的机器设备、优质的知识产权等资产具有较强的保值增值潜力。同时,资产负债表也可以反映企业未来的资金需求。例如,短期借款、应付短期债券、一年内到期的非流动负债一般都需要在未来12个月内偿还,且延迟还款的可能性较小,需要企业提前筹集资金。此外,资产负债表还可以通过股本、资本公积、未分配利润等项目反映股东投入资本的情况及企业以往盈利(或亏损)的累积结果。

小案例

伊利股份与蒙牛乳业的财务发展基础

伊利股份与蒙牛乳业是国内最大的两家乳制品企业。两家公司渊源较深,甚至算得上同根同源。伊利股份成立于1993年,蒙牛乳业是1999年由伊利股份前生产经营副总裁牛根生带领一批伊利核心团队发起创立的——蒙牛乳业完全脱胎于伊利股份。

蒙牛乳业成立后快速发展,势不可当,2004年在香港证券交易所上市,2007年成为全球液态奶销售冠军,并在收入规模方面赶超伊利股份,成为中国最大的乳业公司。此后几年,两家公司收入均保持快速增长,增速不分伯仲,蒙牛乳业2008—2010年连续3年蝉联中国乳业冠军。

但从2011年起,蒙牛乳业的收入规模被伊利股份反超,此后差距持续扩大,截至2018年年末两家公司收入规模差距超过百亿元。在净利润方面,蒙牛乳业更是被伊利股份远远抛在身后——2018年两家公司分别实现净利润30亿元和65亿元,前者不及后者的一半。

尽管蒙牛乳业最近两年实现收入、利润大幅增长,扭转了2016年经营亏损的不利局面,期盼重振往日雄风,夺回乳业霸主地位,但借助财务报表分析工具,综合考虑公司掌控的资源、面临的债务负担,如今的蒙牛乳业与伊利股份之间整体实力相去甚远。如果伊利股份未来发展不出现颠覆性差错,则蒙牛乳业在短期内实现赶超几乎无望。

从资产方面来看,截至2018年年末,蒙牛乳业资产规模达665亿元,虽然在体量上超过伊利股份(仅为476亿元)近200亿元,但资产质量存在明显差距。其中,商誉47亿元,在总资产中占比7%,应收票据及应收账款29亿元——对应690亿元的营业收入规模,在总资产中占比超过4%,货币资金73亿元,在总资产中占比11%。而伊利股份商誉仅为1 000万元,在总资产中占比几乎可以忽略不计,应收票据及应收账款13亿元——对应790亿元的营业收入规模,在总资产中占比不到3%,货币资金111亿元,连同公司购买的国债逆回购、质押式报价回购及保本型理财产品,期末现金及现金等价物136亿元——接近蒙牛乳业的两倍,在总资产中占比近30%。相比之下,伊利股份财力更为雄厚。

从负债方面来看,截至2018年年末,蒙牛乳业有息负债总额147亿元,在总资产中占比22%;而伊利股份有息负债不到18亿元,在总资产中占比不及4%,两家公司债务负担差异显著。再结合两家公司账面货币资金综合考虑,蒙牛乳业有明显的"存贷双高"嫌疑。

由此可见,在资产质量、债务负担及财务管理方面,蒙牛乳业与伊利股份存在较大差距,短期内很难实现经营业绩的赶超。蒙牛乳业唯有耐下性子,夯实发展基础,踏踏实实地实现稳健发展,才有机会在整体实力方面逐渐提升,再次挑战伊利股份的乳业霸主地位。

虽然资产负债表对财务报表使用者了解、判断企业的财务状况至关重要，但资产负债表也存在一定的局限，主要表现为：(1)涵盖范围有局限。现有会计准则确认的资产不包括企业自创品牌、商誉等无形资产，企业的研发能力也没有得以体现。(2)计量手段有缺陷。除少数具有金融属性或交易目的的资产以外，资产负债表中的大部分资产均使用历史成本计价，资产的账面价值通常并不代表其当前实际价值。

国内土地价格、不动产价格在过去较长时期持续快速上涨，受此影响，土地使用权形成的无形资产和房屋建筑形成的固定资产的账面价值已经远远偏离资产的市场价值，资产购置时间越早、所在地区房地产价格升值速度越快，两者之间的差异越大。中国和美国会计准则出于谨慎性考虑，在账面上并不确认这部分资产升值，资产负债表中有关资产价值信息的相关性也就相对有限，而国际会计准则允许企业选用重估模式计量这部分长期资产。

小案例

通货膨胀会计

历史成本原则下资产的账面价值无须根据物价变化进行增值调整，但如果某个国家或地区发生了严重的通货膨胀，则按照历史成本原则编制的财务报表将无法客观、公允地反映企业真实的财务状况与经营成果，此时需要根据一般物价指数或现时成本数据，对历史成本加以调整，由此产生了会计学的一个分支领域——通货膨胀会计。

由于南美洲的许多国家曾经历过较为严重的通货膨胀，南美洲多个国家在通货膨胀会计方面进行了大量研究与实践，做出了创新尝试。例如，巴西在1976年修订的《公司法》中曾要求企业利用政府提供的通货膨胀系数对资产负债表进行调整，以便更加客观地反映企业的实际财务状况。

20世纪80年代，为应对高通货膨胀局面，美国证券交易委员会曾要求大公司在年度报告中补充加入通货膨胀调整表。直到1987年，通货膨胀形势有所缓解，美国证券交易委员会才不再要求大公司披露通货膨胀调整的相关信息。

尽管资产负债表在涵盖范围与计量手段方面存在一定的局限，但国内现阶段并不具有改进局限的条件。如果允许企业自创品牌、商誉等作为资产进入资产负债表，或者大规模使用公允价值、重估价值计量资产，则资产负债表的可靠性难以得到保证，因此企业会计准则的现行规定也是在权衡利弊得失之后的现实选择。

第 5 章

利润表

利润表反映了企业在某一时期的经营成果。本章详细介绍利润表中收入、费用会计要素的各个具体项目,对利润有影响的利得与损失,以及每股收益、其他综合收益等利润表中的重要项目,最后简要介绍盈余管理的相关内容。

利润表(income statement)是反映企业在一定期间经营成果的财务报表,由于经营成果有可能是收益,也有可能是亏损,因此国外也将利润表称为损益表(profit and loss statement)。通过如实反映企业当期实现的收入、发生的费用及计入损益的利得和损失等项目,利润表可以向财务报表使用者揭示企业盈利与亏损的形成过程及其主要影响因素。

5.1 利润表的概况

利润表可以分为单步式与多步式两种格式。我国企业会计准则统一规定企业采用多步式利润表格式(见表5-1);国外会计准则一般允许企业自由选择利润表格式,一些企业使用单步式利润表,例如美国石油公司埃克森美孚(见表5-2)。利润表一般同时提供本期和上期数据,便于财务报表使用者分析比较,评判企业经营成果。

表 5-1 我国企业使用的多步式利润表

项目	本期金额	上期金额
一、营业收入		
减:营业成本		
税金及附加		
销售费用		
管理费用		
研发费用		
财务费用		
资产减值损失		
信用减值损失		
加:其他收益		
投资收益(损失以"－"号填列)		
净敞口套期收益(损失以"－"号填列)		
公允价值变动收益(损失以"－"号填列)		
资产处置收益(损失以"－"号填列)		
二、营业利润(亏损以"－"号填列)		
加:营业外收入		
减:营业外支出		
三、利润总额(亏损总额以"－"号填列)		
减:所得税费用		

轻松读懂财务报表(第二版)

(续表)

项目	本期金额	上期金额
四、净利润(净亏损以"-"号填列)		
(一)持续经营净利润(净亏损以"-"号填列)		
(二)终止经营净利润(净亏损以"-"号填列)		
五、其他综合收益的税后净额		
六、综合收益总额		
七、每股收益:		
(一)基本每股收益		
(二)稀释每股收益		

5.2 收入

国内外的利润表都是从营业收入开始的。营业收入等于企业销售商品或提供服务向客户收取的款项(不含增值税)。由于营业收入一直以来都位于利润表的首行,国外财经专业媒体常常将其称为"top line"(顶线)。

 重要辨析

增值税

按照税法的规定,国内企业销售或进口商品,提供服务、劳务都需要缴纳增值税(value added tax,VAT)。一般情况下,销售方在发出商品或完成服务(劳务)之后除了要收取货款或服务(劳务)费,还要向购买方收取相关的增值税税款。销售方收取的货款或服务(劳务)费作为企业的营业收入,收取的增值税税款作为一项负债,单独贷记"应交税费——应交增值税(销项税额)"账户,其中的销项税额明细专栏表示与销售行为相关,作为以后向税务部门缴纳增值税税款的计税基础。

销售方在生产经营中也会外购货物或服务(劳务),在外购货物或服务(劳务)时,除了要支付货款或服务(劳务)费,还要向供应商支付相关的增值税税款,这部分采购过程中已经支付的增值税税款在符合税法规定的情况下可以用于抵减未来应该向税务部门缴纳的增值税税款,因此采购过程中支付的货款或服务(劳务)费作为原材料、库存商品、固定资产等资产项目的初始成本或直接列入期间费用,支付的增值税税款单独借记"应交税费——应交增值税(进项税额)",其中的进项税额明细专栏表示与采购行为相关。应交税费作为一个负债类账户,借记该账户表示负债的减少。企业真正要缴纳给税务部门的增值税税款是应交增值税销项税额减去应交增值税进项税额后的差额。

营业收入按照企业营业活动的种类进一步细分为主营业务收入与其他业务收入。通常,企业销售商品、提供服务(劳务)等主要营业活动形成的收入作为企业的主营业务收入;制造型企业销售原材料及出租固定资产、无形资产等其他营业活动形成的收入作为企业的其他业务收入。对于绝大部分企业来说,主营业务收入在营业收入中占主要部分。

> 💡 **注意**
> 企业的营业收入分为主营业务收入与其他业务收入。由于企业主营业务范围存在差别,同样的经济活动在不同的企业中可能形成不同的收入类别。

小案例

不同类型企业常见的其他业务收入都有哪些?

企业需要根据公司发展战略,将经营活动明确划分为主营业务与其他业务。万科的主营业务收入包括房地产与物业服务取得的收入,其他业务收入包括为合营、联营企业提供运营管理服务收取的管理费;苏宁易购的主营业务收入包括零售批发、物流、金融、安装维修及易购网站的平台服务、房地产销售、代理劳务等业务取得的收入,其他业务收入包括租赁收入、连锁店服务收入、代理费收入、广告位使用费收入等;青岛啤酒的主营业务收入是销售啤酒取得的收入,其他业务收入包括包装物销售收入、材料及废料销售收入、运输收入等;顺丰控股的主营业务收入包括速运物流收入、商业销售收入等,其他业务收入包括处置物资收入。

企业同类产品或服务销售收入的金额主要受到单价与销量两方面因素影响。如果调整产品或服务销售价格不会导致销量发生明显变化(这种情况在经济学中也被称为产品或服务不具有价格弹性),则企业可以优先考虑通过提高销售价格来增加营业收入。提价行为一般并不会引发成本费用的上涨——需要按照销售额缴纳消费税等相关税费的业务除外,增加的收入几乎全部转化为企业当期的利润,对利润的增长具有较为显著的拉动作用。

对于产品或服务不容易被替代、在市场中具有较强竞争优势的企业,采用高端定价策略常常对营业收入与经营业绩形成有力支撑。例如,与其他电子产品相比,苹果公司的产品曾经在一段较长时间内因为设计精致、外形时尚,深受年轻消费者的喜爱,在市场上形成了很强的竞争优势。正是凭借不断地推出 iPad、iPhone、Apple Watch 等富有创意的产品及成功的高端定价策略,苹果公司在相当长的时期内保持收入和利润的快速增长,取得了巨大的商业成功,成为第一家市值突破万亿美元的美国公司。但近年来,特别是在创始人乔布斯离世之后,由于苹果公司的产品创新乏力,无法与三星、华为等竞争对手拉开差距,因此高端定价策略面临严峻挑战。

对于产品或服务容易被替代、价格弹性较大的企业,取得大额销售收入要靠扩大销量,这种情况在零售企业较为常见。例如,美国零售企业沃尔玛上万家门店每天靠低廉的价格吸引大量顾客,同样也可以实现巨额的销售收入和可观的经营利润。这就是人们常常提到的"薄利多销"的经营理念。

由于利润是当期营业收入扣除费用之后得到的结果,因此营业收入是利润的来源,企业若想取得一定规模的利润,则必须要有相应规模的收入作为基础和保障。随着收入规模的扩大,企业能够影响更多的消费者,拥有更大的市场话语权与影响力,往往可以获得一部分超额收益。正因为如此,同一行业内,企业营业收入指标在一定程度上能够反映出企业的经营规模和市场地位,受到人们的广泛关注。

小案例

营业收入与《财富》全球 500 强排名

1955 年,美国《财富》杂志根据企业上一个会计年度总收入的多少,对美国最大的 500 家工业企业进行排名,首次创立了"美国 500 强"企业排行榜。

之后《财富》杂志以总收入为标准先后推出了"美国之外的500家最大的工业企业排行榜""全球工业企业500强排行榜"及"全球服务企业500强排行榜"。

1995年,《财富》杂志以企业上一个会计年度剔除消费税后的总收入为标准,发布了同时涵盖工业企业和服务企业的全球500强排行榜,此后每年坚持发布,成为具有国际影响力的世界范围的工商企业排行榜。

不过,由于各国企业利润表的格式存在一些差异,因此对最终排名结果造成了一定的影响。目前一些国际大企业采用单步式利润表格式(表5-2是美国石油公司埃克森美孚2018年的利润表),利润表中第一项是总收入与其他收益(total revenue and other income),其中既包括营业总收入,又包括投资收益、利息收益及资产处置收益等其他收益,500强排名时使用扣除消费税后的总收入与其他收益作为排名指标,涵盖范围实际超出了收入范畴,包含了计入当期损益的利得。

中国企业按照企业会计准则的规定,统一采用多步式利润表格式,利润表中第一项为营业收入,使用扣除消费税后的营业收入参加500强排名。与国际企业相比,中国企业的排名收入中未包含投资收益、利息收益、资产处置收益及其他收益,排名指标被严重低估。从这一点来讲,《财富》全球500强排名未能充分考虑各国企业财务报表的差别,客观性还有待进一步提高。

表5-2 埃克森美孚2018年利润表 单位:亿美元

项目	2018年	2017年	2016年
总收入与其他收益:			
销售及其他营业收入	2 372	2 006	2 399
股权投资收益	54	48	76
其他收益	18	27	18
总收入与其他收益合计	2 444	2 081	2 492
成本与其他支出:			
外购原油及产品	1 282	1 042	1 300
生产与制造费用	341	319	356
销售及管理费用	110	108	115
折旧与折耗	199	223	180
勘探费用(包括干井)	18	15	15
利息费用	6	5	3
其他税费支出	301	290	303

（续表）

项目	2018年	2017年	2016年
成本与其他支出合计	2 257	2 001	2 273
所得税前利润	187	80	220
所得税费用	-12	-4	54
净利润	198	84	166
归属于少数股东的净利润	1	5	4
归属于母公司股东的净利润	197	79	162
普通股每股收益（美元）	4.63	1.88	3.85
稀释后普通股每股收益（美元）	4.63	1.88	3.85

资料来源：埃克森美孚2018年年报。

营业收入是企业从外部市场取得的经济利益流入。从竞争结果角度来看，营业收入在一定程度上可以代表客户与市场对企业产品或服务的认可度和满意值，例如同一行业内营业收入持续维持在较高水平的大企业往往意味着客户对其产品或服务认可度高，因此充分把握营业收入的变化趋势对于准确判断一家企业的未来发展具有重要价值。一般来说，处于成长阶段的企业，营业收入普遍呈现快速增长态势，表明企业未来具有较大的发展潜力与空间。一些成长性较好的企业营业收入常常保持两位数增长。例如，腾讯控股凭借网络游戏等互联网增值服务的强劲扩张，近年来营业收入持续快速增长，2014—2018年连续五年营业收入增幅超过30%。

表5-3 腾讯控股2014—2018年营业收入情况

项目	2014年	2015年	2016年	2017年	2018年
营业收入（亿元）	789	1 029	1 519	2 378	3 127
营业收入增幅（%）	31	30	48	56	32

资料来源：腾讯控股2014—2018年年报及Wind资讯。

相反，如果一家企业的营业收入持续减少、市场份额连续下降，则说明客户对其产品或服务的认可度降低，企业可能处于衰退期，发展前景不容乐观。

小案例

国内服装行业龙头厂商的变迁

从营业收入规模来看，国内知名休闲服装生产厂商美邦服饰自2008年上市以来,一直是国内服装类上市公司的领导者,且营业收入规模持续保持两位数增长。但从 2011 年开始,美邦服饰的实际控制人、董事长周成建沉迷于资本运作、股票投资,公司主营的服装类业务营业收入(2011 年营业收入约 100 亿元)出现下滑,并一直持续到 2015 年——当年营业收入仅为 63 亿元。

国内另外两家服装生产厂商海澜之家与森马服饰此前营业收入规模一直不及美邦服饰,但在 2014 年均实现反超并持续保持优势,2018 年两家公司分别实现营业收入 191 亿元和 157 亿元,而美邦服饰 2018 年的营业收入仅为 77 亿元,不及前两家公司的一半。

> **注意**
>
> 企业营业收入变化的百分比是判断企业成长性的重要指标之一。

除了营业收入的总体规模,营业收入的构成结构也值得重点分析与研究。目前,很多国家和地区的监管机构都要求上市公司在财务报表附注中分行业、分产品、分地区详细披露营业收入的来源,这些信息有助于财务报表使用者深入了解一家企业的收入构成情况,可以根据外界环境的变化准确判断营业收入的未来趋势。

重要辨析

分部报告

按照监管部门的要求,上市公司财务报表附注中要披露报告分部的相关信息,即每个分部的营业收入、各项费用、营业利润、资产总额、负债总额及其他补充信息。报告分部的确认标准是营业收入或资产总额在所有分部中所占比重超过 10%(含 10%),或者利润(亏损)的绝对额在所有盈利分部利润总额(所有亏损分部亏损合计额)中所占比重超过 10%(含 10%)。分部可以按照不同业务或地区划分。通过深入分析分部报告,可以更加清楚地了解公司形成收入与利润的具体业务和地区,更加全面地掌握公司的生产经营情况。

小案例

格力电器与美的集团营业收入结构对比

格力电器与美的集团是国内两家优质的家电类上市公司,2018年分别实现营业收入1 981亿元和2 597亿元,但两家公司的营业范围与产品种类存在较大差异。到目前为止,格力电器的经营活动主要集中在空调业务,2018年其空调业务对营业收入贡献达到1 557亿元,占比近八成(78.58%),生活电器与智能装备占营业收入的比重均不足2%;美的集团的经营活动并没有过度依赖空调业务,虽然2018年其空调业务对其营业收入的贡献超过千亿元(1 094亿元),但占比不到一半,仅为42.13%,消费电器对营业收入的贡献也超过千亿元(1 030亿元),在营业收入中所占比重(39.66%)与空调业务几乎不相上下——在2016年和2017年消费电器对营业收入的贡献与占比甚至超过了空调业务。此外,美的集团在2017年实现了对德国机器人巨头库卡公司的收购,机器人及自动化系统在最近两年也为公司贡献了近10%的收入。由此可见,虽然格力电器与美的集团两家上市公司同属家电类企业,但业务类型与收入结构存在较大差异,未来市场环境变化对公司业务及营业收入的影响也会明显不同。

表5-4 格力电器与美的集团2016—2018年营业收入结构对比

公司	项目	2016年 金额(亿元)	2016年 占比(%)	2017年 金额(亿元)	2017年 占比(%)	2018年 金额(亿元)	2018年 占比(%)
	营业收入	1 083	100	1 483	100	1 981	100
	空调	881	81.33	1 234	83.22	1 557	78.58
格力电器	生活电器	17	1.59	23	1.55	38	1.91
	智能装备	2	0.15	21	1.43	31	1.57
	其他主营	32	2.97	44	2.94	80	4.04
	其他业务	151	13.96	161	10.86	275	13.90
	营业收入	1 590	100	2 407	100	2 597	100
美的集团	暖通空调	687	43.21	953	39.62	1 094	42.13
	消费电器	765	48.12	987	41.02	1 030	39.66
	机器人及自动化系统	—		270	11.23	257	9.89

资料来源:格力电器与美的集团2016—2018年年报;Wind资讯

除了营业收入的规模与结构,阅读分析财务报表时还应该关注营业收入的质量。营业收入质量一方面体现在现金流量的创造能力上,当期有现金流入支撑的营业收入质量要明显好于没有现金流入支撑的营业收入。前面介绍的四川长虹案例,如果企业在确认营业收入的同时,并没有取得相应的现金流入,而是形成了大量的应收账款,则营业收入质量较差,不排除存在虚增营业收入的可能。由此可见,营业收入质量应该结合应收账款、合同负债、预收款项及经营活动现金流量等报表项目一起分析。

营业收入质量另一方面体现在营业收入的稳定性与可持续性上。电力、食品、饮料等成熟行业的市场需求较为稳定,企业营业收入的波动性相对较小,营业收入质量较高。相反,营业收入波动性越大,说明企业的外部市场环境或核心竞争力越不稳定,企业经营风险越大,营业收入质量越差。

在进行营业收入分析时,还应该区分企业的客户类型。如果企业的客户是大众消费者——B2C(商对客)业务,则应该重点关注消费者偏好与行为的改变及竞争对手市场策略的调整。如果企业的产品或服务是针对其他企业的——B2B(企业对企业)业务,则客户企业自身的经营状况及发展态势对企业的营业收入具有较大影响,在国家宏观经济政策、产业发展方向出现重大调整时,客户企业需求的大幅变化必然会影响企业营业收入的稳定性与可持续性。

此外,营业收入的客户来源在一定程度上也反映了企业的经营风险。在一些市场竞争较为充分的行业里,如果企业的客户过于集中,营业收入过分依赖某个或某几个重要客户,则企业的经营风险无疑将会加大。国内上市公司在年报、半年报财务报表附注中一般会列出前五大客户在营业收入中所占的比重,这一比重的高低可以在一定程度上反映客户集中度,值得重点分析与研究。

 小案例

贵州茅台与五粮液的客户集中度

同为高端白酒生产企业的贵州茅台与五粮液在客户集中度方面一直存在较大差异。从两家公司年报披露的情况来看,贵州茅台前五名客户的营业收入在总营业收入中所占的比重持续维持较低水平,约为5%,而五粮液前五名客户的营业收入在总营业收入中所占的比重前些年曾高达75%(2008年),近年来虽然有所下降,但仍处于11%左右(见表5-5)。与五粮液相比,贵州茅台的客户更为分散,大客户对企业的影响更为有限,公司在与客户谈判过程中处于更为有利的地位。

两家公司近年来营业收入规模逐渐拉开差距的事实刚好也可以印证这一点。贵州茅台的营业收入最近十年持续增长,且2016—2018年总营业收入均实现两位数增长,但五粮液的营业收入在2013年与2014年出现了下滑,2014年降幅高达15%,虽然2016—2018年也实现了两位数增长,但增幅与贵州茅台存在一定差距,两家公司2018年营业收入规模差距达到300多亿元(见表5-6)。

表5-5 贵州茅台与五粮液2016—2018年前五名客户收入情况

公司	项目	2016年	2017年	2018年
贵州茅台	营业收入(亿元)	389	582	736
	前五名客户收入(亿元)	15	26	35
	前五名客户收入占总营业收入比重(%)	4	4	5
五粮液	营业收入(亿元)	245	302	400
	前五名客户收入(亿元)	42	32	44
	前五名客户收入占总营业收入比重(%)	17	11	11

资料来源:贵州茅台与五粮液2016—2018年年报,Wind资讯。

表5-6 贵州茅台与五粮液2009—2018年营业收入及其增长情况

公司	项目	2009年	2010年	2011年	2012年	2013年	2014年	2015年	2016年	2017年	2018年
贵州茅台	营业收入(亿元)	97	116	184	265	309	316	327	389	582	736
	增幅(%)	17.3	20.3	58.2	43.8	16.9	2.1	3.4	19	49.8	26.5
五粮液	营业收入(亿元)	111	155	204	272	247	210	217	245	302	400
	增幅(%)	40.3	39.6	30.9	33.7	-9.1	-15	3.1	13.3	23	32.6

资料来源:贵州茅台与五粮液2009—2018年年报,Wind资讯。

进行营业收入可靠性分析时,可以从客户、中介机构、行业协会等其他渠道获取信息,对账面营业收入规模加以佐证,从而避免对企业财务报表的过分依赖,其信息的真实性也得以验证。相比之下,成本费用分析更多的是依赖企业内部披露的信息,外部分析者通常很难对此提出质疑。

5.3 费用

利润表中的费用项目大体上可以分为两类:一类是与产品或服务直接相关的营业活动的费用支出,这部分主要体现为营业成本与税金及附加;另一类是与产品或服务相关性不紧密、与时间维度更为相关的费用支出,这部分被统称为期间费用,具体包括管理费用、销售费用、研发费用和财务费用。

与营业收入相对应,营业成本也分为主营业务成本和其他业务成本。为取得主营业务收入而发生的费用属于主营业务成本。例如,制造型企业当期对外出售产品的生产制造成本就是主营业务成本。产品的生产制造成本一般由生产加工过程中耗用的原材料成本、生产工人的薪酬与福利支出及生产车间的水电费、厂房与机器设备的折旧费、车间管理人员的薪酬与福利支出等构成。为取得其他业务收入而发生的费用属于其他业务成本。例如,某个企业当期对外出售原材料取得了其他业务收入,减少的原材料价值就是其他业务成本。

服务型企业的盈利过程一般不涉及产品生产与销售,企业的主营业务成本主要是指提供服务过程中发生的人工成本、燃料成本及机器设备折旧费用等。例如,航空公司的营业成本主要包括航空油料成本、飞机起降成本、员工薪酬与福利及发动机折旧费用等。

> 💡 注意
> 财务会计中的"成本"一词主要有两种含义:利润表中的营业成本是指与生产产品或提供服务等营业活动直接相关的费用支出,虽然名称中带有"成本"字样,但其本质是一种费用;资产计价中的历史成本是指与资产购置相关的开支,其本意是"交易金额",一般指购置资产时支付的金额。

利润表中的税金及附加反映企业应该向税务部门支付的计入当期费用的全部税费支出(所得税除外),主要包括消费税、城市维护建设税、教育费附加、房产税、印花税及车船使用税等,企业收付的增值税通常不包括在内,企业当期需要负担的所得税单独计入利润表中的"所得税费用"项目。

期间费用中,企业为组织和管理生产经营所发生的支出属于管理费用。例如,管理人员的薪酬与福利、办公楼与办公设备的折旧费、管理人员差旅费、招待费及中介机构服务费等。表5-7列出了永辉超市2017年与2018年管理费用的明细项目及其发生金额作为参考。

表5-7 永辉超市2017年与2018年管理费用发生额明细　　　　单位:万元

项目	2018年	2017年
职工薪酬	145 843	110 968
股权激励	66 410	
折旧及摊销	19 738	16 605
汽车、差旅、通信等办公费用	16 179	14 468
商品损耗费	14 098	11 424
咨询、审计、律师等中介费用	10 213	4 617
房租及物业管理费	8 550	8 508
低值易耗品	3 014	1 778
其他	16 675	9 740
合计	300 720	178 108

资料来源:永辉超市2018年年报。

企业为销售产品或提供服务所发生的支出属于销售费用。例如,销售人员的薪酬与福利、装卸运输费、仓储保管费、广告宣传费等。表5-8列出了永辉超市2017年与2018年销售费用的明细项目及其发生金额作为参考。

表5-8 永辉超市2017年与2018年销售费用发生额明细　　　　单位:万元

项目	2018年	2017年
职工薪酬	459 135	342 472
房租及物业管理费	198 090	149 672
折旧及摊销	108 920	89 225
水电费及燃料费	101 354	82 978
运费及仓储服务费	99 197	56 463
低值易耗品	48 621	32 519
业务宣传费	43 561	24 193
保洁费	37 356	27 559
修理费	18 485	16 895
汽车、差旅、通信等办公费用	17 076	12 969
其他	24 233	10 217
合计	1 156 029	845 161

资料来源:永辉超市2018年年报。

重要辨析

不同职工的职工薪酬

永辉超市的管理费用与销售费用中均有职工薪酬,这是由于发生费用的目的与功能不同。对于企业内部不同职工的薪酬与福利支出,会计核算有所不同。制造型企业为生产产品而发生的生产工人薪酬计入生产成本,车间管理人员的薪酬计入制造费用(期末按照一定标准再分摊到产品成本中),这两类薪酬最后都计入产品生产制造成本。为建造固定资产而发生的人工薪酬计入在建工程,建成投产后由在建工程转为固定资产。为研发无形资产而发生的人工薪酬先计入研发支出,再根据研究开发的实际情况区别处理,满足资本化条件的,在研发项目结束后由研发支出结转到无形资产,不满足资本化条件的,由研发支出结转到研发费用。企业管理人员的薪酬计入管理费用。企业销售人员的提成及专设销售机构的销售人员薪酬计入销售费用。由此可以看出,按照费用的功能进行会计核算时,更加关注费用的功能和目的。即便是相同性质的费用,由于功能、目的不同,也将被确认为不同的费用或计入不同的资产购建成本。

企业为筹集资金、办理结算所发生的支出属于财务费用。例如,利息支出、结算手续费、账户管理费等。企业在银行的存款取得的利息并不单独确认为利息收入,而是抵减当期的财务费用。此外,企业持有的以外币计价的货币性资产及负债在汇率发生变动的情况下产生的汇兑收益也要抵减财务费用(汇兑损失要增加财务费用)。因此,财务费用要扣除企业当期取得的利息收入和汇兑收益,有时会出现负值。

> **注意**
> 货币性资产是指企业持有的货币资金及将收取确定金额货币的资产,一般包括货币资金、应收账款、应收票据、其他应收款、长期应收款、债权投资及其他债权投资等。

小案例

青岛啤酒财务费用持续为负的成因分析

国内啤酒行业的佼佼者青岛啤酒,由于持有大量货币资金,产生了较多的利息收入,在减去利息支出、汇兑损失之后仍有大量余额,已经连续多年财务费用持续为负数。从表5-9中可以看出,青岛啤酒的货币资金在总资产中所占的比重接近30%,这一比重几乎为国内外同行的3—5倍,公司货币资金持有量明显偏高。

大量资金以银行存款的形式存在虽然可以产生利息收入抵减其他财务费用,但造成了资源闲置与浪费,严重降低了青岛啤酒资产的整体获利能力,公司应该通过偿还债务、现金分红或兼并收购等手段积极妥善地充分利用现有货币资金,适当降低货币资金持有量,提高资产的整体获利能力。

美国著名财务学家迈克尔·詹森在1986年曾经针对部分美国公司长期持有大量资金不分红的情况提出了自由现金流量(free cash flows)理论,也称自由现金流量的代理成本理论。自由现金流量理论认为,企业管理人员之所以保留资金而不愿意将其分发给股东,是因为现金储备增加了他们经营决策的自主性,扩大了公司的规模与掌控的资源,提高了管理者个人的影响力。众多研究表明,管理人员的薪酬与公司规模基本保持正相关关系。因此,企业管理人员出于自身利益的考虑,采取背离股东利益的经营管理行为,由此给股东带来了利益损失,这种利益损失即为代理成本。

表5-9 部分啤酒企业货币资金情况

项目	青岛啤酒		华润啤酒		百威英博	
	2018年	2017年	2018年	2017年	2018年	2017年
货币资金(亿元或亿美元)	125	98	19	24	71	105
总资产(亿元或亿美元)	341	310	393	407	2 321	2 461
货币资金占总资产比重(%)	37	32	5	6	3	4

注:华润啤酒是国内最大的啤酒生产商;百威英博(Anheuser-Busch InBev)是总部设在比利时,在多个国家和地区跨国经营的全球最大的啤酒生产商。

资料来源:青岛啤酒、华润啤酒、百威英博2017—2018年年报,Wind资讯。

与国内企业采用功能法归集、披露费用不同,美国与欧洲的很多企业按照费用性质对各项费用进行分类核算并对外披露。例如,美国石油公司埃克森美孚的利润表(见表5-2)中单独披露了外购原油及产品、生产与制造费用、折旧与折耗、利息费用等项目,从费用性质角度来反映当期费用总体构成情况。按照费用性质进行会计核算,相同性质的费用统一归集,不需要再按照费用功能划分类别,降低了同种性质的费用在不同目的、功能之间分配与调节的空间。我国最新企业会计准则要求企业在财务报表附注中以"费用性质法"列报主要费用项目,具体包括耗用的原材料、职工薪酬费用、折旧费用及摊销费用等。

企业发生的当期费用除了可以在核算过程中按照功能、性质的不同进行分类,还可以从管理控制的角度按照调节空间的大小划分为刚性支出与酌量性支出。刚性支出一般是指额度较为固定、不容易灵活调节的支出,例如企业员工的基本工资与福利、固定资产的折旧费用(使用工作量法计提折旧费用除外)等。相比之下,酌量性支出通常具有一定的调节空间,企业管理人员一般可以相对灵活地在不同的会计期间调节酌量性支出,例如差旅费、广告费、研发费、培训费等。由于酌量性支出对企业短期经营活动的影响通常并不显著,因此管理人员在业绩下滑、需要控制费用时往往最先想到的就是削减这部分支出。但从长期来看,如果必要的酌量性支出被持续压减,则企业未来的增长潜力与发展机会势必受到不利影响。

此外,管理会计从管理决策角度出发,将财务会计中的当期费用划分为固定成本与变动成本。所谓的固定成本,是指那些不随当期业务量的增减而相应发生变化的成本费用,例如使用年限平均法计提的固定资产折旧费、无形资产摊销费,财务费用中的利息支出及管理人员的基本薪酬与福利等。所谓的变动成本,是指那些随着当期业务量的增减而相应发生变化的成本费用,例如销售人员的奖励提成、生产过程中的物料消耗及消费税等相关税费等。

企业的总成本可以看作由固定成本与变动成本两部分组成,固定成本与变动成本之间的比例关系一般被称为成本结构。不同的成本结构常常导致企业面临的经营风险有所不同。在其他条件不变的情况下,固定成本在总成本中所占比重越高,表明企业运行过程中的初始投入越大(例如需要购置大量设备、稳定雇用大批员工等),企业的经营风险相对加大,需要获取足够多的收入来弥补较高的固定成本,之后才能实现盈利。

但从另一个角度来看,风险与收益相对应,固定成本由于短期内不随当期业务量的增加而增长,当业务量快速上升时,固定成本保持不变,业务量增加通常导致营业收入增加,在扣除变动成本后,增加的营业收入全部转化为当期的营业利润,因此固定成本占比较高的企业随着营业收入的大幅增加,营业利润将会显著提升,利润受业务量及营业收入变化的影响较大,经营业绩容易出现大幅波动。

小案例

长江电力的固定成本

中国长江电力股份有限公司(以下简称"长江电力")主要从事水力发电业务,拥有葛洲坝电站及三峡工程已投产的全部发电机组。由于水力发电业务自身的特点,长江电力的总成本中固定成本所占比重较高。从表5-10中可以看出,折旧费用与利息支出占总成本费用的70%左右,除此之外,公司的总成本费用中还存在员工基本薪酬等其他形式的固定成本。如此高比例的固定成本,对长江电力实现盈利需要达到的营业收入规模提出了一定要求,同时当营业收入发生变化时,营业利润与净利润也会随之出现大幅调整。

表5-10 长江电力2011—2013年固定成本情况

项目	2011年	2012年	2013年
折旧费用(亿元)	58.7	61.4	62.9
财务费用中的利息支出(亿元)	42.9	45.9	37.9
以上两项合计(亿元)	101.6	107.3	100.8
公司总成本费用(亿元)	134.3	153.5	143.6
两项合计占总成本费用比重(%)	75.7	69.9	70.2

资料来源:长江电力2011—2013年年报。

例如,2012年长江电力实现营业收入257.8亿元,同比增长24.5%,实现营业利润114.5亿元,同比增长36.6%,营业利润增幅高出营业收入增幅12个百分点。而在2013年,长江电力实现营业收入227.0亿元,同比下降11.9%,实现营业利润97.0亿元,同比下降15.3%,营业利润降幅高出营业收入降幅3.3个百分点。由此可见,长江电力营业利润的变化通常比营业收入的变化更为显著。

5.4 利得与损失

在利润的形成过程中,除了收入与费用两项基本会计要素起主导作用,还受到计入损益的利得与损失项目的影响,其中主要有资产减值损失、信用减值损失、净敞口套期损益、资产处置损益、公允价值变动损益、投资收益、其他收益、营业外收入与支出等项目。

5.4.1 资产减值损失与信用减值损失

资产减值损失反映资产出现减值所导致的损失。会计准则规定,企业要定期检查资产的价值情况,对发生减值的资产要提取资产减值准备。在提取资产减值准备时,一方面增加资产减值准备,相当于减少了资产的账面价值,另一方面增加资产减值损失,确认为当期损失,减少利润总额和净利润。

由于存货采用成本与可变现净值孰低法计价,企业已计提存货跌价准备后如果存货价值有所恢复,则可以在原来计提范围内按照价值恢复额度转回资产减值准备。出现这种情况时,一方面减少存货跌价准备,另一方面减少资产减值损失。因此,利润表中的资产减值损失项目也有可能出现负值,出现负值时表示的经济含义不是资产减值发生了损失,而是资产价值回升产生了利得。企业日常使用资产减值损失账户核算相关业务。

判断应收账款、应收票据、其他应收款、债权投资、其他债权投资及合同资产等资产是否发生减值时,需要关注债务人或交易对方的信用风险状况,因此预期这些资产因信用风险而出现问题、发生损失时,需要通过信用减值损失账户进行核算,确认损失,在利润表中的信用减值损失项目反映。

5.4.2 净敞口套期损益

套期是指企业为管理外汇、利率、价格、信用等特定风险引起的风险敞口,指定金融工具为套期工具,利用套期工具的公允价值或现金流量变动,抵销被套期项目全部或部分公允价值或现金流量变动的风险管理活动。企业实施套期保值时,如果符合套期会计标准,则取得的相关利得或发生的相关损失计入净敞口套期损益账户,当期最终结果在利润表中的净敞口套期收益项目反映(如果出现损失,则在利润表中以负数表示)。

5.4.3 资产处置损益

企业日常使用资产处置损益账户核算处置固定资产、无形资产及在建工程等非流动资产过程中形成的收益或损失,该账户既可以表示资产处置过程中形成的收益,又可以反映处置资产形成的损失,最终结果在利润表中的资产处置收益项目反映(如果出现损失,则在利润表中以负数表示)。

企业处置非流动资产等活动的时间一般容易受到企业管理人员的操控。学术研究结果表明,企业管理人员会通过刻意安排一些资产处置活动来形成利得或损失,对当期利润结果造成干扰。因此,如果企业在某个会计期间发生大量缺乏商业理由的交易——尤其发生在临近期末时,则当期的财务报表结果很可能受到严重扭曲。

> **注意**
> 通常情况下,非流动资产的处置时间容易受到企业管理人员的操控,财务报表分析人员需要对此高度关注。

5.4.4 公允价值变动损益

企业日常使用公允价值变动损益账户核算以公允价值计量且其变动计入当期损益的金融资产或金融负债及采用公允价值模式计量的投资性房地产等的公允价值变化对当期利润的影响。公允价值变动损益账户反映的内容仅仅是一种账面浮动的盈利或亏损,企业并没有发生真实的现金流入或流出,不属于企业真正实现的确定性损益。如果日后资产或负债的公允价值再次发生变化,则前期确认了损失的资产或负债当期有可能形成利得,而前期确认了利得的资产或负债当期也有可能出现损失。因此,公允价值变动损益结果无法取得真实的现金流入,并且缺乏足够的稳定性与可靠性,与企业的经营活动无关,盈利质量较差。公允价值变动损益账户的最终结果在利润表中的公允价值变动收益项目反映(如果出现损失,则在利润表中以负数表示)。

相比之下,股票、债券、基金等金融资产及相关金融负债的市场交易价格比较透明,公允价值容易获得,但投资性房地产的公允价值要通过专业评估才能获得,实际评估结果受多方面因素的影响,其公允价值往往是一个评估范围——只要是评估范围内的结果都可以接受,而不是某个具体数值,因此给企业管理人员调节利润留下了空间。特别是在房地产价格不断上涨的背景下,企业管理人员热衷于利用投资性房地产的评估增值来提升企业的账面利润。

 小案例

上市公司变更会计政策,利用房地产增值提升业绩

上市公司金地集团股份有限公司(以下简称"金地公司")2013年11月30日发布会计政策变更公告,从2013年12月1日起将投资性房地产后续计量模式由成本计量模式变更为公允价值计量模式。

在采用公允价值计量后,公司无须每月为投资性房地产计提折旧,只需期末按照公允价值调整投资性房地产账面价值,公允价值与原账面价值之间的差额计入利润表中的公允价值变动收益项目。会计政策变更后,需要对财务报表进行追溯调整,公司2013年净利润因此增加约13亿元,2013年年末所有者权益增加约38亿元。

斯米克、新华联、三木集团、迪康药业等上市公司也在2013年纷纷将投资性房地产的后续计量模式由成本计量模式变更为公允价值计量模式。在房地产价格不断上涨的情况下,这种变更不仅能够大幅增加公司资产总额和权益总额,提升公司账面实力与融资能力,还能够减少折旧费用、增加公允价值变动收益,提高公司净利润,真可谓一举两得。

不过,会计政策的变更无法改变公司生产经营的实际状况,增加的公司利润仅仅是账面数字而已,无法形成现金流入。当未来房地产价格出现严重下跌时,如果客观地按照公允价值调整资产账面价值,则这些公司的账面业绩将面临巨大压力。

5.4.5 其他收益

其他收益反映与企业日常活动相关、但不宜确认收入或冲减成本费用的政府补助。如果政府补助与企业经营活动相关,具有一定的可持续性,则计入其他收益账户;如果政府补助与企业经营活动相关性不大,属于偶然性利得,则计入营业外收入账户,并在利润表中的营业外收入项目反映。

5.4.6 营业外收入与支出

企业发生的惩罚性利得与罚款支出,与经营活动无关的政府补助,取得的捐赠与对外捐赠支出,以及其他非常利得与损失等属于营业外收入与支出,因为产生这些利得与损失的活动一般不被视为企业的正常经营活动,在会计准则中被视为营业外活动。

企业需要定期对存货进行盘点。如果盘点存货后发现,企业实际存货数量较账面结果出现短缺——也被称为"盘亏",则相应的会计处理应区分两种情况:属于计量收发差错和管理不善等原因造成的存货短缺,在扣除残料价值和过失人赔偿后,净损失计入管理费用;属于自然灾害等非常原因造成的存货毁损,在扣除处置收入(如残料价值)、可以收回的保险赔偿和过失人赔偿后,净损失计入营业外支出。如果盘点存货后发现,企业实际存货数量较账面结果出现盈余——也被称为"盘盈",则按照盘盈存货的重置成本增加存货资产,并经过管理层批准后,最终冲减当期的管理费用。

小案例

獐子岛的扇贝去哪了?

獐子岛集团股份有限公司(以下简称"獐子岛")是一家位于辽宁省大连市长海县专业从事水产养殖业务的渔业企业,是国家农业产业化重点龙头企业。公司凭借独特的地理优势和优越的水质条件,培育养殖了大量口味与营养俱佳的海洋食品,虾夷扇贝是其主打产品之一,经济价值可观。2006年,獐子岛在深圳证券交易所挂牌上市,上市当天开盘价达到60.89元/股,股价在当时国内所有上市公司中位居第二。2008年1月,獐子岛股价达到了巅峰——151.23元/股,成为沪深两市的"股王",被称为"水产第一股"。

2014年10月底,獐子岛发布公告称,一股未被大连市气象局通报的"冷水团"让獐子岛在近海底播养殖的虾夷扇贝受灾严重,近乎绝收。受此影响,公司当年计提存货跌价损失 2.8 亿元,注销存货 7.3 亿元,全年亏损 12 亿元。獐子岛"冷水团"惊现成为国内 A 股市场著名的"黑天鹅"事件。虽然广大投资者并不相信所谓的"冷水团",不过相关监管部门后续的调查,仅认定公司存在重要内部控制缺陷,并未确认媒体质疑的"投苗存货造假""大股东占用资金"等问题。

此后,辽宁省大连市獐子岛居民提供了一份 2 000 多人具名的实名举报信,称獐子岛"冷水团变乱"是"弥天大谎",虾夷扇贝绝收事件并不属实,公司涉嫌造假。中国证监会对此启动核查程序,但并未取得重大发现,沸沸扬扬的"冷水团"事件最后不了了之。

令人难以置信的是,獐子岛并未深刻汲取教训,故技频频重演。2018 年 1 月 30 日,公司发布公告称,存量虾夷扇贝异常。这一次公司以降水减少为由,称降水减少导致虾夷扇贝的饵料生物数量下降,再加上海水温度异常,造成高温期后的虾夷扇贝越来越瘦,最后诱发死亡,又一次带来巨额亏损。2018 年 2 月 9 日,中国证监会对獐子岛立案调查。2019 年 4 月 27 日,獐子岛发布第一季度财务报告,亏损 4 314 万元,亏损原因依然是底播虾夷扇贝受灾。

中国证监会经过一年多的调查,于 2019 年 7 月 10 日对獐子岛下发了《行政处罚及市场禁入事先告知书》,认定獐子岛公司及相关人员涉嫌财务造假、内部控制存在重大缺陷、信息披露不及时等,对公司给予警告并罚款,对公司董事长吴厚刚采取终身市场禁入措施。

由于对农业类企业的存货核查较为困难——审计师很难深入海底盘点虾夷扇贝数量、监测虾夷扇贝重量,因此这类企业容易进行财务造假。除了獐子岛,20 世纪国内上市公司蓝田股份号称采用高密度鱼鸭配套养殖技术,鱼塘亩产 3 万元,而同在湖北地区的另一家上市公司武昌鱼亩产仅为 1 000 元,曾经轰动一时的"蓝田神话"最后被发现居然是明目张胆的财务造假。

此外,中银绒业、北大荒、绿大地、新大地、万福生科等农业类企业财务造假,不一而足。种植业、养殖业企业以土地、海洋等自然资源为基本的生产要素,企业的扩张必然面对有限的自然资源的约束,再加上农产品的产量与价值都有限,无法像工业制造业企业一样实现高速扩张,同时容易受到自然灾害、病虫害、植物疫病侵袭或需求变化的影响,经营业绩压力较大,容易产生财务造假的动机。同时,农产品交易特有的结算环节、支付手段及税收政策(免征增值税)也给企业财务造假创造了有利的条件。因此,一些谨慎的投资者从规避风险角度出发,往往远离农业类企业。

5.4.7 投资收益

投资收益反映企业在投资金融资产或其他企业股权的过程中取得的收益或发生的损失。投资股票、债券等金融资产取得的实际投资收益主要表现为两种形式:一是资产持有期间收到的现金股利或利息;二是资产的买入与卖出价差,这部分价差也被称为资本利得。不过,我国2017年最新修订的《企业会计准则》规定,其他权益工具投资的资本利得并不计入投资收益。其他债权投资的资本利得在资产出售时一次性通过投资收益账户及相应的报表项目影响当期损益。

企业对合营企业、联营企业的股权投资采用权益法核算,账面确认的投资收益(或损失)主要来自被投资方取得的经营收益(或发生经营亏损)中投资方按照股权比例相应享有或承担的部分,以及处置投资时实现的资本利得;对子公司和股权投资采用成本法核算,母公司确认的投资收益由收到的现金股利和处置投资时实现的资本利得形成。

> **注意**
> 合营企业、联营企业发放现金股利减少了所有者权益总额,投资方收到股利后要相应减少长期股权投资的账面价值,并不确认投资收益。

母子公司作为一个企业集团,需要编制合并利润表。由于合并利润表中的收入、费用中已经包含子公司的相关数据,体现了子公司的经营业绩,因此合并利润表中的投资收益并不反映母公司收到的子公司现金股利(属于内部交易需要抵销),但处置子公司股权时产生的资本利得及母、子公司对合营企业、联营企业和金融资产的投资收益包括在其中。

重要辨析

子公司纳入合并利润表的日期节点

对于非同一控制下的企业控股合并,确定合并日至关重要——合并日决定了被合并企业纳入合并报表范围的时点,合并利润表只包含被合并企业合并日至年末期间产生的收入、费用及计入当期损益的利得与损失。

在确定合并日时可以参考以下情况:企业合并合同或协议已获股东大会等通过;企业合并事项需要经过国家有关主管部门审批的,已获得相关部门批准;参与合并各方已经办理必要的财产权转移手续;合并方或购买方实际上已经控制被合并方或被购买方的财务和经营政策,并享有相应的利益、承担相应的风险;合并方或购买方已经支付合并价款的大部分(一般应超过50%),并且有能力、有计划支付剩余款项。

对于同一控制下的企业合并,被合并方全年的收入、费用及计入当期损益的利得与损失均需纳入合并方的合并利润表,但合并方净利润项下单列"被合并方在合并前实现的净利润"项目。

5.5 利润

净利润是企业在一段时间内取得的真正归股东所有的利润,反映了企业当期的经营业绩,体现了企业通过生产经营为股东创造的价值财富,是股东最为关注的指标之一。由于净利润在过去很长一段时间内一直位于利润表的最后一行,因此经常被国外专业财经媒体称为"bottom line"(底线)。

重要辨析

收入与利润的关系

作为利润表"顶线"的营业收入应该是"底线"净利润的来源与基础,属于描述企业盈利过程的财务指标,而净利润则是描述盈利结果的财务指标。净利润除了受到营业收入规模的制约,还受到成本费用及计入当期损益的利得与损失的影响。因此,股东与管理人员应该在重视企业营业收入的同时,重点关注盈利的结果——净利润,尤其是企业主要经营活动贡献的净利润,而不应该把营业收入规模作为企业经营的主要目标。

小案例

《财富》全球 500 强的诱惑

从 20 世纪 90 年代开始,《财富》全球 500 强排名的影响力日益增大,很多中国企业家和政府官员都被 500 强排名的光环迷惑,让更多的中国企业进入 500 强排行榜成为国人的梦想。1996 年,当时主管国有企业的国家经贸委甚至宣布,未来将重点扶植宝钢、海尔、江南造船、华北制药、北大方正及四川长虹六家企业,力争使它们在 2010 年以前进入全球 500 强榜单。

国内社会对《财富》全球 500 强排名的狂热促使很多企业家和政府官员把营业收入规模的扩大——而不是净利润的增加作为企业发展的首要目标,盲目追求"做大做强"。但收入大的企业,未必盈利多、实力强。《财富》全球 500 强排名的本意只是按照营业收入规模排列出全球最大的 500 家企业,其英文表述是 the largest corporations in the world,但国内却将其翻译为 500 强,容易让人产生误解,以为上榜企业一定是实力强、赚钱多的企业。其实未必如此,虽然 500 强中不乏沃尔玛、苹果、埃克森美孚等一批盈利能力强的优秀企业,但也有一些上榜企业是"大而不强"。以 2019 年上榜企业为例,500 家企业中有 31 家亏损(占 6%),亏损最为严重的美国通用电气公司上一个会计年度亏损金额高达 224 亿美元。

需要注意的是,不同类型的企业产生营业收入的能力存在较大差别。相比之下,处在各个产业链下游的企业,在具有一定规模后,更容易形成营业收入——下游产品的附加值更大,产品单位售价更高,同样的销量带来的营业收入比上游产品更多。因此,《财富》全球 500 强排名在不区分行业的情况下,简单比较各企业营业收入规模,其意义与价值具有局限性。此外,即便是比较同一行业内企业的营业收入也需要注意其营业收入的形成过程——是形成于竞争性市场,还是形成于受保护、有管制的市场。中国具有13亿人口,在某些存在政府管制的行业出现一些营业收入全球排名靠前的企业并不困难,但在充分竞争领域,产生几家盈利能力可以与国际同行一比高下的大公司才算得上真功夫。很多中国企业家及政府官员似乎并没有清醒地认识到500强排名的本质,在盲目追崇入榜企业数量的过程中,迷失了企业的发展方向。

一些学者对美国股市的研究发现,在1—10年的中长期范围内,股票投资收益率可以毋庸置疑地被公司同期累计净利润解释,股利、现金流量等其他貌似合理的指标与股价的相关关系几乎可以忽略。即便对于股票投资的短期收益率来说,净利润也仍然是一个重要的解释因素。

尽管利润表中披露的净利润是一个具体的金额指标,但是盈利数字的背后还是存在质量差别的,财务报表使用者除了应该关注盈利的多少,更应该在意盈利的质量。所谓盈利的质量,主要体现在盈利活动产生的现金流量、盈利的稳定性与持续性以及盈利的来源等方面。与营业收入质量分析相类似,如果当期盈利结果没有取得相应的现金净流入作为支撑,则盈利质量较差,报表账面结果难免存在人为操纵的可能。

一个健康运营的企业通常应该由经营活动贡献主要利润,如果净利润集中来自公允价值变动收益、资产处置收益、其他收益、营业外收入等利得项目,那么企业盈利就缺乏可靠的稳定来源,盈利质量相对较差。例如,深康佳2018年度营业利润只有1.3亿元,而公司取得的奖补资金、软件退税等其他收益有2.9亿元,如果没有其他收益的巨大贡献,公司当年将会出现亏损;中集集团2018年度64.8亿元的营业利润中有52.4亿元来自资产处置收益,占比超过80%。两家公司的非正常经营活动对营业利润贡献如此之大,说明公司盈利质量较差,未来期间盈利缺乏足够的稳定性与持续性,需要财务报表使用者高度警惕。

 小案例

谁是2010会计年度全球最赚钱的企业

2011年,美国《财富》杂志公布全球500强企业名单,同时也披露了500

强企业上一个会计年度的净利润。从数字结果来看,营业收入排名第42位的瑞士雀巢公司(Nestlé)以328亿美元的净利润拔得头筹,成为当年盈利最多的企业。不过,这一结果明显出乎人们意料。

从行业背景来看,得益于油气价格持续维持在高位的大环境,此前几年全球盈利最多的企业一直是国际大型油气能源公司。美国石油巨头埃克森美孚公司2005—2009年雄踞净利润排行榜榜首5年。2010年,俄罗斯天然气工业公司凭借246亿美元的净利润超过埃克森美孚公司,成为上年盈利最多的企业。油气能源公司在高油价、高气价的支撑下在净利润排行榜上长期占据显赫位置成为常态,而雀巢公司所在的食品行业盈利规模鲜有出众表现。

从《财富》全球500强企业此前10年公布的盈利结果来看,雀巢公司净利润排名从未进入过前5名,最好的名次是2008年以净利润167亿美元排名第9位,公司2010年和2011年也并未发生大规模兼并收购交易,营业收入排名分别为第44位和第42位,基本稳定,而净利润排名则由前一年的第29位大幅跃居首位,实属意外。

仔细翻阅雀巢公司的年报不难发现,该公司2010年328亿美元的净利润中有244亿美元来自非持续性经营业务,而持续经营业务贡献的净利润仅为84亿美元。非持续性经营业务利润是由雀巢公司处置旗下全球最大的眼护理业务——爱尔康公司产生的。雀巢公司于2010年1月4日以283亿美元的价格向瑞士诺华公司出售了爱尔康公司52%的股份。此笔交易于2010年8月25日得到监管部门的批准并最终完成,为雀巢公司2010年账面业绩贡献了244亿美元的净利润。

由此可见,雀巢公司利润表中披露的328亿美元的净利润并不完全符合财务会计中的持续经营基本假设,其中大部分盈利的来源不具有持续性,账面的净利润总额与其他公司不具有可比性,不能算作真正意义上盈利最多的企业。从持续经营角度来看,2011年500强企业中真正盈利最多的企业还是俄罗斯天然气工业公司,该公司上年净利润为319亿美元,连续两年成为《财富》全球500强中盈利最多的企业。

阅读分析利润表时，一般需要对净利润指标进行调整，将缺乏稳定性和可靠性的利得与损失从净利润中剔除，集中精力关注企业经营活动产生的预期稳定、持续性较强的利润，这部分利润常常也被称为企业的核心业务利润。

为了帮助国内投资者识别上市公司的盈利质量，中国证监会规定上市公司要计算并在财务报告中披露扣除非经常性损益后的净利润。扣除非经常性损益后的净利润剔除了处置非流动资产的损益、当期取得的政府补助及债务重组损益等项目(具体剔除标准详见中国证监会2008年10月31日发布的[2008]43号公告《公开发行证券的公司信息披露解释性公告第1号——非经常性损益》)，突出了经营活动收益对净利润的贡献，降低了非正常经营活动对当期净利润的干扰，有助于投资者集中精力关注公司的核心业务利润。

此外，盈利的来源也是影响盈利质量的一个重要因素。如果企业的客户和供应商都是市场中的独立主体，与企业之间不具有关联关系，则盈利质量相对较高。与欧美国家的企业相比，中国的上市公司具有一个显著的特点：关联企业较多，同时上市公司与关联企业之间常常存在大量关联交易。这一特有现象主要根源于国内很多企业当初上市时选择分拆上市的改制模式。除此之外，在监管不到位的情况下，个别上市公司的大股东利用关联交易与上市公司之间进行利益输送也是一个重要原因——在这类关联交易中，大股东常常在短期内帮助上市公司提高账面业绩，但最终要利用上市公司取得低成本资金，甚至是无偿占用上市公司资金。

注意

一方能够控制、共同控制另一方或对另一方施加重大影响，以及两方受同一方控制、共同控制或施加重大影响的企业之间具有关联关系。同受政府控制、共同控制或施加重大影响的企业不属于关联企业。

重要辨析

整体上市与分拆上市

20世纪90年代以前，我国尚未颁布公司法，社会经济组织中根本不存在股份有限公司这种企业形式。1993年全国人大常委会第五次会议通过了《中华人民共和国公司法》，首次明确提出了股份有限公司的企业组织形式，并规定股份有限公司可以向社会公开发行股票募集资金，符合条件的股份有限公司可以申请股票上市交易。因此，全民所有制国有企业和集体所有制企业若想通过公开发行股票上市筹集资金，则必须进行股份制改造。

企业改制上市的模式基本可以分为整体上市与分拆上市两类。企业将其全部资产和业务整体改制为股份有限公司公开发行股票并上市交易属于整体上市；企业将其部分核心资产、业务或某个下属企业改制为股份有限公司公开发行股票并上市交易属于分拆上市。由于整体上市对企业改制要求较高，需要彻底剥离不具有盈利能力的社会性职能与辅助性业务，很多企业短期内无法达到上市标准。同时，我国资本市场早期发行股票实施融资规模控制和条块额度分配，限制了上市公司的整体规模与融资额度。因此，分拆上市成为我国大多数企业改制上市的首选模式。分拆上市后，企业实施主辅分离，原来的主业资产形成股份有限公司，辅业资产形成集团公司或集团公司下属的未上市企业，上市公司一般由集团公司控股，因此集团公司及其下属企业与上市公司之间具有天然的关联关系，发生关联交易相当普遍。

> 💡 **注意**
>
> 企业将其部分资产、业务或某个下属企业改制为股份有限公司，在保持控股状态的情况下，增发新股公开上市的分拆重组交易，在国外被称为 carve out。国外还有一种被称为 spin-offs 的企业分拆重组交易，与前一类分拆重组交易有所不同，spin-offs 是指一家公司将其部分资产或业务剥离后成立一家新公司，原公司的股东按照此前的持股比例自动成为新公司的股东，这种分拆重组也被称为"派股式重组"。

尽管根据会计准则的规定，企业要在财务报表附注中对外披露关联方与关联交易，但在实际交易过程中企业很难保证关联交易的客观与公允，难免出现利益输送现象，不仅影响会计信息质量，更可能导致投资者——尤其是中小投资者——利益受损。

小案例

国内资本市场中层出不穷的关联交易

国内很多上市公司存在关联方,与关联方之间的关联交易时有发生,而且往往金额巨大。尽管一些关联交易也能做到相对客观与公允,但也有为数不少的关联交易明显有失公允,存在利益输送问题,对上市公司的长远健康发展构成严重威胁。明显有失公允的关联交易主要包括两大类:一是大股东占用上市公司资金或从上市公司获取优质资产,即攫利型关联交易;二是大股东通过关联交易提升上市公司经营业绩,即输入型关联交易。

由于上市公司可以公开发行股票筹集资金,同时能够较为容易地取得银行贷款或公开发行债券,因此很多国内企业改制上市的一个重要目的就是拓展融资渠道,把上市公司作为大股东筹集资金的来源,解决大股东资金紧张的问题。国内资本市场早期大股东占款最为典型的一个案例是三九医药的大股东三九集团及其下属公司2001年违规占用上市公司资金超过25亿元,相当于三九医药当时净资产的96%。2013年,上市公司博汇纸业有高达134亿元的巨额资金被控股股东及其关联方几乎无偿占用一年,但公司半年报明确表示:不存在被控股股东及其关联方非经营性占用资金的情况。康美药业2016—2018年在未经过决策审批或授权的情况下,累计向控股股东及其关联方提供非经营性资金116亿元。2018年,康得新公司通过与银行签订现金管理协议掩盖控股股东占用上市公司资金159亿元。

同时,一些大股东利用其控股地位,高价出售其产品或劣质资产,低价置换上市公司的优良资产,掏空上市公司资源。例如,上市公司北大荒的大股东北大荒农垦集团2013年以6 161万元的价格收购北大荒公司下属的米业公司,而该米业公司正是北大荒公司10年前以4.76亿元的价格从大股东手中收购的,同一项资产10年之间买卖价格相差4.14亿元,中小股东为此付出了巨大代价。

输入型关联交易一般发生在上市公司业绩不佳的时候。为了保住公司的上市资质,取得配股、增发等再融资资格及提高股价,大股东往往采用多种方式对上市公司的业绩进行包装。2013年年底上市公司天龙集团第一大股东干脆直接向其赠予现金、豁免债务,总额近2亿元,正在重组中的天龙集团因此暂时保住了上市资质。通常情况下,大股东与上市公司之间进行输入型关联交易只是暂时性策略,攫利型关联交易才是最终目的。

也有一些关联交易看起来并未有失公允,但由于规模巨大,交易中的某些条款稍有变化,将对上市公司的利润、资产等项目形成较大冲击。例如,青岛海尔2011年从关联方购买商品444.5亿元,占同类交易金额的64%,向关联方销售商品140亿元,占同类交易金额的19%。而青岛海尔当年实现的归属于母公司股东的净利润仅为26.9亿元。巨额的关联交易在交易价格稍有变化的情况下,将会对青岛海尔当期净利润产生重大影响,公司盈利质量并不算高。

对于合并利润表来说,非全资子公司取得的净利润(或净亏损)中有一部分归属于少数股东,这部分净利润(或净亏损)在利润表中单独反映为少数股东损益。净利润中去掉少数股东损益之后,剩余的部分归母公司股东所有。

5.6 每股收益

股份有限公司的利润表中会披露每股收益指标,用来表示每一股普通股应该享有的净利润或需要承担的净亏损。按照计算口径的不同,每股收益又可以分为基本每股收益与稀释每股收益。基本每股收益是用归属于母公司股东的净利润除以发行在外普通股的加权平均数得到的。如果公司发行了优先股,则要从归属于母公司股东的净利润中先减去优先股股利。

$$基本每股收益 = \frac{归属于母公司普通股股东的净利润}{发行在外普通股的加权平均数}$$

由于基本每股收益并未考虑可转换公司债券、认股权证等因素对普通股股数的影响,反映的信息不够全面,因此监管部门要求公司计算稀释每股收益。稀释每股收益是以基本每股收益为基础,假定公司发行在外的可转换公司债券、认股权证等稀释性潜在普通股均在年初转换为普通股,增加了普通股的股数,同时调整归属于母公司股东的净利润,例如还原可转换公司债券当期利息支出对净利润的影响等,按照调整后的收益与股数重新计算每股收益。相比之下,稀释每股收益全面考虑了普通股股份受其他因素影响而被稀释的可能,体现了财务会计的谨慎性原则。

在股本不发生变化的情况下,每股收益的多少能够反映公司的经营成果,衡量普通股股东的获利水平,作为公司发放现金股利的重要依据;此外,利用同一公司不同会计期间每股收益的变化趋势还可以判断公司的成长性。因此,每股收益是投资者评价企业盈利能力、预测企业成长潜力、制定相关决策的重要财务指标之一。目前世界发达国家和地区的主要资本市场均要求上市公司及处于申请上市过程中的公司计算并披露每股收益信息。

企业的利得和损失有一部分进入当期损益,影响当期净利润,还有一部分未在当期损益中确认的利得和损失,要将扣除所得税影响后的净额直接计入所有者权益的其他综合收益(other comprehensive income, OCI)项目。企业的净利润加上其他综合收益得到的总和就是综合收益总额(total comprehensive income)。综合收益几乎涵盖了企业在会计期间引起所有者权益总额增减变化的一切交易或事项,只有股东增资、减资、股票回购及分配股利除外。

5.7 盈余管理

企业管理人员为了达到一定的目的,有意影响财务报表对外披露结果——尤其是盈余结果——的行为被称为盈余管理(earnings management)。国内外盈余管理常见的动机主要包括满足监管要求、操控股价、影响经济契约的签订与执行,以及降低企业的政治成本等。

国内资本市场的监管机构长期以来对企业上市、再融资等行为做出了严格的资质限定,明确规定了一些硬性财务指标,例如连续三年盈利(净利润累计规模不低于 3 000 万元)、净资产收益率超过 10% 等,只有达到这些标准的企业才有资格申请上市或进行再融资。一些具有上市或再融资意愿的企业在真实业绩无法达到标准的情况下,为了通过监管机构的资格审查,会大规模进行盈余管理提高企业账面财务结果。这是过去很长一段时间国内上市公司中盈余管理行为最为常见的原因。

银行、保险公司等金融机构要面临行业监管机构的监管,例如资本充足率与存贷比的要求等,为了满足行业监管要求,避免受到处罚或资质限制,这些金融企业会通过实施盈余管理主动影响财务报表结果。

国内外大量研究发现,很多企业会在发行股票上市或再融资之前进行盈余管理,提高利润,这样有助于股票顺利发行,筹集到更多的资金。在一些实行股权或股票期权激励的公司中,管理人员为了提高股价、增加个人薪酬会实施盈余管理,提升公司账面财务业绩,推高股票交易价格,美国安然公司当年财务欺诈就是一个特别极端的典型例子。在市场监管不到位的情况下,个别上市公司为了与一些投资者联手操纵股价,也会寻找机会进行盈余管理,促使股票交易价格大幅波动,从中获取价差收益。

很多国外企业在与工会、供应商及客户谈判时常常以报表中的财务数据作为重要参考依据,为了控制工资上涨、获取优惠的采购或销售条款,一些企业会在重大谈判之前管理盈余,调节财务报表结果。部分贷款企业为了避免违反债务契约的约束和限制,往往也会操纵盈余、高报利润或增加所有者权益和资产总额。在管理人员的薪酬与企业财务业绩挂钩时,为了最大化个人薪酬,管理人员也会根据相关合同条款调整财务报表结果。此外,某些国外大型企业通常会刻意压低账面盈余,避免受到政府反垄断制裁与不利价格管制,或者争取政府的政策扶持。

盈余管理在实务操作中主要有三种策略:一是管理人员会采取各种技术手段努力提高当期收益,使账面经营业绩达到预期目标或避免出现亏损。例如,中国远洋控股股份有限公司在连续两年出现巨额亏损的情况下,面临退市威胁,2013年公司先后向大股东中远集团出售其所持有的下属公司股权,通过大规模出售优质资产,公司当年取得投资收益99亿元(上年同期为17亿元,同比增长482%),扣除经营亏损后勉强实现盈利,避免了连续三年亏损,保住了公司的上市资质。

> 💡 **注意**
>
> 按照国内现行证券监管制度的规定,上市公司如果连续三年亏损,则将面临退市威胁。

二是如果预计企业当期盈利无望,亏损无法避免,那么管理人员会通过提前确认费用、大规模提取资产减值或集中处置不良资产以及延迟确认收入等手段加大当期亏损额度,以为下一个会计年度扭亏为盈奠定基础,这种行为被形象地称为"洗大澡"(take a big bath)。曾被视为美国企业管理领域传奇人物的路易斯·郭士纳,在1993年出任IBM首席执行官时,就使用过这一策略。上任之初,郭士纳大规模列支成本费用,公司当年出现了80亿美元的巨额亏损,创下了美国公司史上的亏损纪录,但这一做法同时也拉低了接管后公司的发展起点,为公司未来的业绩改善做好了铺垫,IBM随后几年的业绩提升在很大程度上得益于此。

三是投资者普遍厌恶风险,不愿意投资那些业绩大起大落的公司,而是希望公司业绩平稳,最好能够实现稳步增长,因此管理人员会尽可能在经营顺利的年份延迟确认收入、超额提取准备金、处置不良资产,避免当期收益过高,在经营不利的年份提前确认收入、转回准备金、出售优质资产,提升账面业绩,这种行为被称为利润平滑(income smoothing)。美国的通用电气公司曾被认为是平滑利润的高手,该公司精心安排兼并收购节奏及资产或股权的处置时间,同时合理利用会计政策,通过确认重组费用对冲出售资产所带来的一次性收益,降低利润的波动,创造了连续17个季度每股收益指标与华尔街分析师预期基本持平或略微超出的纪录,曾被认为是"全美最具可预测性的公司"。

 小案例

农产品公司突击"盈余管理"救赎股权激励

深圳市农产品股份有限公司(以下简称"农产品公司")是一家农产品生产流通企业,业务范围涉及蔬菜种植、牲畜养殖、屠宰加工和农产品流通等。2005年,公司启动股权激励计划,成为国内股权分置改革以来首家通过股权激励方案的国有控股上市公司。

根据股权激励计划,公司拿出2 620万股股份(占总股份的6.76%)作为股权激励,管理层及核心业务骨干在按照每股0.8元的标准缴纳风险保证金后成为股权激励计划的受益人,行权等待期限为三年。认股资格业绩考核指标为2005—2007年的净资产收益率分别不低于2.5%、4.5%和6%。如果三年内任何一年没有完成上述目标,则必须连续三年实现盈利且三年盈利总额达到1.82亿元。如果业绩没有达标,则管理人员的认股资格将被取消,风险保证金也将被公司没收。

事实上,公司2005年与2006年的净资产收益率分别为1.34%和3.43%,均没有达到业绩目标,因此只有连续三年实现盈利且盈利总额达到1.82亿元,管理人员才有资格认购股份并避免保证金被没收。由于公司2005年、2006年及2007年前三个季度实现的净利润分别为1 890万元、5 002万元及5 951万元,2007年第四季度实现的净利润只有超过5 357万元才能达到业绩目标。为此,公司密集进行了一系列的资产及股权转让交易。

2007年10月,公司转让青岛青联股份有限公司35.36%的股权,取得税前收益1 300万元;11月,转让全资子公司前海惠民街市公司100%的股权,取得税前收益3 600万元;12月,先转让厂房及部分资产权益,取得税前收益2 000万元,再分别转让子、孙公司荔园公司和黄木岗公司100%的股权,两项合计取得税前收益2 930万元。

通过上述交易,公司第四季度实现净利润1.12亿元,2007年全年实现净利润1.71亿元,公司三个会计年度连续盈利且累计盈利达到2.4亿元,达到股权激励业绩目标,管理人员可以拿回风险保证金。

不过,通过大规模出售资产,而不是正常的生产经营活动,完成了认股资格业绩考核,公司管理人员也觉得脸上无光,主动提出放弃股权激励基金。公司透露,管理人员放弃的股权激励基金总额至少在7 000万元以上。在国外曾被大加赞赏的股权激励计划,引入国内后在契约不完备的情况下,不仅没有发挥出应有的激励效果,反而催生了公司管理人员变卖资产进行盈余管理的一场闹剧。由此也可以看出,股票期权作为一种激励手段在国内实际操作中需要进一步完善设计,明确业绩实现方式,即企业的利润来源。像农产品公司这种通过"砸锅卖铁"变卖家底实现的账面利润缺乏可持续性,不仅没有为公司和股东创造价值,还对公司的长远发展带来了不利影响。

一定限度内的盈余管理行为是审计可以通过、法律能够容许的,超出限度的利润操控行为则是财务欺诈,属于违法行为。值得注意的是,很多管理人员在思想认识上存在误区,认为财务欺诈应该由主管财务的管理人员(CFO)负责,其实不然。我国《会计法》明确规定:单位负责人对本单位的会计工作和会计资料的真实性、完整性负责。美国的安然、世通等公司的审判案例也一再表明,公司的首席执行官(CEO)最终无法逃脱财务欺诈的法律责任。特别是2002年,美国国会通过的《萨班斯-奥克斯利法案》明确强调,公司的CEO要对会计信息的真实性、可靠性负责。因此,公司的最高管理人员必须对盈余管理行为给予足够的重视。

资产负债表和利润表的相对重要性因企业所处的行业、发展阶段及自身财务状况的不同而存在差别。对于高科技企业、制药企业、互联网企业来说,企业的核心竞争力主要体现在研发与创新能力上,企业自行开发研制的核心专利技术一般无法在资产负债表中得到反映,而投资者更看重企业盈利的变化趋势,并以此判断企业未来的发展潜力,对财务状况的变化并不是十分敏感。因此,利润表对这类企业更为重要,营业收入、净利润、每股收益等财务指标的增长幅度常常是投资者与分析师关注的重点。

对于金融企业而言,企业的盈利能力与财务风险在很大程度上受到资产配置状况及债务结构与期限的影响,因此资产负债表相对重要,是投资者和分析师关注的重点。企业在进行负债融资时,债权人为了降低坏账风险,会重点关注客户企业的财务状况,认真检查企业是否具有不动产、通用机器设备等可用于偿债的资产,资产负债表受到重视。

随着企业财务困难程度的加剧,如何偿还企业负债成为报表分析重点关注的内容,债权人与企业管理人员需要全面掌握企业的财务状况、债务负担水平,此时资产负债表的重要性相对提升,短期内利润表的重要性相对下降,同时能够反映企业现金流量情况的现金流量表的重要性得到提升。

第 6 章

现金流量表

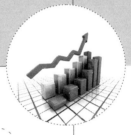

现金流量表反映了企业某一时期现金及现金等价物流入与流出的情况。本章详细介绍经营活动、投资活动及筹资活动产生的现金流量及其背后的经济含义,区分经营活动现金流量净额与净利润之间的差别,最后简要介绍现金流量简易分析法。

现金流量表(statement of cash flows)反映企业在一定会计期间内现金及现金等价物的流入和流出情况。这里的现金是一个广义概念,既包括企业保险柜中存放的库存现金,又包括可以用于支付的银行存款,还包括银行本票存款、银行汇票存款、信用证保证金存款、信用卡存款等其他形式的货币资金。现金等价物,通常指3个月内到期或在3个月内可以转换为现金的短期投资,一般包括短期债券投资。

现金是企业流动性最强的资产,可以用于购买材料、支付货款、发放工资、偿还债务等多个方面,是企业正常经营过程中不可或缺的重要资源。对于企业来说,现金的重要性就如同人体的血液一样。如果现金出现枯竭,则企业将停止运转,最终走向破产倒闭。

6.1 现金流量表的概况

与资产负债表、利润表不同,现金流量表并不遵循权责发生制原则,而是按照收付实现制原则编制。现金流量表反映企业一定会计期间内现金流量的流入与流出情况,披露广义现金及现金等价物余额增减的具体原因,帮助财务报表使用者了解和评价企业获取现金及现金等价物的能力,并据以预测企业未来现金流量盈余或短缺情况。现金流量表有助于财务报表使用者评价企业的支付能力、偿债能力及资金周转效率,分析企业的盈利质量,从现金流量的角度分析收入与利润的可靠性,弥补权责发生制的固有缺陷,增强会计信息的真实性,为判断企业的发展前景提供重要的信息基础。

会计准则要求企业对现金及现金等价物的流动情况进行分类披露。在现金流量表中,影响企业现金流量的行为大致被分为三类:经营活动(operating activities)、投资活动(investing activities)及筹资活动(financing activities)。形象地说,经营活动源源不断地产生现金净流入相当于企业发挥自身的"造血"功能,而筹资活动形成现金净流入则相当于企业从外部"输血"。

把企业当期经营活动、投资活动与筹资活动产生的现金流量净额加总,即可得到当期现金及现金等价物总的变化。用期初现金及现金等价物余额,加上当期现金及现金等价物总的变化,就得到了期末现金及现金等价物余额。如果是跨国经营或涉及外币业务的企业,则还需要考虑汇率变动对现金及现金等价物的影响。表 6-1 为我国企业现金流量表的格式。

表 6-1 我国企业现金流量表格式

项目	本期金额	上期金额
一、经营活动产生的现金流量:		
销售商品、提供劳务收到的现金		
收到的税费返还		
收到其他与经营活动有关的现金		
经营活动现金流入小计		
购买商品、接受劳务支付的现金		
支付给职工及为职工支付的现金		
支付的各项税费		
支付其他与经营活动有关的现金		
经营活动现金流出小计		
经营活动产生的现金流量净额		
二、投资活动产生的现金流量:		
收回投资收到的现金		
取得投资收益收到的现金		
处置固定资产、无形资产和其他长期资产收回的现金净额		
处置子公司及其他营业单位收到的现金净额		
收到其他与投资活动有关的现金		
投资活动现金流入小计		
购建固定资产、无形资产和其他长期资产支付的现金		
投资支付的现金		
取得子公司及其他营业单位支付的现金净额		
支付其他与投资活动有关的现金		
投资活动现金流出小计		
投资活动产生的现金流量净额		
三、筹资活动产生的现金流量:		
吸收投资收到的现金		
取得借款收到的现金		
收到其他与筹资活动有关的现金		
筹资活动现金流入小计		
偿还债务支付的现金		
分配股利、利润或偿付利息支付的现金		
支付其他与筹资活动有关的现金		
筹资活动现金流出小计		
筹资活动产生的现金流量净额		
四、汇率变动对现金及现金等价物的影响		
五、现金及现金等价物净增加额		
加:期初现金及现金等价物余额		
六、期末现金及现金等价物余额		

6.2 经营活动现金流量

对于绝大多数企业来说,经营活动现金流量是现金流量表中最为重要的组成部分。经营活动现金流量通常与利润表联系紧密,同时资产负债表中大部分经营性资产与流动负债项目的变化——包括存货、应收票据及应收账款、应付票据及应付账款、预收款项、合同负债、预付款项、应付职工薪酬、应交税费等——也与经营活动现金流量存在较强的对应关系。但利润表与资产负债表中的下列三类项目不影响经营活动现金流量:(1)属于融资活动的项目,如利润表中财务费用中的利息支出,资产负债表中短期借款、长期借款、应付(短期)债券及一年内到期的非流动负债等项目的变化;(2)属于投资活动的项目,如利润表中投资收益、资产处置收益,资产负债表中其他应收款中的应收利息与应收股利等项目的变化;(3)不涉及现金流量的项目,如资产减值损失、公允价值变动收益等。

如表6-1所示,我国企业现金流量表中先直接列出经营活动现金流入的各个项目,加总之后得到经营活动现金流入小计,然后列出经营活动现金流出的各个项目,加总之后得到经营活动现金流出小计,再用流入小计减去流出小计得到经营活动产生的现金流量净额,这种分别列示现金流入与流出信息来披露经营活动现金流量的方法被称为直接法。在直接法下,经营活动的现金流入至少应当单独列示下列项目:(1)销售商品、提供劳务收到的现金;(2)收到的税费返还;(3)收到其他与经营活动有关的现金。经营活动的现金流出至少应当单独列示下列项目:(1)购买商品、接受劳务支付的现金;(2)支付给职工及为职工支付的现金;(3)支付的各项税费;(4)支付其他与经营活动有关的现金。

经营活动与企业生产、销售产品及提供服务、劳务等行为密切相关。通常情况下,企业确认营业收入时取得的资金、收回前期形成的应收票据或应收账款取得的资金及在确认收入之前预先收到款项取得的资金都属于"销售商品、提供劳务收到的现金",企业收取的出租和出借包装物的押金、罚款收入、流动资产损失中由个人赔偿的现金收入等属于"收到其他与经营活动有关的现金"。企业购买商品或劳务、给职工发放薪酬及福利、缴纳税费等活动属于经营活动的现金流出。捐赠活动导致的资金流入与流出,一般也被列入经营活动现金流量,计入"收到其他与经营活动有关的现金"或"支付其他与经营活动有关的现金"。

虽然涉及增值税的现金流量属于经营活动现金流量,但与其他税费有所不同,增值税相关的现金流量分类较为复杂:销售货物、提供劳务时向客户收取的增值税销项税额属于"销售商品、提供劳务收到的现金",采购货物与资产时随价款一并支付的增值税进项税额属于"购买商品、接受劳务支付的现金",企业向税务部门实际缴纳的增值税属于"支付的各项税费"。

> **注意**
> 企业出售原材料、出租固定资产和无形资产等其他业务收到的现金属于"收到其他与经营活动有关的现金"。

在直接法下,经营活动现金流量中的"销售商品、提供劳务收到的现金"项目通常是分析研究的重点,该项目与营业收入、应收票据及应收账款、预收款项及合同负债的变化存在对应关系,分析人员据此可以判断营业收入的真实性及现金流量状况。由于销售商品和提供劳务过程中收取的增值税销项税额计入"销售商品、提供劳务收到的现金",因此在分析时,需要把营业收入对应的增值税因素考虑进去。表6-2列出了永辉超市2017年与2018年直接法反映的经营活动现金流量情况。从表中可以看出,销售商品、提供劳务收到的现金是永辉超市经营活动现金流入的主要来源,购买商品、接受劳务支付的现金是经营活动的重要现金流出。

表6-2 永辉超市2018年经营活动现金流量直接法披露　　　　单位:亿元

项目	2018年	2017年
经营活动产生的现金流量:		
销售商品、提供劳务收到的现金	842.5	693.7
收到的税费返还	0.3	0.3
收到其他与经营活动有关的现金	4.7	4.8
经营活动现金流入小计	847.5	698.8
购买商品、接受劳务支付的现金	680.9	562.8
支付给职工及为职工支付的现金	60.8	46.3
支付的各项税费	18.7	16.3
支付其他与经营活动有关的现金	69.4	47.0
经营活动现金流出小计	829.8	672.4
经营活动产生的现金流量净额	17.7	26.4

资料来源:永辉超市2018年年报。

直接法可以较为直观地反映经营活动现金流量净额的形成过程，财务报表使用者能够直接看到现金流入与流出的明细分类，但直接法无法直观地反映经营活动现金流量净额与净利润之间差异的形成原因。为此，我国会计准则要求企业在财务报表附注的现金流量表补充资料中披露把净利润调整为经营活动现金流量净额的相关信息。这种以净利润为起点，通过调整不涉及现金的项目及属于投资活动和筹资活动的项目，最后得到经营活动现金流量净额的披露方法被称为间接法。

由于折旧、摊销等项目通常是企业不需要支付现金的大额当期费用，因此折旧、摊销等项目成为经营活动现金流量间接法披露中的主要项目。一些财务分析师甚至还专门设计了一个财务指标，即利息、所得税、折旧及摊销前的利润（earnings before interest, taxes, depreciation and amortization, EBITDA），用于粗略估计企业的经营活动现金流量情况。由于EBITDA没有考虑存货和往来款项变化等因素对当期现金流量净额的影响，也没有剔除资产减值损失、资产处置收益及投资收益等项目，因此与经营活动现金流量净额之间存在一定的差异——有时差异甚至很大，财务报表使用者不应该对其过分解读。

> 注意
> EBITDA仅仅是企业经营活动现金流量净额的一个不够精确的替代指标。

因为很多企业的投融资决策、会计政策与方法选择及纳税筹划等事项由总部负责，下属企业只负责具体的生产运营，一般无法影响各个会计期间的利息、所得税、折旧及摊销等费用项目，所以企业总部在对下属企业进行业绩考核时，常常会剔除不可控影响因素，重点关注下属企业可以控制与影响的业绩指标。因此，EBITDA也成为一部分企业内部业绩考核的常用指标。

重要辨析

经营活动现金流量净额与净利润之间的关系

由于净利润是权责发生制下计算得到的结果，在其形成过程中受到折旧、摊销等人为估计判断因素的影响，客观性与可靠性容易受到质疑。一些财务分析人员认为,与权责发生制下确认的净利润相比,收付实现制下确认的现金流量受到操控与干扰的可能性较小,提议使用经营活动现金流量净额来评价企业的经营成果。现金流量指标虽然有其不足,但近年来越来越多地被用于评估企业的盈利质量、分析偿债能力及制定现金股利政策等方面。

企业的净利润与经营活动现金流量净额之间的差额被称为应计利润(accrual),应计利润中包含折旧摊销、资产减值等非现金费用与损失,尚未收款的营业收入,以及投融资活动形成的利得与损失等。如果应计利润过大,则表明企业取得的净利润没有足够的现金流量支撑,利润中可能存在虚假成分,盈利质量较差。学术界中很多学者通过建立模型来分析和研究应计利润的情况,以判断企业是否操纵了利润,进行了盈余管理。

不过,大量研究结果表明,经营活动现金流量净额的波动性较大。因此,与经营活动现金流量净额相比,当期净利润可以更好地预测企业未来的经营成果,这也是利润表一直受到投资者广泛关注的原因。

如果财务报表分析者不能确定权责发生制下利润表中净利润的信息质量,那么现金流量表提供了反映企业经营成果的另一种可供选择的基准。当企业经营活动现金流量净额与净利润存在巨大反差时,表明企业的净利润缺少现金流量支撑,盈利质量可能存在问题,需要财务报表分析者加以关注。

表6-3列出了永辉超市2018年财务报告中披露的将净利润调节为经营活动现金流量净额的相关信息。从表中可以看出,在固定资产折旧、长期待摊费用摊销及经营性应付项目增加等因素的共同作用下,永辉超市连续两年经营活动现金流量净额大于净利润,表明盈利质量较好。

表6-3 永辉超市2018年经营活动现金流量间接法披露　　　　　单位:亿元

项目	2018年	2017年
净利润	10.0	16.8
加:资产减值准备	0.7	0.2
固定资产折旧	6.8	5.5
无形资产摊销	0.6	0.6
长期待摊费用摊销	5.7	4.7

（续表）

项目	2018年	2017年
处置固定资产、无形资产和其他长期资产的损失(收益以"－"号填列)	0.3	0.4
固定资产报废损失(收益以"－"号填列)	0.1	0.3
公允价值变动损失(收益以"－"号填列)	－0.3	0.8
财务费用(收益以"－"号填列)	0.6	－1.0
投资损失(收益以"－"号填列)	－5.5	－1.5
递延所得税资产减少(增加以"－"号填列)	－1.2	－1.1
递延所得税负债增加(减少以"－"号填列)	0.8	－0.1
存货的减少(增加以"－"号填列)	－26.9	－2.0
经营性应收项目的减少(增加以"－"号填列)	－22.8	－16.6
经营性应付项目的增加(减少以"－"号填列)	42.1	19.5
其他	6.6	
经营活动产生的现金流量净额	17.6	26.5

资料来源：永辉超市2018年年报。

与中国企业会计准则的要求有所不同,美国会计准则和国际会计准则允许企业自行选择直接法或间接法披露经营活动现金流量,但选用直接法披露的企业需要在财务报表附注中补充披露间接法信息。因此,很多国外企业直接选用间接法披露经营活动现金流量,而不必额外提供直接法信息。

经营活动现金流量净额可以从现金流量的角度反映企业当期生产经营的成果,是现金流量表分析研究的重点。对于一家刚起步的企业来说,经营活动现金流量净额为负值(即流入小于流出,出现净流出)一般属于正常情况,是可以接受的,但对于一家成熟型企业来说,经营活动产生的现金流量应该是企业现金流量的主要来源。如果经营活动不能产生正的现金流量净额或不能产生足够多的现金流量净额,则企业将不得不从其他途径取得资金维持日常周转及满足投资需要。因此,一家成熟型企业经营活动持续产生负的现金流量净额往往是经营不善、走向衰亡的重要征兆,无论这家企业利润表多么完美,财务报表分析者都应该提高警惕。

6.3　投资活动现金流量

与日常会计核算有所区别,现金流量表中的投资活动范围更为广泛,不仅包括股权投资、债权投资等对外投资活动,而且包括购买或出售房屋建筑、机器设备、商标品牌及生产技术等对内投资活动,但使用资金购买或出售现金等价物范围的短期债券投资不属于投资活动。这里的投资活动既包括企业取得投资的行为,又包括企业处置投资的行为。因此,投资活动现金流量是企业购建或处置固定资产、无形资产及其他长期资产,购买或出售长期债券或其他公司股权所引起的现金流入与流出。投资活动现金流量与资产负债表中的几类金融资产投资、在建工程、固定资产、开发支出、无形资产和长期股权投资等项目及利润表中的投资收益、资产处置收益项目存在对应关系。企业支付给为建造固定资产、开发无形资产和修建其他长期资产工作人员的现金流量也属于投资活动,不属于经营活动。

按照中国企业会计准则的要求,投资活动的现金流入至少应当单独列示下列项目:(1)收回投资(主要指股权、债权投资)收到的现金;(2)取得投资收益收到的现金;(3)处置固定资产、无形资产和其他长期资产收回的现金净额;(4)收到其他与投资活动有关的现金。投资活动的现金流出至少应当单独列示下列项目:(1)购建固定资产、无形资产和其他长期资产支付的现金;(2)投资(主要指股权、债权投资)支付的现金;(3)支付其他与投资活动有关的现金。

通常情况下,处于初创期的企业资产购建活动较为频繁,投资活动现金流量净额常常为负数,意味着企业正在投入资金购建厂房、购买设备,或者收购其他企业,需要筹集大量资金。因此,对于初创期的企业来说,管理人员最重要的工作就是寻找投资者,为企业发展取得资金支持。

表6-4列出了永辉超市2018年投资活动现金流量情况。从表中可以看出,2018年永辉超市购建固定资产、无形资产和其他长期资产支付30.3亿元现金,投资支付16.2亿元现金,公司总体投资规模较大,仍处于快速成长阶段。虽然公司收到与支付其他与投资活动有关的现金额度较大,但主要是本期购买与赎回理财产品导致的,不属于典型的投资活动。

表6-4 永辉超市2018年投资活动现金流量 单位:亿元

项目	2018年	2017年
投资活动产生的现金流量:		
收回投资收到的现金		5.2
取得投资收益收到的现金	0.3	0.1

(续表)

项目	2018 年	2017 年
处置子公司及其他营业单位收到的现金净额	1.0	
收到其他与投资活动有关的现金	53.2	21.0
投资活动现金流入小计	54.6	26.4
购建固定资产、无形资产和其他长期资产支付的现金	30.3	22.6
投资支付的现金	16.2	22.9
取得子公司及其他营业单位支付的现金净额	—	—
支付其他与投资活动有关的现金	44.8	38.8
投资活动现金流出小计	91.3	84.3
投资活动产生的现金流量净额	−36.7	−57.8

资料来源:永辉超市 2018 年年报。

6.4 筹资活动现金流量

筹资活动现金流量是企业发行股票、债券,向银行等金融机构借款,以及分配现金股利、偿债付息等行为所引起的现金流入和流出。这部分现金流量与资产负债表中的短期借款、长期借款、应付短期债券、应付债券、其他应付款、股本、资本公积等项目及利润表中的财务费用项目存在对应关系。

按照中国企业会计准则的要求,筹资活动的现金流入至少应当单独列示下列项目:(1)吸收投资收到的现金;(2)取得借款收到的现金;(3)收到其他与筹资活动有关的现金。筹资活动的现金流出至少应当单独列示下列项目:(1)偿还债务支付的现金;(2)分配股利、利润或偿付利息支付的现金;(3)支付其他与筹资活动有关的现金。分析企业的筹资活动现金流量可以找出企业的资金来源:来自股东,还是来自债权人,了解股东或债权人当期投入资金的规模;也可以看出企业偿还债务付出的资金流量及支付的利息、股利等筹资成本。

> 💡 注意
>
> 公司发放股票股利时,一方面减少未分配利润,另一方面增加股本,实际并没有发生现金流出,其业务本质是所有者权益内部结构的改变,不属于公司的筹资活动,不在现金流量表中反映。

表 6-5 列出了永辉超市 2018 年筹资活动现金流量情况。从表中可以看出，永辉超市在 2018 年取得借款 37.9 亿元，偿还债务 1 亿元，净债务融资 36.9 亿元，吸收投资取得 9.8 亿元现金流入。公司在当期分配股利与偿付利息导致现金流出 14.8 亿元，最终筹资活动现金流量为净流入 23.1 亿元。

表 6-5　永辉超市 2018 年筹资活动现金流量　　　　　　　　单位：亿元

项目	2018 年	2017 年
筹资活动产生的现金流量：		
吸收投资收到的现金	9.8	5.6
取得借款收到的现金	37.9	2.4
收到其他与筹资活动有关的现金	7.6	—
筹资活动现金流入小计	55.3	8.0
偿还债务支付的现金	1.0	2.4
分配股利、利润或偿付利息支付的现金	14.8	11.6
支付其他与筹资活动有关的现金	16.4	0.4
筹资活动现金流出小计	32.2	14.3
筹资活动产生的现金流量净额	23.1	-6.3

资料来源：永辉超市 2018 年年报。

> **注意**
> 由于国内现金流量表目前将支付利息与分配股利的现金流量都计入筹资活动下的"分配股利、利润或偿付利息支付的现金"，因此财务报表使用者无法通过现金流量表直接得到企业支付利息与分配股利各自的现金流量，只能结合所有者权益变动表的股利分配信息计算调整得到。

美国会计准则与中国企业会计准则关于现金流量表的规定基本一致，只是对利息支出现金流量的分类规定有所不同：美国会计准则把利息支出作为经营活动现金流出，而中国企业会计准则把这部分支出作为筹资活动现金流出。分析比较中美企业现金流量表时需要注意这一点。

6.5　现金流量简易分析法

很多公司并不是每个月都编制现金流量表，在进行财务分析时可以使用现金流量简易分析法来了解公司现金流量的来源与使用情况,即利用资产负债表中各个项目期末与期初数据的变化,来分析判断现金流量的来源与用途。

实际分析时,比较资产负债表中各项目的期末金额与期初金额,金额增加的资产项目、金额减少的负债和所有者权益项目可以理解为企业在占用资金,意味着企业在这些项目上使用了现金流量;金额减少的资产项目、金额增加的负债和所有者权益项目可以理解为企业在筹集资金,意味着企业从这些项目中取得了现金流量。

企业在进行利润分配时,一般要按照《公司法》的规定提取盈余公积,有时也会利用资本公积或盈余公积转增股本,这些行为会导致所有者权益内部结构发生变化,但并不会对所有者权益总额产生影响。因此,在企业当期没有进行股权融资或股票回购的情况下,所有者权益变化对资金的影响可以作为一个整体进行考虑,其总额的变化可以简单理解为企业当期取得经营收益或发生经营损失的结果,从而引起现金流入与流出。当然,如果企业当期发生了股权融资或股票回购,则要单独进行考虑。

为了使现金流量简易分析法的经济意义更加清晰、容易理解,还应该对部分项目变化结果做出必要的调整。例如,预收款项或合同负债作为经营活动产生的流动负债,其余额增加通常是企业预先收到了款项,是企业现金流量的一个真实来源,而预收款项或合同负债的减少一般意味着企业交付了商品或提供了服务,此时减少的负债形成了当期营业收入,企业并不需要真正发生现金流出,不构成现金的真实使用,但会使得一部分当期营业收入及净利润缺少现金流量与之对应,进而导致当年增加的经营收益缺少一部分资金对应。因此,预收款项或合同负债的减少一般不应该作为企业的现金流出(除非是发生了实际退款),而是直接抵减所有者权益增加导致的现金流入,这种调整会使得现金流量简易分析法的经济含义更为清晰。

同样的道理,财务报表上在建工程与开发支出项目的减少通常是项目完工发生结转,形成了固定资产与无形资产,一般不会形成现金流入,因此这两类资产的减少应该结合固定资产、无形资产项目的变化合理分析判断。

小案例

永辉超市现金流量简易分析法

表 6-6 列出了永辉超市 2018 年资产负债表中各个项目年末金额、年初金额及两者的变化。其中，应收票据及应收账款年末金额为 20.9 亿元，比年初的 9.8 亿元增加了 11.1 亿元，意味着当年客户多占用公司资金 11.1 亿元，公司的资金要相应减少，该项目变化属于现金流量的使用；应付票据及应付账款年末金额为 97.2 亿元，比年初的 75.9 亿元增加了 21.3 亿元，意味着当年公司多占用供应商资金 21.3 亿元，公司的资金流出减少，该项目变化属于现金流量的来源；所有者权益总额减少 9.8 亿元，但如果别除库存股回购影响，则留存收益增加等因素导致所有者权益实际增加 6.5 亿元，该项目变化属于公司现金流量的来源。

表 6-6 永辉超市 2018 年现金流量简易分析表　　　　单位：亿元

	年末	年初	变化	性质
货币资金	47.3	46.1	1.2	使用
发放贷款和垫款（短期）	5.3	3.2	2.1	使用
交易性金融资产	31.6	18.7	12.9	使用
应收票据及应收账款	20.9	9.8	11.1	使用
预付款项	21.1	19.0	2.1	使用
其他应收款	8.3	8.3	0	—
存货	81.2	55.8	25.4	使用
其他流动资产	23.9	42.4	−18.5	来源
发放贷款和垫款	0.3	0.3	0	—
其他权益工具投资	6.6	6.6	0	—
长期股权投资	57.0	36.6	20.4	使用
投资性房地产	3.5	3.6	−0.1	来源
固定资产	45.1	36.8	8.3	使用
在建工程	2.9	4.2	−1.3	来源
无形资产	6.3	6.4	−0.1	来源
长期待摊费用	33.1	29.1	4.0	使用
递延所得税资产	2.0	1.7	0.3	使用
短期借款	36.9	—	36.9	来源
应付票据及应付账款	97.2	75.9	21.3	来源
预收款项	23.7	18.4	5.3	来源

（续表）

	年末	年初	变化	性质
应付职工薪酬	4.9	4.3	0.6	来源
应交税费	3.3	4.1	−0.8	使用
其他应付款	33.6	20.4	13.2	来源
预计负债	0.1	0.1	0	—
递延所得税负债	1.3	0.4	0.9	来源
递延收益	1.1	1.0	0.1	来源
所有者权益合计	194.3	204.1	−9.8	使用
库存股	−16.3	—	−16.3	使用

将表 6-6 整理调整后可以得到表 6-7 的结果，从中不难看出永辉超市 2018 年现金流量主要来自短期借款增加、应付票据及应付账款增加、其他流动资产减少及其他应付款增加，而现金流量的使用主要是存货增加、长期股权投资增加、库存股增加、交易性金融资产增加、应收票据及应收账款增加等消耗了大量现金。

表 6-7　永辉超市 2018 年现金流量来源与使用　　　　单位：亿元

现金流量来源	金额	现金流量使用	金额
短期借款增加	36.9	存货增加	25.4
应付票据及应付账款增加	21.3	长期股权投资增加	20.4
其他流动资产减少	18.5	库存股增加	16.3
其他应付款增加	13.2	交易性金融资产增加	12.9
留存收益增加	6.5	应收票据及应收账款增加	11.1
预收款项增加	5.3	固定资产增加	7.0
递延所得税负债增加	0.9	长期待摊费用增加	4.0
应付职工薪酬增加	0.6	发放贷款和垫款增加	2.1
其他[①]	0.4	预付款项增加	2.1
		货币资金增加	1.2
		应交税费减少	0.8
		递延所得税资产增加	0.3
合　计	103.6	合　计	103.6

注：①其他包括无形资产、递延收益等；固定资产增加剔除了在建工程的减少。

由于现金流量简易分析法仅仅使用资产、负债及所有者权益期末、期初两个时点的余额，计算得出的结果与企业实际现金流入和流出情况会有所不同，但仍然可以帮助分析者快速找出一段时间内企业现金流量的来源与使用情况，不失为一种简单易行的现金流量分析方法。

第 7 章

所有者权益变动表

所有者权益变动表全面反映某一期间企业所有者权益各组成部分的增减变化情况,为资产负债表中所有者权益各个项目期初、期末余额变化进一步提供增量信息。本章全面介绍所有者权益总额变化与内部结构变化的各种情况,然后重点描述股利分配政策与专项储备的提取和使用。

所有者权益变动表(statement of changes in equity)是全面反映某一期间企业所有者权益各组成部分增减变化情况的报表,是对资产负债表中所有者权益各个项目期初、期末余额变化的详细描述。与其他三张报表相比,所有者权益变动表的分析价值与意义相对有限,因此一般不是财务报表分析研究的重点。

7.1 所有者权益变动解析

所有者权益的变化可以分为总额变化与内部结构变化两大类。所有者权益总额的变化主要源于以下五种情况:一是投资者增加资本投入或减少资本投入,此时股本(或实收资本)与资本公积会相应发生增减变化;二是企业取得经营收益或发生经营亏损,此时未分配利润及盈余公积会相应发生增减变化;三是一些较为特殊的经济业务,例如某些金融资产的公允价值发生变化,产生了不计入当期损益的利得或损失,此时其他综合收益会相应发生增减变化;四是向所有者分配利润,此时未分配利润减少;五是企业发生股票回购,此时库存股增加,所有者权益减少。

对于绝大多数企业来说,第一种情况与第五种情况非常重要,但并不经常发生;第二种情况通常是所有者权益发生变化的主要原因;第三种情况产生的金额一般相对有限,对企业的影响不大;第四种情况通常是成熟型企业所有者权益减少的最常见原因。第二种情况与第三种情况结合起来,共同反映了企业当期综合收益的总体情况。

换个角度来看,所有者权益总额的变化大体上可以分为两类:一是企业与所有者之间增资、减资、股利分配及股票回购导致的所有者权益变化;二是企业当期形成的综合收益带来的影响。其中,企业当期综合收益的相关信息在利润表中有所反映,但企业与所有者之间增资、减资、股利分配及股票回购的相关信息在其他报表中披露得不够详细、具体,这部分内容属于所有者权益变动表的特有增量信息。

重要辨析

综合收益

综合收益是指在某个会计期间除企业与股东之间进行的权益性交易(包括增资、减资和向股东派发现金股利等)以外的全部所有者权益变动。企业当期形成的净利润,构成了综合收益的主要来源,其他特殊经济事项则构成了综合收益的其他来源,也被称为其他综合收益,主要包括外币报表折算差额、其他权益工具投资公允价值变动形成的未实现利得和损失、套期保值衍生金融工具的公允价值变动等。例如,如果某公司在国外有子公司或分支机构,这些会计主体在当地编制外币财务报表,在编制合并财务报表时则需要将这些外币财务报表折算成与母公司币种相同的财务报表。在折算外币资产负债表过程中产生的汇兑差异属于外币报表折算差额,计入其他综合收益。

由于传统会计收益——净利润——并未包含全部的利得与损失(仅包含计入当期损益的利得与损失),因此大大降低了会计信息的相关性。为了实现决策有用性的会计目标及克服传统会计收益报告模式的缺陷,2007年9月国际财务报告准则正式引入了综合收益的概念。综合收益旨在计量某一时期已确认(包括已实现和未实现的资产公允价值变动损益)的全部所有者权益变动(股东增减投资、股利分配及股票回购除外),比净利润更为全面地反映了企业当期的经济收益情况,是对传统会计收益的经济学改造,但由于自创商誉、人力资本及其他无形资产等仍然无法得到准确确认和计量,因此综合收益并不等同于真正意义上的经济收益。不过,与净利润相比,综合收益可以更为全面、完整地解释所有者权益变动的情况,能够有效地改善财务报表之间的勾稽关系。

所有者权益变动表(见表7-1)不仅能够反映所有者权益总额的增减变化及其原因,还能够反映所有者权益内部各项目增减变化的重要结构性信息,主要包括企业提取盈余公积、利用资本公积或盈余公积转增股本(或实收资本)、利用盈余公积弥补亏损、提取或使用专项储备及发放股票股利等,财务报表使用者通过

表 7-1 所有者权益变动表

项目	本年金额													上年金额													
	归属于母公司所有者权益											少数股东权益	所有者权益合计	归属于母公司所有者权益												少数股东权益	所有者权益合计
	股本	其他权益工具			资本公积	减:库存股	其他综合收益	专项储备	盈余公积	未分配利润				股本	其他权益工具			资本公积	减:库存股	其他综合收益	专项储备	盈余公积	未分配利润				
		优先股	永续债	其他											优先股	永续债	其他										
一、上年年末余额																											
加:会计政策变更																											
前期差错更正																											
其他																											
二、本年年初余额																											
三、本年增减变动金额(减少以"-"号填列)																											
(一)综合收益总额																											
(二)所有者投入和减少资本																											
1.所有者投入的普通股																											
2.其他权益工具持有者投入资本																											
3.股份支付计入所有者权益的金额																											
4.其他																											
(三)利润分配																											
1.提取盈余公积																											
2.对所有者(或股东)的分配																											
3.其他																											
(四)所有者权益内部结转																											
1.资本公积转增资本(或股本)																											
2.盈余公积转增资本(或股本)																											
3.盈余公积弥补亏损																											
4.设定受益计划变动额结转留存收益																											
5.其他综合收益结转留存收益																											
6.其他																											
(五)专项储备																											
1.本期提取																											
2.本期使用																											
四、本年年末余额																											

这部分信息能够全面了解所有者权益内部各个项目增减变化的情况。根据会计准则的规定,所有者权益变动表要同时提供当年与上一个会计年度两年数据的对比。因此,所有者权益变动表由"本年金额"和"上年金额"两部分组成。

会计政策变更、前期会计差错更正及某些兼并收购业务会导致所有者权益的上年年末余额与本年年初余额不一致。因此,如果存在上述情况,则所有者权益变动表首要先对这部分相关项目进行调整,将上年年末余额转换为本年年初余额,然后再描述当年所有者权益变化情况。

7.2 专项储备

常见的所有者权益项目在第4章资产负债表中已经介绍过,在此不再重复。国内个别行业的企业由于特殊情况,在所有者权益中会有一个特殊项目——专项储备。按照中国政策规定,石油、石化、煤炭等行业的企业,要提取高危行业安全生产费、维简费、转产发展资金、矿山环境恢复治理保证金等,计入相关产品的成本或当期费用,同时增加所有者权益中的"专项储备";使用储备资金时直接减少专项储备,不再影响使用期损益。因此,专项储备是所有者权益中唯一可以直接影响当期净利润结果的项目,意义重大。

> **注意**
>
> 与专项储备不同,所有者权益中的未分配利润及盈余公积是受当期净利润影响的项目,而不是影响当期净利润的项目。

截至2018年年底,国内上市公司中专项储备金额最大的前五家公司分别是中国神华、中国石油、中煤能源、潞安环能及兖州煤业,分别属于石油、石化、煤炭行业(见表7-2)。

表7-2 2018年国内上市公司中专项储备金额最大的前五家公司   单位:亿元

公司	2015年	2016年	2017年	2018年
中国神华	66	94	131	151
中国石油	116	132	134	138
中煤能源	14	12	23	36
潞安环能	25	22	25	33
兖州煤业	11	12	21	30

资料来源:Wind资讯。

尽管相关政府部门对专项储备的提取与使用制定了相应的政策,但现有政策对专项储备提取标准的规定较为明确,而对专项储备具体使用标准的规定则相对含糊。因此,是否使用专项储备及具体使用多少专项储备为个别企业调节和操纵利润提供了一个新的渠道。例如,企业可以在需要控制利润的会计年度减少使用专项储备,尽可能地把相关开支计入当期费用,压低利润;而在需要提升利润的会计年度通过增加使用专项储备,减少当期费用,提升账面利润。

表 7-3 列出了煤炭生产企业潞安环能 2010—2012 年的专项储备情况。从表中可以看出,该公司的原煤产量在 2011 年达到 3423 万吨,当年提取的专项储备也最多,达到 23.6 亿元。总体来看,由于公司三年间原煤产量变化不大,专项储备提取的金额比较接近,分别为 22.7 亿元、23.6 亿元和 23.3 亿元,各年之间差异并不显著。但从公司专项储备的使用情况来看,呈现出逐年上升的态势,尤其在 2012 年,专项储备减少了 26.2 亿元,超过了当年提取的专项储备金额,导致当年专项储备净减少 2.9 亿元,相应地控制了当年的相关费用,提升了账面利润。

表 7-3　潞安环能 2010—2012 年专项储备情况

项目	2010 年	2011 年	2012 年
原煤产量(万吨)	3 322	3 423	3 334
本年增加专项储备(万元)	226 813	236 310	232 963
本年减少专项储备(万元)	168 473	205 831	261 549
专项储备净变化(万元)	58 340	30 479	−28 586
归属于母公司股东的净利润(万元)	343 673	383 593	256 652

资料来源:潞安环能 2010—2012 年年报。

> **注意**
>
> 潞安环能 2012 年专项储备净减少 2.9 亿元,而 2010 年专项储备净增加 5.8 亿元。两者相比,专项储备的增减变动对两个会计年度利润总额的影响达到 8.7 亿元之多。

在中国较为特殊的国情下,一些政府部门出于多方面的考虑,有时会调整财政与税收管理政策——其中也包括专项储备的提取与使用政策,从而给企业利润带来较大影响。学术界相关研究表明,一些地方政府甚至通过财政补贴、税费减免等形式帮助地方上市公司操控盈余。

小案例

地方政府调整经济政策提升企业经营业绩

2013年山西省政府为促进省内煤炭经济健康发展,应对煤炭市场需求不振、企业效益下滑等困难局面,要求煤炭企业从2013年8月1日起暂停提取矿山环境恢复治理保证金和煤矿转产发展资金,并延续至2017年7月31日。

此前,山西省煤炭企业按每吨原煤10元的标准提取矿山环境恢复治理保证金,按每吨原煤5元的标准提取煤矿转产发展资金。由于相关政策的调整,山西地区每吨原煤的生产成本降低了15元,在一定程度上提升了煤炭企业的经营业绩。

根据Wind资讯的统计结果,2016—2018年国内上市公司收到的财政补贴分别为1 774亿元、2 014亿元和2 319亿元,呈逐年上升趋势。政府补贴总额庞大,名目繁多,包括科技奖励、扶持三农、环保搬迁补偿、营改增返还款、土地返还款、财政贴息、科研补贴等。除个别企业将收到的政府补贴计入资本公积以外,其他企业将收到的政府补贴均计入了其他收益或营业外收入,增加了当期净利润。

据Wind资讯统计,洛阳玻璃、大连重工等近70家上市公司2016—2018年连续三个会计年度扣除财政补贴后利润总额为负,正是凭借政府补贴,这些公司才实现扭亏为盈,避免了被强制退市。因此,取得政府补贴是某些企业避免亏损、保住上市公司壳资源的重要工具。

企业作为市场经济中的主体,应该通过正常的经营活动创造价值,取得收益。高额的政府补贴反映出政府与企业的边界不清晰及政府职能的错位。政府部门对企业具有较强的影响和干预作用,不利于企业之间的公平竞争,同时补贴规则不明确、申领渠道不公开,导致补贴过程中存在巨大的寻租空间,可能引发腐败问题。因此,应该尽快完善市场价格机制,维护公平竞争的市场环境,取消政府部门对企业发放补贴的相关政策,促进企业之间的公平竞争。

7.3 股利分配政策与理论

股利分配是所有者权益变动表反映的一项重要增量信息,是其他三张财务报表并未单独披露的信息。根据《公司法》的规定,公司股东有权决定是否发放股利、按照什么标准发放股利及何时发放股利等事项,公司针对这些事项采取的方针和策略被统称为股利分配政策。股利分配政策重点关注如何对经营收益进行合理分配:将收益留存在企业内部用于再投资,还是发放给股东。由于股利分配政策的调整常常影响股东对未来现金股利的预期,进而影响股票价格走势,公司的市场价值也会随之发生改变,因此关于股利分配政策与公司价值之间变化关系的理论也被称为股利分配理论。

股利分配政策被认为是现代财务管理中的一项重要内容,与融资决策、投资决策并称为现代公司理财活动的三大核心内容。虽然从理论上讲,股利分配方案最终应该由全体股东共同参与决定,但对于股权过于集中的公司,股利分配方案一般由大股东决定,小股东只能被动接受;对于股权过于分散的公司,管理团队与董事会对股利分配具有很大的话语权和掌控力。

> **注意**
> 股利分配政策通常指的是现金股利分配政策,一般不包括股票股利和实物股利。

尽管西方财务学界从不同角度对股利分配政策进行了理论研究与实证分析,并先后提出了多种股利分配理论,但这些理论对现实股利分配政策的解释能力相对有限,以至于美国经济学家费希尔·布莱克认为"我们越是认真地研究股利分配政策,就越觉得它像个谜"。因此,如何制定科学合理的股利分配政策,是现代公司财务管理领域尚待解决的难题之一。

传统的股利分配理论包括在手之鸟理论、股利无关理论和税差理论等。在手之鸟理论源于西方谚语"双鸟在林不如一鸟在手",该理论认为,投资者是风险厌恶型的群体,倾向于在当期取得现金股利,而不是等到未来再取得收益,即投资者更加偏爱当期的现金股利。当公司提高股利支付率时,降低了股东未来收益的不确定性，公司股票价格会随之上升。股利无关理论认为，在一个无税收的完美市场上，公司的股票价格或市值只受投资决策影响，股利分配政策与公司的股票价格是不相关的，即股利分配政策的调整并不会影响公司的市值。税差理论认为，在现金股利所得税高于资本利得所得税的情况下，为了实现税后收益最大化，投资者希望公司减少现金股利支付或干脆不支付现金股利，而是通过卖出股票获得资本利得的方式取得更多的税后投资收益。

传统股利分配理论的问题在于，严格的假设条件在现实世界中基本无法得到满足，例如现实世界中并不存在无税收的完美市场，因此股利无关理论讨论的情况并不具有现实意义。至于税差理论，在中国目前的税收体系下，个人投资者收到短期投资发放的现金股利确实需要缴纳个人所得税，而取得资本利得并不需要缴纳个人所得税，但个人投资者并没有因此而偏爱那些不发放现金股利的公司。相反，在国内 A 股市场上，佛山照明、贵州茅台、格力电器、长江电力等稳定发放现金股利的公司却长期受到投资者的青睐和追捧，其股票价格走势常常强于同行业其他企业。如果仅仅使用投资者属于风险厌恶型这一说法来解释前面的现象，则恐怕也不够全面——一方面，一些长年不发放现金股利的企业并没有因此而被投资者抛弃，仍然存在市场交易，有的甚至交易还很活跃；另一方面，中国股票市场的波动性较大，风险相对较高，如果投资者真的属于风险厌恶型，则应该干脆选择拒绝投资股票。

进入 20 世纪 70 年代，信息经济学的兴起对股利分配理论产生了深远影响，并形成了现代股利分配政策的两大主流理论——信号传递理论和代理成本理论。信号传递理论认为，公司内部的管理者与外部投资者之间存在严重的信息不对称，管理者具有信息优势，可以通过发放现金股利向外界传递其掌握的内部信息，多发放现金股利通常意味着公司发展前景良好，股价会相应得到提升。代理成本理论认为，管理者作为股东的代理人，会尽力追求个人效用最大化，而不是股东利益最大化，正是由于代理成本的存在，企业的管理者倾向于将盈余资金留在企业，减少发放现金股利或干脆不发放现金股利，以便增大管理者自身的影响力与管理权限。

信号传递理论的问题在于，如果管理者知道这一理论，则会通过实施不同的股利分配政策来影响投资者的预期，从而股利分配政策将无法真实地反映公司的发展前景，成为管理者影响投资者预期的工具。一旦如此，投资者就会对股利多少与公司未来前景的相关性产生怀疑。

与其他理论相比,代理成本理论对上市公司分配股利行为具有一定的解释能力,国内多数上市公司也存在较为严重的代理问题,只是实际情况比理论描述和国外企业更为复杂。很多国内上市公司具有特殊的股权结构,存在具有绝对控制力的大股东,这些大股东除了控股上市公司,往往还拥有未上市企业或其他经济利益。由于大股东的经济利益并不只集中于上市公司,因此通常不以上市公司价值最大化为经营目标,而是将上市公司作为筹集资金的通道和获取利益的工具。在公司治理不完善的情况下,大股东可以轻易地以牺牲上市公司和其他股东利益为代价攫取私利,因而在国外企业公司治理中处于核心地位的股东与管理层之间的代理问题在这部分企业中让位于控股大股东与中小股东之间的利益冲突和矛盾。大股东从自身利益出发,常常直接占用上市公司资金,或安排资产转让、收购重组等关联交易将上市公司资金转移出去,侵占中小股东利益,这必然会对股利分配政策产生重要影响。

与国外企业不同,我国上市公司多数是国有控股企业,控股股东是国有企业,这些国有企业又进一步划分为中央国有企业与地方国有企业,其真正的最终所有者是全国人民或各省市人民。"人民"是个群体概念,从理论上讲,你、我、他算人民中的一员,都是国有企业的所有者,但实际上我们都不持有国有企业的股份,无法行使股东权力。因此,国有企业的管理人员在真实股东缺位的情况下,往往控制着企业,成为掌控企业的"内部人"。这些"内部人"在委托人难以追究责任的情况下,不可避免地要减少本企业及控股的下属企业(包括控股的上市公司)的股利分配,增加掌控的资源,从而产生严重的代理问题。

> 💡 **注意**
> 中央和地方的国资委并不是国有企业的真正股东,只是代为行使出资人职责,其实质是一类特殊的企业代理人。

国有企业问题的复杂之处在于,像你、我、他一样的个体所有者在明知道代理成本很高的情况下,也没办法通过更换管理人员或出售所有权等手段降低所承担的代理成本。由于国有企业的最终所有者对企业几乎不具有任何"行为能力",国有控股上市公司的代理成本与很多私人企业相比要高出很多,分配的股利也相应地少很多。

在如此复杂的背景之下,国内上市公司的股利分配状况可谓五花八门、千奇百怪。总体上讲,分配现金股利的公司不算多,持续慷慨分红的公司更少。截至目前,贵州茅台2018年14.539元/股的现金股利是A股上市公司每股现金股利的最高纪录,但公司当年每股收益高达28.02元/股,分红率不到52%,且2018年年末账面上存放着1 121亿元的货币资金,公司完全有条件、有能力、有义务进行更大规模的分红。

正因为如此,中国证监会对上市公司现金分红做出了若干规定,并将现金分红与股权再融资资格挂钩,鼓励企业多分配现金股利。有学术研究表明,部分国内上市公司分配现金股利的目的仅仅在于满足证监会再融资资格的硬性规定。此外,也有一些集团控股股东坚持让上市公司进行大规模现金分红,目的是通过回收现金股利补贴未上市业务,帮助控股股东分担非经营性资产、冗员开支等政策性负担。所有者权益变动表中的利润分配栏目清楚地反映了公司的现金股利分配状况,财务报表使用者可以据此了解大股东的战略意图及公司的内部代理成本情况。表7-4为我国2016—2018年现金分红A股上市公司数量与占比情况。

表7-4 2016—2018年现金分红A股上市公司数量与占比

项目	2016年	2017年	2018年
年初上市公司数量	2 792	3 019	3 457
现金分红上市公司数量	2 053	2 279	2 343
现金分红上市公司占比	73.5%	75.5%	67.8%

资料来源:根据Wind资讯整理所得。

第 8 章

财务报表勾稽关系与报表附注

资产负债表、利润表、现金流量表及所有者权益变动表之间具有一定的内在逻辑联系与数量对应关系。本章详细描述财务报表之间的勾稽关系,并介绍报表附注披露的信息内容,以帮助财务报表使用者在大量附注信息中快速抓住具有分析价值的核心内容。

资产负债表、利润表、现金流量表及所有者权益变动表四张财务报表之间并不是彼此孤立的,而是具有一定的内在逻辑联系与数量对应关系,全面掌握财务报表之间的相互联系对于简单地验证财务报表编制的可靠性及深入透彻地理解财务报表信息具有重要意义。此外,财务报表中各个项目的数据是经过高度抽象概括之后的结果。仅靠阅读四张财务报表本身所得到的有用信息相当有限,若想全面理解财务报表数字中蕴含的大量背景信息,还需要认真阅读分析财务报表附注。

8.1 财务报表勾稽关系

资产负债表、利润表、现金流量表及所有者权益变动表都是基于企业实际发生的经济业务,从不同角度形成的财务报表。财务报表之间的逻辑联系与数量对应关系被称为财务报表勾稽关系(articulation)。

为了便于分析比较,资产负债表一般同时描述企业期初、期末两个时点的财务状况,包括资产、负债和所有者权益的各个具体项目。由于企业在两个时点之间发生了一系列经济业务,报表中受到经济业务影响项目的数据结果会发生改变。各个项目期初金额经过一系列变化累积之后,便形成了期末金额。因此,财务报表使用者通过分析研究资产负债表中各个项目期初、期末金额的变化,可以大致推断出企业在过去一段时间所发生的经济业务。例如,如果企业短期借款项目期末金额比期初金额下降了,则说明该企业当期总体上偿还了短期借款——当期实际上也可能会新增部分短期借款,但总体上偿还短期借款的金额大于新增短期借款的金额。

一般情况下,股东对所有者权益的变化较为敏感。所有者权益变动表重点描述了所有者权益内部各个项目在期初、期末两个时点之间发生的变化,并详细解释了变化的原因。所有者权益的变化主要来自所有者注入资本或减少资本、利润分配、生产经营所得(损失)及其他业务,其中生产经营所得(损失)是所有者权益变化的常规驱动因素,也是所有者最为关注的财务信息之一,这部分信息单独以利润表的形式进一步详细反映。

利润表是对所有者权益变动表中净利润及综合收益形成过程的详细描述。利润表清晰地描述了当期收入、费用及计入损益的利得与损失情况,详细地反映出这些要素对净利润的影响。同时,净利润也是连接期初未分配利润及盈余公积与期末未分配利润及盈余公积的重要桥梁和纽带,在实际编制财务报表时,只有首先计算出净利润,编制了利润表,才能编制所有者权益变动表及资产负债表。

> **注意**
>
> 编制财务报表时,要先从利润表开始,然后再编制所有者权益变动表和资产负债表。

债权人对资产负债表中的资金与债务变化更为关注,资金变化的相关信息在现金流量表中得到集中反映。现金流量表从经营活动、投资活动及筹资活动三个方面详细描述了企业资金流入与流出情况,并考虑了汇率变动对现金及现金等价物的影响,对货币资金如何由期初余额转变为期末余额进行了解释说明。

四张财务报表反映的内容各有侧重(见图8-1)。资产负债表反映企业期初、期

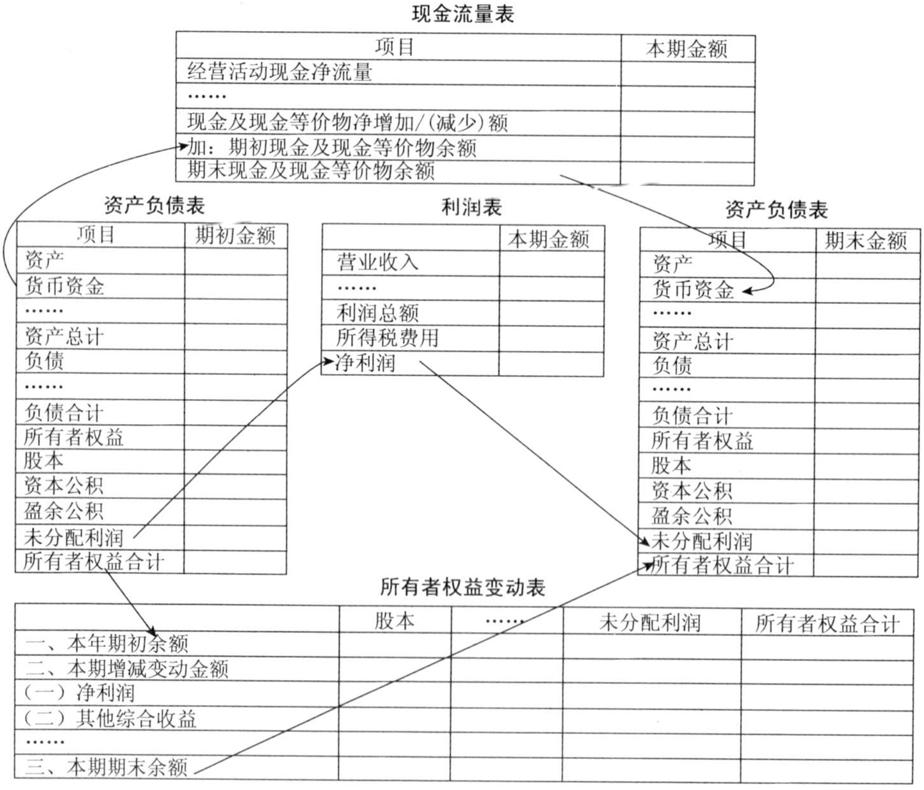

图8-1 财务报表之间的勾稽关系

末两个时点的财务状况;现金流量表是对货币资金及现金等价物期间变化情况的局部放大特写;所有者权益变动表是对所有者权益期间变化情况的局部放大特写;利润表是对资产负债表中未分配利润与盈余公积期间变化及所有者权益变动表中净利润的局部放大特写。只有全面、深入地分析四张财务报表,才能深刻认识企业的现状,科学评价其经营业绩,合理预测其未来发展趋势。

8.2 财务报表附注

财务报表附注是财务报表的有机组成部分,是对报表列示项目提供的文字描述和具体说明,以及对未能在报表中列示项目的详细解释等,通常包括重要会计政策与估计、会计政策与估计的变更、会计差错更正的说明及重要报表列示项目的详细解释等。这些说明和解释有助于向财务报表使用者提供更为详尽的辅助信息,帮助其做出更加科学、合理的决策。

> **注意**
> 披露财务报表附注旨在对财务报表进行解释与补充,向财务报表使用者提供更加全面、详细的企业信息。

财务报表附注在篇幅上往往构成了财务报告的主要部分,例如在上海证券交易所上市的同仁堂公司2018年的财务报告共有172页,其中有101页是财务报表附注内容;在深圳证券交易所上市的万科公司2018年的财务报告共有327页,其中有172页是财务报表附注内容;在香港证券交易所上市的腾讯公司2018年的财务报告共有274页,其中有130页是财务报表附注内容;在美国纽约证券交易所上市的可口可乐公司2018年的财务报告共有184页,其中有71页是财务报表附注内容。面对内容如此繁多的财务报表附注,分析人员需要抓住重点,分清主次。

按照企业会计准则及证券监管机构的规定,上市公司财务报表附注中主要包括公司基本情况,财务报表的编制基础,遵循企业会计准则的声明,主要会计政策、会计估计和前期差错,企业合并、合并财务报表项目附注,股份支付,对外担保,关联方及关联交易,或有事项,重大承诺,资产负债表日后事项,其他重要事项,母公司财务报表主要项目附注及补充资料等内容。

虽然财务报表附注内容较多,但大体上可以分为三类:一是对报表项目的详细说明,二是披露可能影响报表项目的事项,三是披露可能影响公司风险的事项。报表项目的详细说明主要集中在合并财务报表项目附注与母公司财务报表主要项目附注两部分,内容相对独立完整。不过,证券监管机构只是要求企业对报表项目进行详细说明,但具体如何说明则由企业自行决定。不同的企业在财务报表项目附注中披露信息的详略程度差别较大,在一定程度上体现了企业会计信息的披露质量。

合并财务报表项目附注部分会对变化较大的报表项目进行具体说明,解释变化原因。同时,资产负债表中往来款项(包括应收票据及应收账款、其他应收款、应付账款、其他应付款、预收款项、预付款项等)、存货、长期股权投资、固定资产、无形资产、商誉、长期待摊费用、长(短)期借款、应付(短期)债券及未分配利润等项目的详细说明可以帮助分析者进一步全面掌握企业的财务状况,利润表中各个具体项目的详细说明可以较好地描述净利润的形成过程与收益质量。个别企业还会在合并财务报表项目附注部分披露主要客户与供应商的相关信息,有助于分析者核对财务报表信息的真实性,判断企业与客户、供应商的议价能力。

可能影响报表项目的事项包括主要会计政策、会计估计和前期差错,企业合并及合并财务报表,关联方及关联交易等。这部分内容告诉财务报表使用者如果某些事项不发生,则财务报表中的数字可能会是另一种模样。其中,主要会计政策、会计估计和前期差错部分中的很多文字内容属于企业会计准则的规定,通常不需要花费大量时间与精力阅读,但要重点关注企业选定的存货计价方法、固定资产折旧方法与折旧年限及坏账准备计提方法与标准等,分析、研究这些方法与行业内其他企业是否保持一致,尤其要注意主要会计政策、会计估计的变更,这部分内容通常会对当期利润与期末资产账面价值产生较大影响。企业合并及合并财务报表部分披露的本期新纳入合并范围的主体和本期不再纳入合并范围的主体常常可以有效地解释财务报表数据的部分变化。关联方及关联交易部分的内容有助于财务报表使用者了解关联交易对企业的影响,由此可以在一定程度上判断出企业的盈利质量。

可能影响企业风险的事项主要包括或有事项、重大承诺、对外担保、资产负债表日后事项等。这部分内容告诉财务报表使用者,一旦某些事项发生了,企业将要面临的后果和需要负担的损失。财务报表附注中披露的或有事项包括未决诉讼与仲裁、为其他单位提供债务担保等事项形成的潜在负担等,这类或有事项在会计准则中被称为或有负债。或有负债一般不会在资产负债表中充分反映,但常常给企业带来巨大的风险隐患,导致很多生产经营上没有严重问题的企业在短期内迅速衰落,乃至灭亡,财务报表使用者必须给予高度关注。

 小案例

工程机械企业的或有负债

工程机械产品由于单价较高,部分客户需要融通资金,通过办理银行按揭贷款完成采购。作为工程机械行业的两家龙头企业,中联重科与三一重工为了促进产品销售,在销售过程中对客户向银行的借款提供了担保或负有回购借款的义务,如果客户未能按期还款,则公司将向银行还款或回购剩余按揭贷款。截至 2013 年 12 月 31 日,中联重科负有担保或回购责任的客户借款余额为 150.4 亿元,三一重工为 189.7 亿元。

同时,两家公司也对客户采用融资租赁形式购买或使用工程机械产品提供了担保。如果客户违约,则公司将有义务赔付客户所欠租赁款。截至 2013 年 12 月 31 日,中联重科承担的担保为 25.7 亿元,三一重工为 92.7 亿元。

中联重科与三一重工 2013 年全年的净利润分别只有 40 亿元和 31 亿元,而担保金额大约在 200 亿元,巨大的担保义务像一把达摩克利斯之剑,给两家公司未来的发展前景增加了较大的不确定性。

重大承诺是指企业约定的资本性支出与采购支出,不可撤销的房屋、设备经营租赁支出,以及收购其他企业股权支出等。这些未来的硬性支出对企业的资金形成了一定的压力。对外担保属于企业风险隐患,当被担保方无法正常履约时,担保方需要承担相应的付款履约义务。例如,海航控股 2018 年财务报告披露,截至 2018 年 12 月 31 日,公司已签订的不可撤销的经营性租赁合同未来应付租金至少为 963 亿元,对外提供财务担保余额为 139 亿元。这些付款承诺与财务担保给海航控股带来了巨大的资金压力。

> **注意**
>
> 国内一些上市公司为了避免在年报中披露担保和承诺事项，常常由控股股东对外担保或做出承诺。

资产负债表日后事项是指资产负债表日(国内一般是12月31日)与财务报告批准报出日之间发生的需要调整或说明的交易或事项。资产负债表日后事项通常对财务报表使用者具有重大影响，具体又分为资产负债表日后调整事项和资产负债表日后非调整事项两类。

资产负债表日后调整事项主要包括销售退回、此前的诉讼案件结案、取得确凿证据表明资产在资产负债表日发生减值或需要调整减值准备等。这些事项影响未报出财务报表的实际结果，需要调整财务报表数据。

资产负债表日后非调整事项主要包括利润分配情况说明，资产负债表日之后发生重大诉讼、仲裁、承诺，资产的市场价格、税收政策、外汇汇率等外部环境发生重大变化，发行股票或债券及其他大额负债，因自然灾害导致资产发生重大损失等。这些事项虽然对财务报表使用者了解和把握企业现状非常重要，但并不影响上年度财务报表，因此不需要调整财务报表结果，只需要在财务报表附注中对外披露即可。

 小案例

华能国际资产负债表日后事项

华能国际电力股份有限公司(以下简称"华能国际")2018年度财务报告中的财务报表附注部分披露了三项资产负债表日后事项。一是利润分配情况：经公司董事会审议批准，公司拟分配现金股利1 569 809 336元。二是对外担保情况：2018年9月28日，华能集团与中国工商银行签署了保证合同，为香港能源之子公司如意巴基斯坦能源提供1亿美元流动资金贷款担保(于2018年12月31日提款金额为0.9亿美元)。2019年1月30日，公司临时股东大会审议并批准由山东发电承接华能集团在保证合同下的义务。山东发电于2019年3月6日向中国工商银行签署确认函，确认正式承接华能集团在保证合同下的义务。三是债券发行情况：公司于2019年3月完成了2019年度第一期超短期融资券的发行。本期债券发行额为20亿元人民币,期限为90天,单位面值为100元人民币,发行利率为2.40%。

此外,财务报表最终反映的信息都需要能够以货币计量,并且只能选择一种货币作为记账本位币,这会导致财务报表本身无法反映企业持有的外币资产与外币负债情况,以及由此承担的汇率风险,这部分信息可以从合并财务报表项目附注中取得。

小案例

中国国航的外币资产与负债

中国国航2018年财务报表附注显示,截至2018年年底,公司以外币形式持有的货币资金、应收账款、其他应收款分别为29.46亿元、5.79亿元、17.07亿元,分别占货币资金、应收账款、其他应收款项目账面价值的37.7%、10.8%和56.3%。但公司以外币形式存在的短期借款、应付账款、其他应付款、长期借款、应付融资租赁款等债务分别为25.74亿元、37.05亿元、1.11亿元、18.62亿元和258.74亿元,分别占短期借款、应付账款、其他应付款、长期借款、应付融资租赁款项目账面价值的14.7%、22.9%、1.6%、58.5%和56.4%,并且这些外币负债主要是美元债务(将近313亿元人民币)。对比中国国航外币资产与负债的规模可以发现,外币资产对公司的影响较为有限,而外币负债的影响较为显著,两者相抵后,公司外币净负债大约为290亿元,其中美元净债务264亿元。如此巨大的汇率风险敞口,是国内其他行业的很多企业难以想象的。

对于财务报表附注中的公司基本情况、财务报表的编制基础、遵循企业会计准则的声明、股份支付、母公司财务报表主要项目注释等内容,财务报表分析者一般不需要给予太多关注。

尽管四张主要的财务报表及财务报表附注构成了一个较为完善的财务会计信息报告体系,但与财经新闻、分析师的研究报告等其他渠道提供的信息相比,财务会计信息仍然存在一定的局限性：

(1) 及时性不够。财务报表仅仅反映过去的财务会计信息，对于当前发生的将会影响企业未来发展的重要事件无法及时反映，因此财务报表反映的经济结果存在一定的时滞。同时，财务报表对外披露的频率和时间也难以做到财务会计信息的实时更新，目前国内外很多证券交易所都要求上市公司按季度对外披露财务报告，各季度之间一般无法取得企业的财务会计信息。

(2) 相关性不足。由于现有财务会计以企业持续经营为前提假设，大部分资产的计价普遍遵循历史成本原则，并不反映资产当前的公允价值或重置价值，自创商誉、知名品牌等资产在财务报表中也无法得到反映，但这些信息对于投资者的决策具有重要价值，因此财务报表提供的财务会计信息相关性较为有限。

(3) 前瞻性欠缺。尽管财务报表使用者关心企业过去取得的经营业绩，也关心企业目前的财务状况，但他们更关心企业未来的发展前景。财务报表中包含的关于企业未来发展前景方面的信息很少，也没有披露宏观经济和行业形势对企业未来发展的影响，反映的财务会计信息主要是企业过去交易或事项的结果，不具有前瞻性。

第 9 章

财务报表分析工具

在进行财务报表分析时,存在一些较为常用的分析工具与研究方法。通常,在具体接触企业的财务数据之前,首先要对企业进行宏观环境分析、行业状况分析、战略选择分析,并进行公司治理分析与会计分析,之后再对企业自身的财务数据进行历史趋势分析,同时将企业的财务数据与竞争对手及行业平均水平进行对比分析。除对重要的报表项目逐项分析之外,可以对资产负债表与利润表的主要项目进行同型分析,也可以结合相关理论对企业的现金流量进行深入研究,还可以计算常用的关键财务比率,分析企业盈利能力与偿债能力。

要想取得对财务报表的深入理解与精准把握,仅仅研究报表项目是不够的,还需要借助一些常用的分析工具与研究方法,进行必要的财务报表分析。财务报表分析以财务报表及其他资料为依据,系统地分析、评价企业过去的经营成果、现金流量及当前的财务状况,其目的在于把握企业的历史发展轨迹,评价当前经营与财务现状,预测未来发展方向与趋势。

在真正分析企业的财务报表之前,一般需要进行企业的战略分析(包括宏观环境分析、行业状况分析及战略选择分析)、公司治理分析及会计分析(包括盈余管理动机判断、会计策略研究、会计政策评估及非常规交易的必要性分析),对企业经营运作及会计实务操作的背景情况做好全面调查。只有对企业的宏观环境、产业状况、竞争战略等方面做到深入研究与透彻分析,对企业的盈余管理情况、会计政策选择与信息披露质量做出客观评价之后,才能实现对财务报表数据的精准把握,合理判断出财务报表结果中哪些是外部环境造成的影响,哪些是管理人员实施盈余管理形成的干扰,哪些是企业自身生产经营成果的真实写照。

9.1 战略分析

战略分析可以帮助分析者定性了解企业的经营环境,识别企业经营发展的关键成功因素(critical success factors)与主要风险(key risks),对企业过去的经营业绩做出客观评价,对企业当前所处的发展阶段做出理性判断,对企业未来的发展前景做出合理预测。

战略分析起始于企业外部环境分析。企业的运营必然处于一定的商业环境之中,外界环境的改变不可避免地将对企业的战略定位、发展方向产生影响。在分析财务报表之前,对企业外部的宏观环境、产业状况及企业自身的竞争战略选择进行调查研究是一个必要的前提。

9.1.1 宏观环境分析

宏观环境分析中常用的方法是 PEST 分析,即对外部环境的政治因素(political factors)、经济因素(economical factors)、社会因素(social factors)及技术因素

(technological factors)等关键因素进行分析。有些时候,宏观环境分析中会在PEST分析的基础上额外重点强调环境因素(environmental factors)与法律因素(legal factors),形成PESTEL分析框架。

政治因素包括一个国家的社会制度,执政党的理念与政纲,政府的目标、政策及政府对经济和企业的影响能力等。在PEST分析框架下,法律制度,尤其是税法、公司法等与企业实际经营管理密切相关的法律制度的制定与修改情况,也被划归为政治因素。通常情况下,不同国家的社会制度有所不同,不同的社会制度对经济的调控与影响、对企业的约束与限制存在一定的差异。即使对于同一个国家而言,在不同的历史时期,由于社会制度的变迁、执政党或政治领袖的更替,政府的政策也会进行调整,对企业的商业活动能够产生较大影响。与其他因素相比,政治因素对企业经营的影响通常更为深远、巨大。与政治相关的风险因素主要体现在政局的稳定性、政府的廉洁度、司法的公正性与有效性,以及国家重大政策制定的透明度等方面。从全球来看,发达国家的政治因素相对较好,经济落后的发展中国家往往容易出现政局动荡、官员腐败、司法不公、社会矛盾激化等问题。

经济因素包括一个国家的经济制度、经济结构、产业布局,宏观经济增长,通货膨胀水平,就业状况,物价走势,居民财富状况,货币政策与利率汇率水平及金融市场发展程度等。其中,宏观经济增长决定了企业发展的商业大环境,通货膨胀水平一般会影响企业的销售收入与采购成本,就业状况在很大程度上会影响企业的劳动力供给与实际工资水平,货币政策与企业融资活动息息相关,跨国经营的企业容易受到汇率波动影响。与政治因素相比,经济因素与企业财务数据之间的联系更为紧密,其影响也更为直接。我国目前实行的是有中国特色的社会主义市场经济体制,与欧美很多国家实行的资本主义市场经济体制存在较大差别。在一些特定的行业和领域,仍然存在政府管制,并未形成规范的、开放的市场经济。

社会因素是指社会成员的人口特征(包括人口规模、年龄结构、财富分布状况)、民族特征、价值观念、文化传统、风俗习惯及宗教信仰等因素。其中,人口规模往往决定了一个国家或地区消费市场的容量——中国与印度凭借巨大的人口规模优势成为很多跨国公司今后一段时间最重要的目标市场;年龄结构对劳动力供给及消费结构一般具有根本性的决定作用——日本老龄化社会的影响已经充分显现,未来中国也必将面临人口老龄化的严峻挑战;财富分布状况将在很大程度上影响区域内的有效需求,如果财富分布严重不均还会引发社会矛盾——印度尼西亚最近几十年内的社会暴乱与严重的贫富分化不无关系;此外,人们的宗教信仰、价值观念和文化传统也对工作态度、职业选择及消费行为具有深层次影响。

技术因素不仅包括那些推动人类社会发生革命性变化的科学技术发明、对原有产业形成致命打击的颠覆性技术(disruptive technologies),还包括与企业生产直接相关的新技术、新工艺、新材料的创新与推广。人类发展历史表明,宏观经济的高速增长与科学技术的创新发展如影随形。工业革命、电力技术革命及信息技术创新都曾经为人类社会经济发展注入过强大的动力,推动英国、德国、美国等相关国家的企业创造了巨大的财富,实现了经济的快速增长。从微观角度来看,生产技术的创新与改进也是企业不断创新发展的动力源泉。

9.1.2　行业状况分析

除了要对企业所处的宏观环境进行分析,还要分析企业所在行业的发展状况。行业状况分析可以从市场化程度、市场竞争特征、产品需求特征、生产技术特征等几个方面考虑,还可以对行业进行生命周期分析。美国哈佛大学的迈克尔·波特教授曾提出行业盈利能力分析的"五力模型",即一个行业的盈利能力由现有企业间的竞争、新进入企业的威胁、替代产品的威胁、客户的议价能力及供应商的议价能力五种力量决定,因此也可以从这五个方面进行产业状况分析。

小案例

国内航空运输产业分析

航空运输产业与宏观经济联系紧密,受宏观经济景气程度的影响较大。截至2018年年底,我国共有航空公司60家,中航集团、南航集团、东航集团及海航集团在运输总周转量中所占比重超过85%,成为市场竞争的主要参与者。在国内航线方面,航空公司之间同质化竞争严重,各家公司之间航运服务差异不大,主要通过"价格战"的形式抢夺客户资源,进行激烈的市场竞争,同时高速铁路的快速发展对航运服务形成了有力的替代,对航空旅客产生了巨大的分流作用,特别是航行里程在 800 公里以内的航线受到高铁的严重冲击。在国际航线方面,国内航空公司除航线优势之外,在服务质量、运营效率等方面较国外同行均存在一定差距,难以展开正面竞争。

从供应商的角度分析,全球大型民用飞机制造商目前只有波音、空客两家公司,因此航空公司在采购飞机时议价能力相当有限。国际原油市场通常决定航空燃油成本——航空燃油成本是航空公司日常运营中最重要的成本开支,占营业成本的比例介于 25%—40%,航空公司通常只能被动地接受航油价格波动,一般不具有议价能力。虽然一些航空公司可以通过购买与航油相关的商品期货或期权等金融衍生工具提前锁定航油成本,降低航油价格波动风险,但购买金融衍生工具的交易本身只是消除了价格不确定性,无法保证提前锁定的价格一定低于未来航油的实际价格。当提前锁定的价格高于未来航油的实际价格时,航空公司需要承担相应的亏损。2008 年在国际油价大幅波动的情况下,东方航空原油衍生工具亏损 63 亿元,中国国航航油衍生合同亏损 72 亿元。

由于市场竞争激烈,各家航空公司航运服务的差异并不显著,非公务旅客对机票价格较为敏感。如果同一条航线上存在多家航空公司竞争,则单个航空公司对客户的议价能力相对有限。公务旅客对机票价格一般并不十分敏感,但如果宏观经济走弱、企业经营业绩下滑,则费用预算额度将被削减,很多企业通常会首先选择减少差旅费开支,航运服务的需求会因此大幅下降。

目前国内航空公司的利润中有很大比例来源于政府补助。例如,2018 年中国国航、南方航空、东方航空及海航控股四家上市公司的政府补助金额分别为 31.3 亿元、44.5 亿元、54.3 亿元、15.7 亿元,前三家公司的政府补助分别占当年利润总额的 31.4%、99.1%、140.3%,海航控股当年亏损 36.7 亿元。此外,政府航空管制、天气状况等也常常对航空公司的正常运营产生巨大影响。综合以上情况,国内航空运输产业的发展面临较多的约束与困扰,盈利前景具有较大的不确定性。

9.1.3 战略选择分析

除了宏观环境、行业状况,企业自身的战略定位对于未来发展也是至关重要的。全球著名未来学家阿尔文·托夫勒曾经说过:"没有战略的企业就像是在险恶气候中飞行的飞机,始终在气流中颠簸,在风雨中穿行,即使飞机不会坠毁,也无耗尽燃料之忧,最后也将迷失方向。如果企业对于未来发展没有一个长期明确的方向和具体可行的指导方针,则不管企业规模多大、地位多稳,都将在技术革命和经济变革中失去生存的基础。"

企业的战略管理考虑的就是如何将有限的资源投到最合适的商业环境,以取得最大的经济收益。因此,理想的战略选择应该是企业内部资源与外部环境的最佳匹配,为企业未来发展找到最佳路径。

值得注意的是,企业战略并不是个人意愿,决定企业未来应该如何发展必须充分考虑企业自身掌控的资源及所处的外部环境,对这些内外部情况进行客观、冷静、理性的分析,同时对未来宏观经济走势、行业发展动态和企业自身的特有资源与核心能力具有敏锐的洞察力和深刻的理解力。因此,企业只有对外部形势与内部资源做到深入理解和精确把握之后,才能制定出好的战略。同时,当外部形势或内部资源发生重大改变时,企业还要及时地相应调整战略。

从不调整的战略是僵化的,但频繁调整战略会导致企业员工无所适从,因此战略的调整其实是一门艺术。

小案例

湘鄂情的战略转型

北京湘鄂情股份有限公司(以下简称"湘鄂情")2009年11月11日在深圳证券交易所上市,成为中国第一家在国内A股上市的民营餐饮企业。上市之初,公司的发展战略是成为一家"品牌知名、管理科学、创新能力强、核心竞争力突出"的国内著名餐饮集团,主要业务是提供湘鄂情特色高端菜品与餐饮服务。公司2011年实现营业收入12.3亿元、净利润9 385万元。不过，2012年下半年，中央先后出台了"八项规定""六项禁令""反四风"等相关制度要求，严格限制"三公"消费，国内高端餐饮行业遭遇重创，市场需求大幅萎缩，经营业绩全面下滑。尽管湘鄂情2012年营业收入实现了两位数增长，达到了13.6亿元，但净利润已经开始出现下滑，全年实现净利润8 137万元，同比下降13%。

此后，湘鄂情曾试图进入中低端餐饮市场，尝试向大众餐饮转型，先后收购了味之都、龙德华，形成了快餐、团餐等中低端餐饮业务，但公司"高房租、高装修、高人工"所带来的成本压力巨大，现有餐饮业务无法扭转高端酒楼业务的严重亏损。

2013年，湘鄂情开始布局环保产业，先后合资设立与收购了两家环保企业，但公司在当年年报中坦言：此前并无完备的环保产业投资运营经验，公司面临新行业经营决策、核心技术研发与储备、组织管理、人力资源和风险控制能力等方面的风险。公司2013年营业收入锐减到8亿元，同比下降41.2%，全年亏损5.7亿元。

2014年，湘鄂情先后宣布与山东广电新媒体有限责任公司、中国科学院计算技术研究所合作，开始进入网络新媒体、大数据、云计算等领域，并于2014年8月将公司名称由"湘鄂情"正式变更为"中科云网"，同时发布公告称公司将逐步剥离餐饮业务，未来主营业务将转变为新媒体、大数据、环保等相关产业。由传统餐饮企业向创新型企业转型，业务跨度如此之大的战略调整实属罕见，实施起来也异常艰难。

2014年中科云网年报正文首页进行重大风险提示，其中公司经营风险包括：(1)传统餐饮业务业绩继续亏损的风险；(2)新业务发展停滞的风险；(3)应收及预付款项无法收回的风险；(4)定增无法实施的风险；(5)公司银行账号被冻结的风险。更名后的中科云网2014年营业收入进一步下滑至6.2亿元，亏损金额增大到7.1亿元，所有者权益为负，已经资不抵债。公司在2015年4月因无法及时足额偿付2012年发行的"湘鄂债"债券利息及本金，构成债务违约，成为中国债券市场第一家出现本金违约的上市公司。

企业战略具有一定的层次性。最顶层的公司战略决策考虑企业发展的业务边界与区域范围,例如是否进入某个新行业或增加新业务——多元化战略,是否走出国门进行国际化运营——国际化战略;中间层次的经营战略确定采用何种方式将战略业务单元做强做大,这部分内容通常也被称为竞争战略;竞争战略的实现还需要更低层次的财务战略、生产战略、研发战略、营销战略等职能战略做好支撑。

成本领先战略(cost leadership strategy)与差异化战略(differentiation strategy)是最为常见的两种竞争战略。成本领先战略是指企业降低自己的生产和经营成本,在市场上以低于竞争对手的价格提供功能相似的产品或服务,取得较高的市场占有率,通过扩大产品或服务销量获取丰厚的利润。美国的传统零售业巨头沃尔玛及国内的零售商永辉超市、数码产品制造商小米公司一直被视为成本领先战略的典范。

差异化战略是指企业研制出较为独特的产品或服务,通过设计理念差异化、材料与工艺差异化、品质与性能差异化或体验与服务差异化等手段,培养用户对其产品或服务的忠诚度,以相对较高的价格获得高于行业平均水平利润的一种有效竞争战略。美国的苹果公司、国内的贵州茅台实施的就是差异化战略。

实际分析中,从企业的优势(strength)、弱势(weakness)、机会(opportunity)及威胁(threat)等四个方面出发的SWOT分析模型可以较好地将企业的内部资源(S与W)与外部环境(O与T)有机地结合起来,是战略分析中常用的方法。

重要辨析

多元化战略

多元化战略(strategy of diversification)是指企业在保持原有业务的基础上,进入某一新的领域,生产新的产品或提供新的服务。该战略具体又可以分为相关多元化与不相关多元化。相关多元化战略是指企业进入与原经营领域有一定联系的行业开展业务;不相关多元化战略是指企业进入与原经营领域完全没有联系的行业开展全新的业务。

尽管企业的管理人员会为实施多元化战略找出各种理由,但世界各国的公司发展史表明,实施多元化战略的企业很难长期保持商业成功。这一现象背后具有深层次原因,实施多元化战略的企业由于业务较为分散,难以专注于自身真正具有比较优势的业务,无法集中全部资源优先发展核心业务,企业内部不同业务单元之间相互争夺资金、人才等有限的稀缺资源,使企业无法形成或持续保持竞争优势。早在1776年,英国经济学家亚当·斯密在其著作《国民财富的性质和原因的研究》中便提出社会分工对经济发展的重要性,企业的专业化发展正是社会分工的具体体现,而多元化战略显然违背专业分工的理念,其最终结果不仅不利于企业创造价值,而且不利于社会效率的提升,甚至还会阻碍国际或地区经济的长期发展繁荣。

学术界有研究表明,国际大企业集团与高度多元化的企业占世界领先企业的比重呈逐年下降态势,越来越多的多元化企业正在重新聚焦核心业务,实施"去多元化"战略。目前,国内仍有很多企业热衷于实施多元化战略,分散经营风险是这些企业给出的最常见理由。但是,风险与收益是紧密相关的,如果企业拒绝在熟悉的、擅长的领域承担专业化经营的风险,也就意味着企业放弃了获取更多超额收益的机会。相反,如果企业进入了自身没有竞争优势的其他领域,则看似增加了业务种类、分散了经营风险,但新增业务在不具有竞争优势的前提下无法长期取得理想的经济回报。

由于企业对新行业或新业务缺乏深刻的理解与认知,盲目投资进入,反而由此承担了更大的商业风险。因此,站在投资者的角度来考虑,每家企业只需要专注于自身具有比较优势的业务,而不需要通过多元化发展替投资者分散风险,投资者自身完全可以通过分散投资——分别投资不同领域的几家专业化企业,构建投资组合——来降低单一业务面临的投资风险。近些年国内的乐视网、暴风科技等多家上市公司的衰落都与盲目推进多元化发展不无关系。

9.2 会计分析

会计分析是评价会计数据反映企业经营现实的真实程度,包括盈余管理动机判断、会计政策评估、会计策略研究及盈利质量分析。财务报表分析的核心是理解企业经营管理的真实情况,但企业经营管理的真实情况并不是财务报表中数据结果的唯一决定因素,报表中的具体数据常常还受到其他因素的影响与干扰,尤其是管理人员的调节与操控。

因此,会计分析是有效利用、分析财务报表数据的前提,财务报表分析者只有对现有会计准则的局限、企业会计政策选择及管理人员盈余管理与信息披露的动机等情况进行深入了解之后,对财务报表基础数据进行必要的还原与调整,最大限度地降低会计信息失真,才能得到企业经营管理的真实情况。

常用的会计分析方法一般包括以下几个方面:(1)了解会计准则的局限;(2)盈余管理动机判断(见第5章5.7节);(3)确认关键会计政策,评价会计信息质量;(4)判断盈余质量,对财务报表项目进行必要的调整。

9.2.1 了解会计准则的局限

虽然会计准则是经过专业人士研究、讨论并广泛征求社会意见后形成的一套技术标准,但现有的会计准则并不是完美无缺的,仍然存在一定的局限与瑕疵。

首先,会计准则的制定是一个政治博弈和妥协的过程。国外不同利益团体常常通过游说等手段,对会计准则的制定与修订施加影响,以维护各自团体的经济利益。国内大型企业,尤其是大型国有企业,目前也主动参与会计准则的制定与修订,对会计准则征求意见稿积极发表意见,努力寻求准则制定、修订中的话语权和影响力。因此,会计准则的制定不仅仅是一个技术问题,很多时候是多方利益团体博弈和妥协的结果,这种情况也被学术界称为"微妙的平衡"。

其次,现有的一些特定会计原则本身也存在引发会计信息失真的可能。例如,资产计价的历史成本原则尽管增加了会计信息的可靠性,却无法反映报表中大部分资产的当前市场价值,因此严重降低了报表信息的相关性。再如,谨慎性原则对当期费用存在高估的倾向,必然导致低估未来费用的可能,由此使利润表相关信息发生时间性扭曲。

特别是,随着社会经济的发展、商业模式的创新,企业的经济业务与组织架构日益复杂,权责发生制计量基础的操作难度大大增加,企业管理人员调整和操控会计估计与假设将得到更多便利,由此显著增加了会计数据中的主观成分和人为干扰因素,导致财务报表中的"噪音"信息不断增加。

此外,尽管具体会计准则对会计核算、信息披露制定了一些"硬性约束",但是仍然存在一定的缺陷。一方面,会计准则无法完全排除企业管理人员对会计政策的选择权;另一方面,会计准则统一性和限制性的增加又会牺牲企业管理人员真实反映实际业绩的灵活性。同时,会计准则通常只规定最低信息披露要求,并没有限制管理人员自愿提供的额外披露,为管理人员根据不同的意图有选择地披露信息提供了空间。

因此,会计准则对信息披露的规范是相对有限的,希望利用会计准则的约束来达到财务报表信息的完全相关、可靠,只是非专业人士的一个美好愿望。分析者只有清楚地了解会计准则体系制约下财务报表中存在的缺陷和不足,才能在财务报表分析过程中抓住重点,看清问题。

9.2.2 确认关键会计政策,评价会计信息质量

管理人员作为企业内部的实际经营者,掌握大量的具体数据,拥有独特的信息优势,但他们往往会受到资本市场的压力、个人薪酬奖惩的刺激、经济契约的约束、政策支持的诱惑及政治成本的上升等多方面的影响,有可能不恰当地调整会计政策与方法或人为安排不必要的交易,以改变财务报表结果,达到一定的预期目标,从而使财务报表信息出现失真,无法真实反映企业的实际情况。

不同类型的企业具有不同的关键会计政策,不同会计政策的弹性空间有时存在显著差异。某些企业的关键会计政策可能受到会计准则的严格限制,从而具有较强的"刚性";而某些企业的关键会计政策可能受管理人员操控的空间较大,存在较大的"弹性"。

例如,对于实施产品差异化战略并以产品质量和创新研发为主要竞争优势的制造型企业来说,与研究开发支出相关的会计政策十分关键,在什么情况下可以将开发阶段的支出资本化形成无形资产对企业的资产规模、经营业绩具有重大影响。对于以楼盘开发为主的房地产企业来说,已完工开发产品、在建开发产品及拟开发产品形成的存货账面价值合计金额重大,在确定存货可变现净值时,管理层需要对每个拟开发产品和在建开发产品达到完工状态时将要发生的建造成本做出估计和判断,并估算出每个存货项目的预期未来净售价(参考附近地段

房地产项目的最近交易价格)和相关销售费用及销售税金等,该过程涉及管理层重大判断与估计,存在重大的不确定性和利润的操控空间。

对于主要会计政策与会计估计存在较大灵活性的企业,进行财务报表分析时应加倍小心,因为管理人员有可能通过会计政策选择与会计估计调整对财务报表结果施加重大影响。对于主要会计政策和会计估计具有较强刚性的企业,分析人员则应重点关注企业的会计处理方法是否发生调整,是否与行业惯例相符。如果发生调整或与行业惯例不符,则应关注企业给出的理由是否合理、充分。例如,如果企业报告了明显低于行业平均水平的产品保修准备,则分析人员应当判断,这一情况究竟是由于企业以高标准的质量控制为竞争基础确实提高了产品性能、降低了产品保修支出,还是企业有意压低产品保修支出的负债义务,控制当期成本费用。对于某些会计政策而言,弹性是一定存在的。例如,所有企业都必须对固定资产折旧方法(年限平均法、工作量法、双倍余额递减法及年数总和法)做出选择,所有企业都要决定是否为资产计提减值准备及计提多少减值准备。

按照各国监管机构的要求,企业需要在财务报表附注中详细披露会计政策、会计估计变更和重大会计差错更正的情况。分析人员要注意企业当期是否发生会计政策与会计估计的重大调整,评价调整理由的合理性,掌握政策调整对企业当期利润及财务状况带来的具体影响。

> 💡 **注意**
> 要留意企业是否在期末发生缺乏商业理由、金额重大的交易,这类交易有可能是为了调整财务报表结果而人为安排的。这种操纵具体业务的做法并没有违反会计准则,但却严重损害了会计信息质量。

9.2.3 判断盈利质量,对财务报表项目进行必要的调整

由于财务报表中的会计信息存在扭曲企业真实情况的可能,财务报表使用者应当充分利用财务报表附注、现金流量表、管理层讨论与分析及其他相关信息来源,对报表中的会计信息进行必要的调整,还原企业的真实情况。

1. 借助审计师的帮助

审计报告中包含审计师对财务报表发表的审计意见。在进行财务报表分析

之前，分析人员必须认真阅读审计报告，对财务报表的可信程度形成初步判断，借助作为审计师的注册会计师的帮助，确定相应的分析重点——审计报告中的关键审计事项。特别是，对非标准审计报告中提到的重点事项，以及导致非标准审计意见的原因，要逐一排查，找出财务报表中的"高危区域"，从其他渠道收集辅助信息，整体把握企业实际的经营成果与财务状况。

2. 现金流量分析法

现金流量表提供了基于收付实现制计量基础反映的企业经营业绩。在不能确定权责发生制下企业会计信息质量的情况下，现金流量表提供了反映企业经营业绩的另一种可选基准。如果现金流量所刻画出的企业经营业绩与权责发生制会计信息反映出的账面结果存在较大差异，则表明企业存在粉饰财务报表的可能，可以从现金流量的角度对企业账面利润进行一定程度的调整。

3. 还原资产与负债

企业的财务报表中可能存在未来不能带来经济利益的不良资产，例如技术上落伍的老旧设备、超过正常信用期限的应收账款、金额巨大的商誉及没有回报的股权投资等。这些资产往往是隐藏企业费用的"黑洞"或调节企业利润的"蓄水池"。财务报表分析者可以进一步收集信息，在分析中识别出不良资产，剔除其对财务报表结果的干扰；同时，要注意一些企业对外提供担保、签订照付不议合同等行为，对现有会计准则未予确认、计量的表外负债给予足够的重视。

4. 关注关联交易

对于存在关联方与关联交易的企业，分析人员要重点分析关联交易占比情况，分析企业的收入与利润在多大程度上依赖于关联方，是否属于市场正常公允交易的结果，进而判断该企业的收入来源与盈利基础是否真实可靠。如果企业的营业收入与利润主要来源于关联方，则应当特别关注关联方之间的定价政策与交易规模，分析企业是否通过显失公允的交易定价来调节利润，输送利益。对于交易金额重大的关联交易，要根据行业平均利润率调整——甚至全部剔除——其影响。

5. 剔除非经常利润

非经常利润是指那些诸如债务重组、股权转让、资产处置、非货币性交易、取得财政补贴等非经常事项产生的利得。企业往往无法保证这些交易或事项的可持续性,相关收益很难持续下去,因此在判断企业持续盈利能力时应将非经常利润排除在外,重点关注营业活动形成的核心业务利润,以便在可持续的基础上对企业未来的发展前景做出比较准确的判断。

9.3 财务分析的视角

对事物进行比较分析通常需要一定的参照物作为标准,财务报表分析也不例外。财务报表分析的参照物可以是企业过去的历史表现、竞争对手的可比业绩,或者行业发展的最高标准或平均水平等。依据选取参照物的不同,外部投资者和债权人对财务报表的分析可以分为趋势分析与截面分析。企业内部管理人员出于管理的需要,有时也可以将预算目标作为参照物,分析比较实际经营结果与预算目标之间的差异,这类分析被称为预算差异分析,属于管理会计中业绩评价部分讨论的内容。

9.3.1 趋势分析

趋势分析也称时间序列分析,是对同一家企业不同时点或不同时期的财务数据进行分析比较,这种分析有助于财务报表使用者更好地了解企业的历史发展轨迹,并判断未来的发展趋势。趋势分析常常要计算分析某些关键业绩指标的增减变化情况,关注某些重要财务报表项目的增减率,例如营业收入增减率、净利润增减率、每股收益增减率等,以此为基础,再结合宏观环境、行业变化等外部环境分析,推断企业的未来发展情况。

值得注意的是,对于季节因素明显的行业或企业,例如农林牧渔企业、水力发电企业、啤酒饮料企业,在进行季度数据的趋势分析时,应该使用本期数据与上年同期数据进行相应比较(即同比分析),而不是与邻近的前一个季度的数据进行比较(即环比分析),这样可以避免季节因素对分析结果的干扰。

此外,进行趋势分析的企业需要在经营范围与业务领域方面具有一定的连续性和稳定性。如果企业在过去一段时间内发生了大规模的业务重组,经营范围与业务领域出现重大调整,则把调整前后的财务数据混在一起进行趋势分析可能得出错误的结论。因此,对于业务发生重大重组的企业,不适宜对重组前后的数据直接对比进行趋势分析。

重要辨析

内生增长与兼并收购

企业扩张发展的方式可以分为两大类,一类是内生增长(endogenous growth 或 organic growth),即企业通过开设新的分支机构增加产能、提升业务能力,提供更多的产品或服务,扩展自身经营范围,实现营业收入与利润的稳步增长,走渐进式发展的道路。对内生增长企业的财务数据进行趋势分析可以很好地反映出企业的历史发展轨迹。

另一类是通过兼并收购其他企业的现有业务,实现企业资产规模与生产或服务能力的大幅提升,实现营业收入与利润的快速增长,走跨越式发展的道路。兼并收购往往导致企业财务指标在短期内出现重大变化,企业的资产总额与所有者权益规模在并购后通常会大幅增加,特别是大规模的兼并收购时常伴随股票增发与置换及负债融资等交易的发生。对于兼并收购频繁的企业,会计主体涵盖的空间范围会发生重大改变,对前后各期的财务数据进行趋势分析难以反映出企业自身原有业务发展的真实情况。

此外,在企业股本总额发生变化的兼并收购中,企业原有的股东应该重点关注每股收益与每股净资产等每股指标在并购前后的变化,而不仅仅是营业收入、净利润等总量指标的变化。从长远来看,只有每股收益和每股净资产真正提高了,兼并收购对原有股东才是有利的。

注意

企业发生兼并收购后,营业收入、净利润等总量指标通常会增加,但如果企业股本同时增加,则将会有更多的资本参与企业经营成果的分配。企业原有股东只有关注每股收益、每股净资产的变化才能判断出兼并收购对其真实影响。

9.3.2 截面分析

截面分析也称对比分析,是将企业某个时点或某一时期的财务数据与竞争对手、行业最高标准或平均水平进行比较分析,从而找出企业经营过程中的优势与不足。在对不同企业进行比较分析的过程中,分析人员需要全面了解企业的生产经营特征,充分考虑商业模式、经营范围、生产流程等方面的差异对企业经营业绩的影响。

小案例

阿里 VS. 京东

阿里巴巴集团由以马云为首的 18 人管理团队于 1999 年在中国杭州创立,是中国最早利用互联网从事电子商务业务的企业之一。经过二十年的发展,阿里巴巴集团及其关联公司目前经营业界领先的批发平台与零售平台,以及云计算、数字媒体和娱乐及创新项目和其他业务,成为网上及移动商务全球领导者之一。相比之下,虽然京东成立的时间(1998 年)早于阿里,但直到 2004 年才正式涉足电商领域,此后快速发展,由早期的电子类、家电类电商平台迅速拓展为综合性电商平台并同时提供快递服务,目前在国内互联网零售领域具有举足轻重的地位。

两家公司的商业模式不同:阿里只打造交易平台、收取佣金,并不参与具体的批发和零售交易;京东以自营为主,从厂家或其他渠道采购商品或服务,再通过自建的平台对外销售。因此,两家公司的经营重心与风险明显不同——阿里需要不断提升网络平台效率、保证交易的安全性与可靠性、为商家和客户提供额外有价值的增值服务,在平台成交额达到一定规模之后,佣金(即收入)与利润规模可以得到保障,商业风险较低;京东的自营类业务需要其作为电子商务的卖家参与商业交易,了解客户的购货需求,采购适销对路的商品或服务,并以具有竞争力的价格对外出售,销售过程中实现的营业额成为公司收入、取得的买卖价差成为毛利,容易形成收入规模,但由于零售行业竞争激励,毛利率较低,公司经营面临较大风险。

上述分析从两家公司的财务报表结果中可以得到充分印证。京东进入电子商务领域较晚,但短短几年的时间便在收入规模方面实现了对阿里的赶超。从公开资料中可以看到,2012年阿里与京东的营业收入分别为32亿美元和66亿美元,后者为前者的两倍,2018年两家公司分别实现营业收入560亿美元和673亿美元,规模相差100亿美元以上。但两家公司的盈利情况与营业收入形成强烈反差,截至目前,京东仍未走出亏损困境,经营风险显而易见,而阿里已经连续两年净利润超过百亿美元。

表9-1　阿里与京东2014—2018年营业收入与净利润比较

单位:亿美元

公司	项目	2014年	2015年	2016年	2017年	2018年
阿里	营业收入	124	157	229	398	560
	净利润	39	111	63	102	130
京东	营业收入	188	279	375	555	673
	净利润	-8	-14	-5	0	-4

资料来源:阿里与京东2014—2018年年报。

国际电商巨头亚马逊的商业模式与京东相似,也是建立电商平台并以自营为主,但亚马逊从2015年起已经实现盈利,并且2018年净利润也超过百亿美元。不过,亚马逊盈利的主要来源是网络云计算、第三方销售(收取佣金)及广告服务等业务,而传统自营的互联网零售业务为了以较低的价格吸引顾客目前仍然无法实现盈利。据此判断,京东若想实现扭亏为盈,必须在自营的互联网零售业务之外寻找利润来源,这才是公司实现可持续发展的唯一出路。

由此可见,若想深入理解财务数据背后反映的企业真实情况,仅仅通过阅读与分析财务报表是不够的,还需要深刻理解企业的商业模式及运营风险,发现并掌握其中的经济规律。财务报表中的数据仅仅是经营结果,而企业实际的经营活动才是产生这一结果的根本原因。

尽管财务会计核算、报表信息披露受到会计准则的指导与约束,但财务报表分析并没有一定之规,分析的具体内容与形式完全由分析的目的决定。在分析过程中,分析人员可以关注财务报表中某些项目的绝对数额,例如反映企业规模、实力的资产总额、收入总额、利润总额、所有者权益等指标,也可以把差异不大的同类别报表项目合并起来综合考虑,进行财务报表的结构分析,还可以把不同的报表项目结合在一起,计算特定的财务比率,进行财务比率分析。

9.4 同型分析

财务报表同型分析也称结构分析,是通过计算财务报表中各个项目在报表中所占的比重、对比分析这些比重及其变化,了解企业经营过程中存在的资产与资本结构性特征及面临的挑战和困难。实际应用较为广泛的是资产负债表同型分析与利润表同型分析。

9.4.1 资产负债表同型分析

资产负债表同型分析是将企业的资产总额作为100%,用报表中资产、负债和所有者权益的各个项目分别除以资产总额得到各自所占的比重,从而发现重要报表项目及其对企业的影响程度。关注这些比重在不同时点发生的变化,分析人员可以及时了解企业财务状况的动态,掌握企业资产构成与资金来源的典型特征。

在具体计算分析过程中,常常把某些经济含义相近或类似的报表项目合并起来考虑,以便于发现问题。例如,长期借款与应付债券反映的都是企业通过长期有息负债筹集的资金,只是债务资金的来源与形式存在差别——长期借款主要来自银行等金融机构,债权人比较集中;而应付债券一般是企业在债券市场发行长期债券产生的债务,债权人相对分散。对于绝大多数的财务报表分析者来说,长期借款与应付债券之间的差别并不重要,因此分析中可以把长期借款与应付债券两个报表项目合并起来看作一个整体,作为企业的长期有息负债统一考虑。通过对报表项目进行适当的合并简化,分析人员更容易抓住财务报表的重点,能够有效降低分析的复杂程度。

在资产负债表同型分析中,应该重点关注两种结构,即企业的资产结构与资本结构。资产结构是指各种资产之间的相对比例关系。虽然行业特征会对企业的资产结构形成一定的约束与限制,但企业仍然具有较大的空间选取或调整资产结构。不同的资产结构往往决定了企业获取发展潜力与竞争优势的物资基础,同时资产结构与成本结构也具有较强的相关性,一般情况下长期资产占比较高的企业,折旧、摊销较多,固定成本相对较大(使用工作量法计提折旧、摊销的除外)。资产结构可以影响企业的成本结构,进而影响企业在外部环境出现变化的情况下经营业绩发生波动的幅度,以及企业抵御市场变化的抗风险能力,对于企业来说意义重大。由于资产负债表中的财务会计信息反映的是企业过去的交易或事项,从根本上来讲资产结构是企业过去投资活动与经营活动的结果。

资本结构通常是指作为企业资金来源的所有者权益与负债之间的相对比例。由于所有者权益一般不需要归还,而负债需要按期偿还本金并支付利息,因此负债较高的企业还本付息的现金流出压力较大。不同的资本结构决定了企业面临的财务风险不同。资本结构是企业筹资活动与经营活动的结果。

> **注意**
> 资产结构与资本结构是资产负债表中最重要的两种财务结构。

同一企业的资产结构与资本结构之间往往具有对应关系。例如,以流动资产为主的企业一般以流动负债为主要融资方式;以非流动资产为主的企业一般通过长期借款、发行长期债券或股权融资等方式取得长期资金。两种结构之间显现的对应关系背后隐含着一个企业财务管理领域的重要规律:长短期资金的来源与使用要做到期限相互匹配,即长期负债与股权融资取得的长期资本一般用于企业的长期资金投入,而流动负债取得的短期资本通常只能用于企业的短期资金投入,资金来源与使用的期限相互匹配有利于降低企业的财务风险,避免期限错配导致的资金链断裂。国内银监会发布的《流动资金贷款管理暂行办法》中,禁止企业从银行取得流动资金贷款用于购建固定资产、股权投资等方面,这一限制在控制贷款企业财务风险的同时,有助于银行降低自身贷款风险,防止产生坏账。

> **注意**
> 对于跨国企业,不仅需要匹配资金来源与使用的期限,还需要匹配资金来源与使用的币种,防范不同币种之间汇率波动带来的汇率风险。

不同行业的企业通常具有不同的资产结构与资本结构。例如,重工业制造企业的厂房、设备等固定资产在资产结构中占有较大比重,长期有息负债在资本结构中占有较大比重;而贸易企业、批发零售企业的库存商品等存货在资产结构中占有较大比重,应付账款等经营性无息负债在资本结构中占有较大比重,这些财务报表特征也反映出供应链管理对于此类企业经营活动的重要意义与作用。

表9-2列出了永辉超市、吉祥航空和燕京啤酒三家上市公司2018年资产负债表同型分析的结果,这三家公司分别属于零售、航空运输及啤酒制造三个不同行业,其资产结构与资本结构体现出一定的行业特征。

表 9-2　不同行业的上市公司2018年资产负债表主要项目的同型分析

项目	永辉超市		吉祥航空		燕京啤酒	
	金额(亿元)	百分比(%)	金额(亿元)	百分比(%)	金额(亿元)	百分比(%)
流动资产	240	60.4	53	24.8	63	35.7
货币资金	47	11.9	18	8.5	19	11.0
交易性金融资产	32	8.0				
应收及预付款	42	10.6	9	4.2	3	2.2
存货	81	20.5	1	0.7	39	21.8
非流动资产	157	39.6	161	75.2	114	64.3
长期股权投资	57	14.4			3	1.5
固定资产及在建工程	48	12.1	149	69.4	98	55.6
长期待摊费用	33	8.3	9	4.3		
资产总额	396	100.0	215	100.0	177	100.0
流动负债	200	37.5	86	40.1	39	21.9
短期借款	37	9.3	46	21.4	1	0.3
应付及预收款	121	30.5	20	9.0	17	9.6
非流动负债	2	0.6	33	15.2	1	0.3
长期有息负债			31	14.6		
所有者权益合计	194	49.0	96	44.7	138	77.8

资料来源:永辉超市、吉祥航空、燕京啤酒2018年年报,Wind资讯。

从资产结构来看,零售企业永辉超市的总资产中超过60%的资产是流动资产,其中又以货币资金、交易性金融资产、应收及预付款和存货为主,四项合计占到流动资产的84.2%,达到总资产的51%,是公司重要的四类流动资产,这在一定程度上体现出零售企业库存商品多、结算量大、资金周转快的行业财务特征。

吉祥航空与燕京啤酒的资产则主要集中在非流动资产上,非流动资产占总资产的比重分别达到75.2%和64.3%。两家公司所属的航空运输业与啤酒制造业都是资本密集型行业,需要投入一定规模的资本购买飞机及购建厂房、机器、设备,固定资产是公司完成盈利活动的重要资源保障。燕京啤酒的固定资产及在建工程占到总资产的55.6%,超过总资产的一半,吉祥航空的这一比重更是高达69.4%。由于航空运输公司属于服务型企业,并不对外销售产品,除航材消耗件外基本没有其他存货,因此吉祥航空的存货规模非常有限,在总资产中占比不到1%,成为几乎可以忽略不计的资产。这也体现出服务型企业存货比重较低的行业财务特征。

从资本结构来看,永辉超市资金来源以流动负债为主,主要是经营过程中形成的应付供应商的货款及短期借款,刚好与公司以流动资产为主的资产结构相对应,截至2018年年末公司没有进行长期债务融资——长期有息负债为0,权益资本在总资产中占比接近一半(49%)。

吉祥航空的流动负债占总资产的比重为40.1%,主要通过长期有息负债与所有者权益等筹集长期资金,其中长期借款与应付融资租赁款(长期有息负债)为总资产筹集了14.6%的资金,权益资本为总资产筹集了44.7%的资金。燕京啤酒的流动负债占总资产的比重为21.9%,几乎没有非流动负债,权益资本在总资产中所占的比重达到77.8%,长期资本占绝对比重,刚好与公司非流动资产占比较高的资产结构相对应。

对同一行业内企业进行资产结构分析时,应该重点关注核心创效资产与低效资产在总资产中所占的比重。核心创效资产一般是指那些能够为企业创造价值的优质资源。企业所处的行业不同,核心创效资产的分布会有所不同。例如,传统制造型企业的核心创效资产可能体现为厂房、设备等的生产制造能力,这部分产能在财务报表中一般以固定资产的形式出现;房地产企业的核心创效资产主要体现为那些已经开发完成或正在开发的房地产项目,以及尚未开发的土地资源,这部分资产在财务报表中一般体现为存货、无形资产及投资性房地产;高科技企业的核心创效资产主要体现为科研人员的研发创新能力,而这种能力在资产负债表中无法得到具体体现。

在分析核心创效资产时,需要根据企业的实际情况具体分析,灵活把握,不能机械地生搬硬套,否则不仅无法得出正确的结论,甚至可能导致判断失误。例如,尽管传统制造型企业的核心创效资产一般体现为资产负债表中的固定资产项目,但固定资产项目反映的结果未必都是核心创效资产,也可能存在一些低效甚至无效的淘汰落后资产,例如技术落后的大型设备。虽然会计准则要求企业定期对资产进行减值测试,对发生减值的资产计提减值准备,但在实际操作过程中很多企业并没有提取或没有及时足额提取减值,因此资产的实际质量差别无法从财务报表披露的账面金额上得到真实体现,这也是现行财务会计的一个重要缺陷。

由此可以看出,一家制造型企业账面上的固定资产金额并非越大越好。但反过来,一家传统的制造型企业如果没有大规模地把加工制造业务外包出去,其持有的固定资产金额及其在总资产中所占的比重与历史数据相比或与竞争对手同期数据相比明显偏低,则说明该企业可能存在投资不足、产能制约等问题。

与核心创效资产不同,资产负债表中的一些低效资产相对比较容易识别,例如应收账款、预付款项及商誉。前两种资产通常是客户或供应商无偿占用企业资金所导致的结果,这种资金占用基本上不会给企业带来经济效益,反而存在坏账风险。商誉是企业溢价收购所形成的价差。如果这些资产在总资产中所占的比重过高,则会严重影响企业整体获利能力。因此,企业应该尽可能控制这部分资产的规模,压低其在总资产中所占的比重。

小案例

中联重科 VS. 三一重工

表9-3列出了国内两家工程机械制造企业中联重科与三一重工2010—2012年间的应收款项及其在总资产中所占的比重情况。2012年中联重科的应收票据、应收账款、其他应收款、一年内到期的非流动资产(主要是长期应收款在一年内到期应该收回的部分)、长期应收款等应收款项合计在总资产中所占的比重超过45%。三一重工资产负债表中并没有一年内到期的非流动资产与长期应收款,应收票据、应收账款、其他应收款等应收款项合计在总资产中所占的比重不到30%。因此,从账面反映的资产结构来看,三一重工的

资产质量似乎要好于中联重科。

表 9-3　中联重科与三一重工 2010—2012 年应收款项比较

公司	2010 年		2011 年		2012 年	
	金额（亿元）	占总资产比重(%)	金额（亿元）	占总资产比重(%)	金额（亿元）	占总资产比重(%)
中联重科	243.1	38.6	335.2	46.8	414.0	46.5
三一重工	73.9	23.6	131.3	25.5	180.2	28.0

资料来源：中联重科、三一重工 2010—2012 年年报。

中联重科账面的长期应收款项与公司大规模直接开展融资租赁业务有关。所谓的融资租赁，就是为了促进产品的销售，允许客户长期租赁使用设备，分期支付租赁费的交易模式，相当于在销售过程中为客户提供了融资服务。作为出租方的中联重科，在把产品出租出去的同时，账面上增加了长期应收款。从表 9-4 中可以看出，融资租赁业务产生的应收款项占到中联重科应收款项的 47%—67%，成为公司应收款项的主要来源。

表 9-4　中联重科 2010—2012 年融资租赁应收款项情况

项目	2010 年		2011 年		2012 年	
	金额（亿元）	占应收款项比重(%)	金额（亿元）	占应收款项比重(%)	金额（亿元）	占应收款项比重(%)
一年内到期的长期应收款	64	26.3	70.9	21.2	91.9	22.2
长期应收款	98	40.3	128.1	38.2	104.7	25.3
合计	162	66.6	199.0	59.4	196.6	47.5

资料来源：中联重科 2010—2012 年年报。

从经济业务的本质来看，融资租赁业务可以理解为分期收款的销售业务，这部分客户与那些一次性支付全款购买设备的客户相比，购买能力在下降，需要公司提供融资服务。尽管部分媒体将融资租赁业务的大幅增加解读为工程机械制造企业创新业务的结果，但从客户质量来看，有能力支付全款购买产品的客户在减少，市场环境出现恶化是不争的事实。中联重科的强劲竞争对手三一重工，近年来同样也不得不间接开展融资租赁业务或为客户购买产品的按揭贷款提供担保，只是由于交易形式有所改变，并未在账面上形成大量长期应收款而已。

综合上述分析,不难得出以下结论:资产结构是企业投资决策所形成的结果,体现了企业的资源分布,在一定程度上决定了企业未来的盈利能力,同时影响企业的成本结构与经营风险;资本结构是企业融资决策所形成的结果,反映了债权人与股东对企业的资源投入状况,与企业财务风险紧密相关。调整好资产结构与资本结构,可以有效地权衡企业的收益与风险,长期以来一直都是企业财务管理研究的重要内容。

重要辨析

轻资产战略

轻资产战略(asset-light strategy)是美国麦肯锡咨询公司在21世纪初提出的企业资本管理理论和经营策略,其核心思想是:制造型企业将产品制造业务外包出去,减少厂房、车间、机器、设备等固定资产的投入,企业集中资源专注于产品研发设计、销售与服务及品牌推广等业务,通过输出管理、技术、标准和品牌获取利润。轻资产战略可以有效减少生产制造领域的固定资产对资本的占用,降低企业对投入资本的需求,提高资本回报率。近年来,苹果、耐克等很多国际知名公司通过实施轻资产战略获得了巨大成功。

但轻资产战略的成功实施有赖于企业对外包业务质量标准的严格控制,需要很强的管控能力。国内较早实施轻资产战略的光明奶业、河北三鹿及蒙牛乳业等乳制品企业,由于管控能力不强,在无法保证对奶源质量标准严格监控的情况下,先后出现了"回炉奶""三聚氰胺"及"特仑苏OMP事件"等一系列问题,不仅严重影响了企业的声誉及形象,而且直接导致企业经营业绩出现明显下滑,河北三鹿更是因此破产倒闭。

乳制品企业事后不得不对轻资产战略认真反思,重新调整运营模式,增加奶牛养殖生产方面的投资——在资产负债表上表现为生产性生物资产或对相关企业长期股权投资。由此可以看出,轻资产战略并不一定适用于所有的企业。实施轻资产战略固然可以节省固定资产等方面的资本投入,但对企业技术掌控、质量监测、标准审核、品质保证、渠道控制及品牌管理等软实力方面具有更高的要求,现阶段很多国内企业短期内很难达到这些要求。

9.4.2 利润表同型分析

利润表同型分析是将企业的营业收入作为100%,用利润表中的各个项目除以营业收入得到各自所占的比例,分析这些比例及其变化,进而推断企业的经营管理状况。利润表同型分析应该重点关注利润表中营业利润之前与企业经营管理活动密切相关的项目占营业收入的比例,例如营业成本占营业收入的比例(被称为营业成本率)、管理费用占营业收入的比例(被称为管理费用率)等。至于投资收益、公允价值变动收益、资产减值损失、营业外收入与支出等项目,与营业收入之间通常没有直接的必然联系,因此对这些项目进行同型分析无法得出有价值的结论。由于成本、费用项目除以营业收入之后在一定程度上剔除了企业规模因素的影响,因此同型分析有助于对不同规模企业的财务数据进行比较分析。

表9-5分别列出了格力电器、贵州茅台与中国神华三家上市公司2018年利润表同型分析的结果,其中格力电器属于家电制造企业,贵州茅台属于白酒制造企业,中国神华属于煤炭与电力生产企业。

表9-5 不同行业的上市公司2018年利润表同型分析

项目	格力电器 金额(亿元)	百分比(%)	贵州茅台 金额(亿元)	百分比(%)	中国神华 金额(亿元)	百分比(%)
营业收入	1 981	100.0	736	100.0	2 641	100.0
营业成本	1 382	69.8	65	8.8	1 555	58.9
税金及附加	17	0.9	113	15.4	101	3.8
销售费用	189	9.5	26	3.5	7	0.3
管理费用	44	2.2	53	7.2	199	7.5
研发费用	70	3.5			5	0.2
财务费用	−9	−0.5			41	1.5
营业利润	310	15.6	513	69.7	731	27.7
利润总额	313	15.8	508	69.0	701	26.5
净利润	264	13.3	378	51.4	540	20.5

资料来源:格力电器、贵州茅台、中国神华2018年年报。
注:格力电器与贵州茅台的营业收入与营业成本结果不包含金融业务数据。

通过对比可以看出,贵州茅台的营业成本占营业收入的比例仅为8.8%,远远低于格力电器的69.8%和中国神华的58.9%。这一方面是白酒企业的生产加工过程较为简单,成本费用支出较少的缘故,另一方面也与贵州茅台强大的品牌优势与行业龙头地位有关——能够把成本较低的产品在市场上以较高的价格售出,从而实现更多的收入。

由于贵州茅台生产销售的产品属于白酒类商品,根据国内税法规定需要缴纳大量的消费税,因此其包含消费税在内的税金及附加占营业收入的比例很高,达到15.4%,税费负担较重。中国神华生产销售的煤炭需要缴纳资源税,税金及附加占营业收入的比重为3.8%。格力电器的经营范围既不需要缴纳消费税,又不需要缴纳资源税,只需要缴纳城建税、教育费附加、房产税、土地使用税等,税费负担相对较轻,只占营业收入的0.9%。

中国神华作为国内最大的煤炭生产企业,主营业务除煤炭生产以外,还包括发电与运输业务,公司实施煤(碳)电(力)(铁)路港(口)航(运)一体化发展战略,煤炭分部生产出的商品煤由公司的运输分部通过铁路、船运等方式运输,节省了外部运输费,并且客户相对稳定,市场宣传推广支出较少,公司2018年全年的销售费用仅为7亿元,占营业收入的0.3%。而格力电器与贵州茅台每年要支付大量的广告宣传费、促销费、运输费等费用,销售费用占营业收入的比例(销售费用率)较高,分别达到9.5%和3.5%。

整体来看,贵州茅台凭借巨大的品牌优势和较低的生产成本,1元钱的收入最终可以产生0.51元的净利润,在三家公司中居于首位,在国内上市公司中也位居前列;格力电器由于家电市场竞争激烈,营业成本率与销售费用率较高,1元钱的收入最终只能产生0.13元的净利润;中国神华的盈利水平介于二者之间,1元钱的收入能够产生0.21元的净利润。

 小案例

中国神华 VS. 中煤能源

中国神华与中煤能源是国内煤炭生产行业中最大的两家企业,2018年两家公司完成的煤炭销售量分别是4.61亿吨和1.56亿吨,营业收入分别为2 641亿元和1 041亿元,资产总额分别为5 872亿元和2 647亿元。不过,两家公司经营范围存在差异,除煤炭生产业务之外,中国神华还经营发电、运输(铁路与航运)及煤化工等业务,中煤能源也经营煤化工和煤矿装备业务。

通过对中国神华与中煤能源两家公司的利润表进行同型分析可以发现,两家公司的销售费用及其占营业收入的比例存在巨大的反差(见表9-6):中煤能源的商品煤产量、营业收入总额、资产规模都不及中国神华,但每年的销售费用规模为中国神华的15倍左右,占当年营业收入的10%—15%,而中国神华的销售费用占当年营业收入的比例仅为0.3%左右。

表9-6 中国神华与中煤能源2016—2018年销售费用情况

公司	2016年		2017年		2018年	
	销售费用(亿元)	占营业收入比例(%)	销售费用(亿元)	占营业收入比例(%)	销售费用(亿元)	占营业收入比例(%)
中国神华	6	0.3	6	0.2	7	0.3
中煤能源	88	14.5	100	12.3	106	10.2

资料来源:中国神华、中煤能源2016—2018年报。

中煤能源的财务报表附注显示,公司的销售费用主要为煤炭的运输费及港杂费,2018年这两项费用共计99亿元,占公司销售费用的94%。而中国神华由于实施"煤电路港航"一体化发展战略,除煤炭生产业务之外,铁路、港口、航运也属于公司的主营业务,因此公司运输费用计入了营业成本(2018年营业成本中包含218亿元的铁路、港口、航运等运输费)。从这个意义上讲,两家公司利润表中的营业成本与销售费用数据不具有可比性。

由此可以看出,企业经营范围的差别对财务报表的影响是巨大的,很多看似可比的财务数据其实并不可比,分析人员对不同企业的财务数据进行横向比较分析时需要十分谨慎。

国外很多企业按照费用性质归集各类成本费用,并在利润表中按照费用性质列示,例如折旧费用、研发支出、人工费用、利息费用等。对于这类利润表,进行同型分析可以得到1元钱的营业收入负担多少折旧费用、研发支出及人工成本,经济含义更为清晰,报表项目的可比性得以加强。

例如,很多美国高科技企业与制药企业的利润表会披露每年研发支出情况,利用同型分析可以得到研发支出占营业收入的比例。这一比例也可以理解为公司从营业收入中拿出多大比例的资源用于研发投入。2018年,美国芯片制造商高通公司的这一比例达到 25%;谷歌的控股公司 ALPHABET 与辉瑞制药研发支出占营业收入的比重均在 15% 左右(见 9-7)。

表 9-7 三家美国公司 2018 年研发支出

企业	研发支出(亿美元)	营业收入(亿美元)	研发支出占营业收入比例(%)
高通	56	227	25
ALPHABET	214	1 368	16
辉瑞制药	80	536	15

资料来源:高通、ALPHABET、辉瑞 2018 年年报。

9.5 现金流量分析的相关理论

与资产负债表、利润表不同,现金流量表很少进行同型分析,但一些与企业现金流量分析相关的理论,例如生命周期理论和波士顿矩阵,对于分析、评估企业的现金流量特征及其演变趋势具有重要的指导价值。

9.5.1 生命周期理论

生命周期理论(business life cycle)是分析企业现金流量的重要工具。该理论认为,如同每个自然人要经历一个"出生—成长—成熟—衰亡"的生命周期一样,每个行业、每家企业乃至每种产品或服务,从出现到衰亡通常也要经历四个发展阶段,即投入阶段、成长阶段、成熟阶段及衰退阶段。在生命周期的不同阶段,企业经营活动、投资活动及筹资活动产生的现金流量会呈现出不同的特征。

在产品或服务的投入阶段,企业常常需要大量资金用于购买机器设备、采购原材料、支付员工工资、开展广告宣传。由于产品或服务尚未得到客户与供应商的广泛认可,运营过程中资金占用较多、周转较慢,企业面临较大的经营风险和财务风险。处于这一阶段的企业主要财务特征表现为:营业收入较少,成本费用开支较大,常常亏损经营;经营活动产生的现金流量入不敷出;投资活动现金流出巨大;企业主要靠筹资活动取得的现金维持日常运转。简单地看,初创企业实现盈利往往是投入阶段结束的重要标志。

互联网企业在 20 世纪 90 年代正处于投入阶段,多家如今的互联网巨头当时每年投入大笔资金,但利润杳无踪影,以至于很多上市公司不得不在年度财务报告中大量描述网站的访问量或链接的点击率等网络评价指标,向投资者证明公司未来具有美好的发展前景,对公司的盈利现况却避而不谈。经过了投入阶段残酷的竞争淘汰之后,幸存下来的互联网企业才逐渐实现盈利。雅虎于1999年实现盈利,谷歌于2001年实现盈利,而亚马逊、新浪、搜狐在2003年也实现了盈利,一批经过市场检验的互联网企业由此进入了成长阶段。

近年来,国内出现了共享单车等大量"共享经济"的企业,这些企业营运成本居高不下,营业收入增长未达预期,账面持续亏损,现金流量吃紧。企业管理人员在融资过程中习惯于引导投资者关注所谓的"流量"、容忍短期的账面亏损。不过,并不是所有的初创企业都能够熬过投入阶段幸运地坚持到生命周期的下一个阶段。很多企业在投入阶段无法及时实现盈利、达到资金收支平衡,也未能筹集到足额的后续资金支持企业发展,在资金枯竭后只能寻找买家收购或关门清算。

在产品或服务的成长阶段,产品或服务得到市场的广泛认可,市场占有率迅速提升,企业营业收入的增加与应付款项的增长,使经营活动现金流量大为改观。处于这一阶段的企业主要财务特征表现为:营业收入快速增长,利润大幅提升;经营活动产生的现金流量逐渐接近收支平衡,但经营活动现金净流入量并不十分宽裕;投资活动产生的现金流出呈减缓趋势;对筹资活动产生的现金流入的依赖性大为降低。成长型企业一旦开始大规模分配现金股利,就意味着已经进入成熟阶段。

小案例

公司史上最大规模的现金分红

美国微软公司经过20世纪90年代的快速发展之后,营业收入与利润总额的增长显现疲态。尽管公司也曾投入数十亿美元研究开发无线电话、中小型企业、有线电视及笔记本电脑等领域的软件系统,但最终并未形成公司新的利润增长点。

微软公司不得不在2003年首次宣布派发现金股利,并在2004年7月进一步宣布了一个震撼华尔街乃至全球投资界的一揽子现金分红方案:公司在随后4年内,向股东分配760亿美元的现金,包括从2004会计年度起连续4

年每年支付 35 亿美元的现金股利、2005 年一次性派发 320 亿美元的现金股利，以及在随后 4 年内回购价值 300 亿美元的微软公司股票。

这是微软公司历史上最大的一笔现金分红，创造了全球公司史上现金分红的最高纪录，也标志着微软公司从此由成长型公司进入成熟型公司行列。

在产品或服务的成熟阶段，市场容量日趋饱和，资本性支出迅速下降，企业利用剩余资金偿还银行借款，加大现金股利派发力度或股票回购规模，将剩余资金回馈给股东。这一阶段的企业主要财务特征表现为：营业收入与利润保持稳定；经营活动产生的现金流量十分充裕；投资活动产生的现金流出较为有限；筹资活动产生的现金流量持续为负——现金主要用于还本付息、分配股利及回购股票。在发达经济体从事电力、汽车、食品、饮料等业务的企业目前基本属于成熟型企业。

当产品或服务处于衰退阶段，面临被淘汰或替代的局面时，企业经营风险和财务风险快速增加。这一阶段的企业主要财务特征表现为：销售萎缩，开始出现亏损；经营活动产生的现金流量急剧下降；企业有时会出售长期资产退出相关产业，由此导致投资活动出现现金流入。

随着互联网企业的兴起，越来越多的人通过网络获取资讯，传统纸媒企业受到巨大冲击，报业经营效益持续下滑，许多报纸出版商生存艰难。美国报业协会(Newspaper Association of America)发布的数据显示，随着广告客户和读者转向网络，2007—2012 年间纸质报纸的广告收入下滑了 55%，《洛杉矶新闻》《纽约太阳报》等多家报纸停刊，《基督教科学箴言报》《西雅图邮讯报》停止纸质版出版、发行，只发行网络版，《纽约时报》被迫出售、出租标志性建筑——纽约时报大厦，《芝加哥论坛报》《巴尔的摩太阳报》等报业公司申请破产保护，就连曾经曝光美国水门事件的美国知名报纸《华盛顿邮报》最终也难逃厄运，在 2013 年被亚马逊创始人杰夫·贝佐斯以个人身份收购。传统纸媒产品与企业目前正处于衰退阶段。2016 年 9 月美国报业协会更名为新闻媒体联盟(News Media Alliance)，并扩大会员征集范围，允许优先出版网络新闻内容或仅生产数字化原创新闻内容的数字媒体成为其会员，体现了美国新闻传媒行业的未来发展趋势。

9.5.2 波士顿矩阵理论

波士顿矩阵(BCG matrix)理论是 1968 年由波士顿咨询集团提出来的企业管理理论,这一理论提供了一个将业务成长性与市场占有率相结合的二维分析框架,用于描述企业内部常见的几类业务对资金使用与贡献的情况。根据成长性的高低与市场占有率的高低,波士顿矩阵将企业的业务大致分为四类:明星业务(stars)、现金牛业务(cash cows)、瘦狗业务(dogs)及问号业务(question marks),如图 9-1 所示。

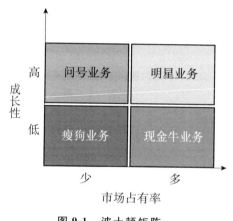

图 9-1 波士顿矩阵

明星业务,这是企业产品或服务处于成长阶段的最佳状态,企业提供的产品或服务的市场需求具有较高的成长性,并且市场占有率很高。明星业务的收入与利润具有很大的增长潜力和成长空间,但由于需要持续投入,企业当前的现金流量并不十分充裕。明星业务的优势在于具有良好的发展前景,未来能够持续创造高增长的业绩。很多股票基金管理人的投资策略就是努力尽早发现具有明星业务的企业并以较低的价格买入其股票。

现金牛业务,这是企业产品或服务处于成熟阶段的次优状态,企业提供的产品或服务的市场占有率虽然很高,但处于生命周期的成熟阶段,所需的维护支持投入很少,未来需求的成长性较低。现金牛业务的收入与利润不再具有成长空间,现金流量十分充裕。

瘦狗业务,这是企业产品或服务处于衰退阶段的最差状态,企业提供的产品或服务的市场需求无法实现大幅增长甚至出现严重萎缩,市场占有率很低,需要大量的资金支持新产品或服务的研发与销售。瘦狗业务的收入与利润每况愈下,现金流量常常入不敷出。对于此类业务,每家企业唯恐避之不及。

问号业务,这是企业产品或服务处于成长阶段的次优状态,企业提供的产品或服务的市场需求处于高速增长阶段,但因缺乏竞争力或促销不力,市场占有率偏低,需要大量的资金支持新产品或服务的研发与销售。问号业务的收入与利润增长潜力充满不确定性,现金流量缺乏稳定性,有时甚至入不敷出。问号业务通常投入资金多,产出收益少,未来有可能发展成为企业的明星业务,也有可能变成瘦狗业务。

波士顿矩阵理论为分析研究企业经营活动、现金流量及经营业绩提供了一个新的视角,其最终目的是引导企业对现有业务进行定位整合,大力发展和扶持明星业务和前景良好的问号业务,稳定维持现金牛业务,同时对瘦狗业务与没有发展前景的问号业务主动采取处置、放弃的策略。

> **注意**
> 企业的某些瘦狗业务是为了保持产品系列完整或防止竞争对手进入,这部分瘦狗业务可以保留。

作为一种常见的企业业务投资组合分析方法,波士顿矩阵法提高了管理人员的分析与决策能力,使得管理人员能以发展战略的眼光来看待企业各项业务,将资金等有限资源分配到最有发展前景的业务上,及时放弃无利可图的业务。但该理论要求企业整体优化配置不同业务的现金流量,将现金牛业务产生的资金转移并配置到明星业务或某些有发展前景的问号业务上,这有可能出现激励错配、跨部门补贴、代理成本上升等问题。如果得到资金支持的明星业务或问号业务从长远来看并不具有比较优势,则企业会出现资源错配问题。

第 10 章

财务比率分析

本章重点介绍财务报表分析过程中常用的财务比率,并具体讲解这些比率所代表的经济含义。与传统教科书分析角度有所不同,本书将财务比率划分为盈利能力与偿债能力两大类,从收益与风险两个维度对财务比率进行详细阐述。最后再简要介绍股票定价与股权投资中常用的财务比率。

财务比率分析是以财务报表数据为基础,通过计算、分析特定的财务比率,加深对企业经营业绩与财务状况的理解。企业内部的管理人员也可以利用分析结果,及时发现企业在生产运营和财务管理中存在的问题与缺陷,并积极采取措施,努力提升企业的价值创造能力。计算财务比率所使用的财务报表项目之间通常应该具有一定的逻辑对应关系,这样可以揭示出个别财务报表项目无法单独直接反映的问题,加深分析人员对财务报表的理解。

尽管国内外很多教科书列出了传统财务报表分析中经常使用的一些财务比率,但这些比率的设计与定义并不是一成不变的,在具体计算分析过程中可能会因某些特殊情况而发生调整。此外,在财务报表分析过程中,分析人员完全可以根据具体的分析目的,自行设计并使用具有特定经济含义的财务比率,不必局限于教科书中介绍的现有比率。

> **注意**
> 在不同的场合下,名称相同的财务比率有可能实际计算的是不同的财务指标。

如何精确测度并有效管理收益与风险是每一家企业必须认真考虑的问题,也是财务报表分析中需要重点关注的内容。通常情况下,股东更关心企业的收益前景,对分析判断企业的盈利能力更感兴趣;债权人则更关心企业的财务风险状况,倾向于对企业的偿债能力进行预测分析,判断企业无法偿债付息的可能性。因此,这里从收益与风险两个维度,分别介绍企业盈利能力分析与偿债能力分析中常用的财务比率。

10.1 盈利能力分析

尽管企业的盈利结果主要通过利润表中的具体经营成果项目反映,例如利润总额、净利润、每股收益等指标,但如果单纯使用利润表来分析盈利能力,则忽视了企业及股东的资源投入情况,无法准确衡量投入产出的效率,难以对企业的真实盈利能力做出客观评价。因此,盈利能力分析既要重点关注利润表中反映的经营成果,又要全面考虑资产负债表中反映的资源投入情况。

10.1.1 净资产收益率

测度企业盈利能力的财务比率有很多,但实际分析中最常用同时也是股东最为关心的财务比率是净资产收益率,也称权益报酬率(return on equity, ROE),其计算公式如下:

$$净资产收益率 = \frac{净利润}{净资产平均余额}$$

净资产收益率的分子是公司在一个会计年度内取得的净利润——如果公司具有非全资子公司或下属机构(例如特殊目的实体)、存在少数股东,则要剔除少数股东损益,使用归属于母公司股东的净利润——代表了归属于公司股东的当期经营成果,体现了股东投资的经济产出含义;分母是公司净资产的平均余额——如果公司具有非全资子公司或下属机构(例如特殊目的实体)、存在少数股东,则要剔除少数股东权益,使用归属于母公司的股东权益——代表了公司占用股东资源的账面价值,体现了股东经济投入的含义。

因此,净资产收益率可以表示股东投入的1元钱在一个会计年度内取得的经济回报,该指标能够较好地反映企业经营过程中股东的投入产出效率,更好地代表股东的利益,通常是股东最为关心的财务比率。

公式分母中的净资产平均余额一般使用企业净资产年初余额与年末余额的简单算术平均数,代表企业净资产的年内平均水平。对于季节性较强的企业,为了提高计算的精确性,降低季节性干扰,也可以使用净资产年初余额与当年四个季度季末余额进行算术平均,这种方法也被称为"五点法"。

中国证监会要求国内上市公司在年度财务报告中必须披露加权平均净资产收益率的计算结果,并且详细规定了加权平均净资产收益率的算法。加权平均净资产收益率的分子为报告期归属于母公司股东的净利润,分母使用的加权平均净资产是综合考虑了期初净资产、报告期发行新股或债转股及当期取得净利润等净资产增加事项,以及股份回购、现金分红或当期发生净损失等净资产减少事项的影响,用净资产变化次月起至年底的月份数占全年12个月的比例作为权重,加权平均得到的结果。

从净资产收益率的计算公式中可以看出,有两种途径可以提高净资产收益率:一是提高当期收益(归属于母公司股东的净利润)——这是很多企业都在努力的方向;二是减少净资产的占用——合理使用债务资本,充分利用企业资源,减少对闲置资源的占用。遗憾的是,很多企业没有把提高企业净资产收益率作为最重要的经营目标,对于减少净资产的占用也并未给予足够的重视,而是一味地追求做大企业规模。

除了努力提高资产使用效率,盈利较好的企业减少对闲置资源占用的最有效方法就是,在没有更好的投资机会时,将取得的经营收益以分配现金股利或回购股票的形式返回给股东。一旦降低了净资产规模,企业占用股东的资源也就相应减少,在净利润不变的情况下,股东的回报率自然就提高了。

小案例

白酒企业提高净资产收益率的简单办法

最近几年,很多白酒企业逐渐走出行业低谷,利润连年增长,净资产收益率在沪深两市居前。表 10-1 列出了贵州茅台与五粮液两家国内白酒企业 2014—2018 年的加权平均净资产收益率,贵州茅台连续多年超过 24% 的加权平均净资产收益率在中外企业中并不多见。

表 10-1 贵州茅台与五粮液 2014—2018 年加权平均净资产收益率比较

企业	2014 年	2015 年	2016 年	2017 年	2018 年
贵州茅台	32.0%	26.2%	24.4%	33.0%	34.5%
五粮液	15.4%	14.9%	15.0%	19.4%	22.8%

资料来源:贵州茅台、五粮液 2014—2018 年年报。

其实,两家白酒企业的潜在净资产收益率并不仅限于此,还有更大的潜力可以进一步挖掘,尤其是在减少净资产占用方面。从表 10-2 中可以看出,两家白酒企业账面上存放着大量货币资金——这部分资金主要是以存款的形式存在银行。贵州茅台的货币资金占总资产的比重连续三年超过 50%,2018 年更是超过总资产的 70%;五粮液的货币资金占总资产的比重也连续四年超过 50%。

综合考虑期初、期末的货币资金状况,2018 年贵州茅台全年货币资金平均余额差不多维持在 1 000 亿元,当年取得利息收入 35.7 亿元,收益率不到

4%。持有如此之多的货币资金,对于白酒企业来说是一种资源闲置,对于社会整体来讲也是一种资源错配。

两家白酒企业不需要做其他复杂工作,只要将闲置的资金以现金股利或股票回购的方式分配给股东即可减少对股东资源的占用,降低净资产平均余额,短期内就可以实现净资产收益率的大幅提升。

表10-2 贵州茅台与五粮液2014—2018年货币资金与总资产情况

企业	项目	2014	2015	2016	2017	2018
贵州茅台	货币资金(亿元)	277	368	669	879	1 121
	总资产(亿元)	659	863	1 129	1 346	1 598
	货币资金占总资产比重(%)	42	43	59	65	70
	归属于母公司股东权益(亿元)	534	639	729	915	1 128
五粮液	货币资金(亿元)	224	264	347	406	490
	总资产(亿元)	464	526	622	709	861
	货币资金占总资产比重(%)	48	50	56	57	57
	归属于母公司股东权益(亿元)	394	433	471	533	635

资料来源:贵州茅台、五粮液公司2014—2018年年报,Wind资讯。

为了更加具体地说明如何运用财务比率分析企业的盈利能力,本章选用了在国内A股上市的两家啤酒制造企业——青岛啤酒与燕京啤酒作为分析样本,对其财务比率进行对比分析。

青岛啤酒与燕京啤酒都属于地方国有控股上市公司,控股股东分别是青岛啤酒集团有限公司和北京燕京啤酒投资有限公司,实际控制人分别是青岛市国资委与北京市政府。两家公司是国内重要的啤酒生产商,2018年分别实现啤酒销量803万千升和392万千升,按照销量排名,在国内啤酒制造企业中分别位居第二位和第四位——排名第一位的华润啤酒在香港上市,适用的会计准则与财务报表格式略有差别。

表10-3列出了青岛啤酒与燕京啤酒两家公司2018年的净资产收益率情况。从表中的数据结果中可以看出,青岛啤酒的净资产收益率高于燕京啤酒6.7个百分点,但是如何解释这一经营成果?是什么原因导致青岛啤酒使用的净资产仅为燕京啤酒的1.4倍,但取得的净利润是燕京啤酒的7.9倍?要回答这些问题还需要对净资产收益率指标进行驱动因素分析。

表 10-3　青岛啤酒与燕京啤酒 2018 年净资产收益率

项目	青岛啤酒	燕京啤酒	两者相比
归属于母公司股东的净利润（亿元）	14.2	1.8	7.9
归属于母公司股东权益平均余额（亿元）	175.6	129.2	1.4
净资产收益率（%）	8.1	1.4	5.8

资料来源：青岛啤酒、燕京啤酒 2018 年年报。

10.1.2　总资产收益率

对净资产收益率进行变换，可以得到下面的关系式：

$$净资产收益率 = \frac{净利润}{净资产平均余额}$$

$$= \frac{净利润}{总资产平均余额} \times \frac{总资产平均余额}{净资产平均余额}$$

净利润除以总资产平均余额与净利润除以净资产平均余额（净资产收益率）十分相似，区别只是在于前者分母是总资产平均余额，后者分母是净资产平均余额。前者也被称为总资产收益率，它反映了企业用 1 元钱的总资产可以取得多少股东收益。

$$总资产收益率 = \frac{净利润}{总资产平均余额}$$

重要辨析

总资产收益率与总资产报酬率

企业运作总资产取得的全部真正回报其实不仅限于股东获得的税后收益（净利润），支付给债权人的利息、缴纳给政府部门的企业所得税也可以理解为总资产回报的组成部分。因此，为了更为全面地衡量企业总资产的回报情况，使用息税前收益（earnings before interests and taxes，EBIT，即企业在支付利息、所得税之前的收益）除以总资产平均余额更为合理，这一指标也被称为总资产报酬率（return on assets，ROA）。总资产报酬率指标能够更为全面地测度企业生产经营人员运用多种来源的资源（不仅限于股东投入的权益资本，还包括债权人投入的债务资本）获取全部收益的能力。与总资产报酬率相比，总资产收益率指标更为简单，计算更为方便，但经济含义不够清晰。

变换公式后出现的总资产平均余额除以净资产平均余额,反映了总资产与净资产之间的比例关系,由于净资产也被称为所有者权益,该比率因此被称为(期间)权益倍数,反映总资产是所有者权益的多少倍。如果要计算某个时点的权益倍数,则可以使用这个时点的总资产余额除以净资产余额。

$$（期间）权益倍数 = \frac{总资产平均余额}{净资产平均余额}$$

$$（时点）权益倍数 = \frac{总资产期末余额}{净资产期末余额}$$

会计恒等式表明,总资产等于所有者权益加上负债。因此,权益倍数越大,说明总资产中负债所占的比重越高,企业面临的财务风险越大。对于存在非全资子公司的企业,包含母子公司在内的集团合并财务报表中,总资产等于负债加上归属于母公司股东的所有者权益及少数股东权益。如果负债规模不变,则少数股东权益增大,权益倍数也会相应增大。

通过前面的变换,可以得到以下关系式:

$$净资产收益率 = 总资产收益率 \times 权益倍数$$

从表10-4中可以看出,青岛啤酒的净资产收益率高于燕京啤酒,主要是由于青岛啤酒的总资产收益率高于燕京啤酒,前者是后者的4.4倍,而两家公司的权益倍数相差并不十分显著——前者是后者的1.4倍。那么又是什么原因导致两家公司的总资产收益率存在差别呢?要回答这一问题,还需要对总资产收益率做进一步的深入分析。

表10-4　青岛啤酒与燕京啤酒2018年净资产收益率分解

项目	青岛啤酒	燕京啤酒	两者相比
净资产收益率(%)	8.1	1.4	5.8
总资产收益率(%)	4.4	1.0	4.4
权益倍数(倍)	1.9	1.4	1.4

资料来源:青岛啤酒、燕京啤酒2018年年报。

重要辨析

净资产收益率与总资产收益率之间的关系

虽然从数学关系式上看净资产收益率等于总资产收益率乘权益倍数,总资产收益率只是净资产收益率的一个影响因素而已,但从企业管理角度来看,总资产收益率却是企业生产经营的结果,是一个基础性指标,对净资产收益率产生主导作用。只有生产经营搞好了,总资产收益率提高了,净资产收益率才有可能持续、稳定地保持较高水平。

至于权益倍数指标,与企业的资本结构有关。企业的经营性负债与商业模式、竞争地位及供应链管理有关,会影响应付账款等无息负债规模,进而影响权益倍数。企业融资性负债及权益资本的调整与生产经营基本无关,通常是由财务部门调整融资策略、改变资本结构进行管控的。

尽管企业增加负债就可以提高权益倍数,但负债融资会增加企业的债务成本——常常表现为利润表中财务费用项目增加,在新增负债不能有效增加收入、带来利润的情况下,虽然权益倍数增大了,但总资产收益率(净利润下降,总资产增加)和净资产收益率(净利润下降,净资产基本不变)会下降。

财务人员能够做到的只是在风险可控的情况下,根据企业的实际情况合理选择融资策略,适当调整权益倍数。因此,权益倍数要受到企业偿债能力与风险防范能力的制约,不能无限制地增大。

从职责权限来看,生产经营人员主要对总资产收益率负责,财务人员主要对权益倍数负责,两项财务指标共同作用,最终影响净资产收益率。但从实际效果来看,多数企业的净资产收益率是由总资产收益率主导的。因此,一般工商企业(非金融类)的价值主要是由非财务人员(生产经营人员)创造的,财务人员只是在企业价值创造过程中起辅助作用。

> **注意**
> 净资产收益率与总资产收益率的考察角度有所不同。净资产收益率是从股东角度出发,考察账面权益资本获取收益的能力;总资产收益率是从公司整体出发,考察总资产获取收益的能力。

10.1.3 销售净利率与毛利率

对总资产收益率进行变换,可以得到下面的关系式:

$$总资产收益率 = \frac{净利润}{总资产平均余额}$$

$$= \frac{净利润}{营业收入} \times \frac{营业收入}{总资产平均余额}$$

净利润除以营业收入被称为销售净利(润)率,该指标测度1元钱的营业收入能够产生多少净利润,可以在一定程度上反映企业收入的盈利质量,衡量企业的获利能力与市场地位。同一行业内销售净利率越高的企业,收入的盈利质量越高,表明企业的市场竞争地位越强,获利能力越强。

根据净利润是否归属于母公司股东,销售净利率又可以区分为归母销售净利率和一般销售净利率(直接使用包含少数股东损益在内的净利润作为分子)。

$$(归母)销售净利率 = \frac{(归母)净利润}{营业收入}$$

优秀企业取得较高的销售净利率有两方面的原因:一是企业成本费用得到有效控制,可以以较低的成本费用设计与生产产品或提供服务,在实现行业平均销售价格的情况下取得更多的净利润;二是企业的产品或服务因具有一定的特质而得到客户的认可,能够以更高的价格售出,在成本费用相近的情况下取得更多的净利润。从表10-5中可以看出,青岛啤酒的销售净利率比燕京啤酒高出3.7个百分点,表明青岛啤酒1元钱的收入可以产生更多的净利润。

表10-5 青岛啤酒与燕京啤酒2018年销售净利率比较

项目	青岛啤酒	燕京啤酒	两者相比
归属于母公司股东的净利润(亿元)	14.2	1.8	7.9
营业收入(亿元)	265.8	113.4	2.3
(归母)销售净利率(%)	5.3	1.6	3.3

资料来源:青岛啤酒、燕京啤酒2018年年报。

与销售净利率较为相关的一个财务比率是成本费用利润率,即用企业当期取得的利润总额除以成本费用总额,这里的成本费用总额一般包括营业成本、税金及附加、销售费用、管理费用、研发费用、财务费用。成本费用利润率与销售净利率存在一定的正相关关系,即在不考虑计入当期损益的利得与损失影响的情况下,销售净利率高通常意味着成本费用利润率也高。国务院国资委近年来持续使用成本费用利润率对中央企业的经营业绩进行动态监测。

> **注意**
> 行业差别对销售净利率与成本费用利润率常常具有主导影响，即不同行业的平均销售净利率与成本费用利润率差别较大。

由于销售净利率的分子净利润受到其他收益、投资收益、公允价值变动收益、资产处置收益以及营业外收入与支出等项目的影响，其结果有时并不能直接反映企业经营活动的真实情况。因此，为了剔除非经营活动的干扰与影响，财务比率分析中更倾向于使用毛利率指标。

毛利率是很多企业经常使用的一个测度收入盈利质量的重要比率。营业收入减去营业成本所得到的差额一般被称为毛利。用毛利除以营业收入所得到的比率就是毛利率。

$$毛利率 = \frac{营业收入 - 营业成本}{营业收入}$$

毛利率的计算结果反映出 1 元钱的营业收入能够产生多少毛利。与销售净利率相比，毛利率聚焦了考察范围，仅仅考虑企业在产品(或服务)生产与销售(或提供)过程中的获利情况，排除了期间费用、投资收益、资产处置收益与资产减值损失及营业外收入与支出等项目的影响，更能反映出制造型企业生产销售产品、商业企业购销商品及服务(劳务)企业提供服务(劳务)等核心经营活动的盈利能力，是企业经营管理过程中非常重要的盈利指标。很多企业的财务报告中董事会或管理层对企业经营情况进行讨论分析时，都会重点关注毛利率指标及其变化情况，并努力解释其变化的原因。

此外，资本市场的监管机构与外部审计师常常使用毛利率作为判断与查验企业会计信息真实性的切入点，通过对被审计单位的毛利率与行业内其他企业的毛利率或该企业过去期间的毛利率进行分析比较，从中查找问题，验证财务数据的真实性与可靠性。

由于不同行业所处的发展阶段及市场景气状况有所不同，不同行业企业的毛利率常常存在一定的差异。表 10-6 显示，近年来国内竞争激烈的消费电子企业的平均毛利率从 2016—2017 年的 24.4% 下滑到 2018 年的 18.6%，房地产企业的平均毛利率大概在 32%—33%，而白酒企业的毛利率普遍较高，10 家白酒企业的平均毛利率连续三年超过70%,并呈现上升趋势。

表10-6 不同行业企业2016—2018年的平均毛利率

企业	2016年	2017年	2018年
消费电子企业	24.4%	24.4%	18.6%
房地产企业	31.2%	32.4%	34.8%
白酒企业	70.6%	74.0%	75.5%

资料来源:根据Wind资讯计算所得。

注:消费电子企业包括TCL、康佳、长虹、海信等19家公司;房地产企业包括万科、保利地产、中粮地产、金地集团等100家公司;白酒企业包括贵州茅台、五粮液、酒鬼酒、泸州老窖等10家公司。

对于同一行业内处在不同产业链位置的企业,毛利率可能存在很大差异。处于产业链上游拥有技术、品牌、研发能力、销售渠道及管理整合能力的企业,毛利率通常较高,而处于产业链下游从事生产、加工及组装业务的企业,毛利率一般较低。如表10-7所示,为苹果公司代工的鸿海精密工业公司2013—2017年的毛利率在6.4%—7.4%,而苹果公司凭借其品牌与技术优势取得的毛利率接近40%,两者相差6倍左右。

表10-7 苹果公司与鸿海精密工业公司2013—2017年毛利率

公司	2013年	2014年	2015年	2016年	2017年
苹果	37.6%	38.6%	40.1%	39.1%	38.5%
鸿海精密工业	6.4%	6.9%	7.2%	7.4%	6.4%

资料来源:苹果、鸿海精密工业2013—2017年年报。

宏碁集团创始人施振荣先生提出的著名的"微笑曲线"(smiling curve)理论刚好可以解释上述情况。该理论将全球产业链划分为研发设计、生产制造、品牌营销三个主要环节(见图10-1)。具有核心技术与品牌优势的企业可以从事研发设计、品牌营销等高附加值业务,而缺少核心技术的企业通常只能从事低附加值的生产制造业务。毛利率指标刚好可以反映企业所从事业务创造附加值的高低。

即便是经营同种类型业务的企业,由于研发设计、生产工艺、发展战略、品牌价值、运营效率及管理能力等方面的差异,企业之间的毛利率也会相差很大。如表10-8所示,虽然白酒企业毛利率整体较高,但行业内企业之间的毛利率仍然存在较大差别,毛利率最高的贵州茅台2016—2018年连续三年毛利率维持在90%左右——意味着1元钱的收入可以产生0.9元左右的毛利,而毛利率最低的老白干酒,1元钱的收入只能产生0.6元左右的毛利。虽然这一指标差异的

图 10-1 微笑曲线

背后存在多方面的原因,但同类企业之间毛利率的持续差距最终体现出企业在市场竞争地位方面的差别。

表 10-8　白酒企业 2016—2018 年毛利率情况

企业	2016 年	2017 年	2018 年
贵州茅台	91.2%	89.8%	91.1%
水井坊	76.2%	79.1%	81.9%
酒鬼酒	75.0%	77.9%	78.8%
古井贡酒	74.7%	76.4%	77.8%
泸州老窖	62.4%	71.9%	77.5%
五粮液	70.2%	72.0%	73.8%
洋河股份	63.9%	66.5%	73.7%
舍得酒业	64.2%	74.6%	72.6%
山西汾酒	68.7%	69.8%	66.2%
老白干酒	59.2%	62.4%	61.2%

资料来源:Wind 资讯。

重要辨析

如何提高企业的毛利率

很多企业为了提升经营业绩,常常把提高毛利率作为改进运营管理的重要目标之一。从企业自身管理的角度来看,生产单一产品的厂商,可以通过提高产品的单位销售价格或降低单位生产制造成本两种手段提高企业的毛利率。

生产多种产品的厂商,除前面的两种手段以外,还可以通过增加高毛利率产品的产销量,改变产品销售组合,提高企业整体毛利率。

然而,数学关系上看似简单的道理,在实际操作中却常常困难重重,很多时候并不是企业简单地提高产品销售价格就能实现毛利率与整体业绩的提升。从长期来看,高销售价格的背后需要有高质量的产品或服务作为支撑。在市场竞争激烈、存在大量可替代产品或服务的情况下,如果没有对现有产品或服务进行设计、质量或性能等方面的改进与提升,而是简单贸然提价,则产品或服务的性价比会下降,市场竞争力会减弱,消费者最终会转向竞争对手,产品或服务的销量会因此下降。即使短期内毛利率可能得到提升,但由于销量的下降更为严重,企业整体业绩不仅无法得到提升,反而会因此大幅下滑。

因此,提价策略的成功实施有赖于企业对行业趋势、市场状况、客户需求的精准把握,以及对前期设计、材料选用、生产工艺、加工流程的深入研究,特别是要准确定位客户的真实有效需求,根据客户的实际需求,在产品设计、生产流程、销售渠道及售后服务等方面做出创新与改进,拉开与竞争对手之间的差距,提高客户对产品或服务的认同感与满意度之后,提价策略才会达到预期效果。

至于降低产品的单位生产制造成本,一方面需要产品销售与设计人员深刻理解产品性能与客户需求,通过改进产品设计、减少不必要的生产工艺,大幅削减或严格控制无收益、低收益的相关开支,在实现产品性能与客户需求有效对接的同时,控制产品的设计与制造成本;另一方面也需要给予研发与生产制造人员足够的激励,让相关人员可以分享到节约成本的经济成果,从而提高全员的主观能动性,尽最大可能改进技术,提高效率,控制支出。

毛利率的高低仅仅是经营活动的结果。企业若想长期取得相对较高的毛利率,则一定要在经营过程中取得竞争优势,要么产品新颖独特、替代品无法与其竞争——实施所谓的"差异化"战略,要么具有较高的生产效率、能够有效控制成本——实施所谓的"低成本"战略,这样才能在市场竞争中持续处于有利的地位。各方面表现平平的企业,从长期竞争来看,不具备取得较高毛利率的基础。美国麻省理工学院(MIT)商学院创始人阿尔弗雷德·斯隆先生所说的商战成功的秘诀在于"与众不同,或者成本领先",讲的就是这个道理。

> **注意**
>
> 现代企业中,大约80%的产品生产制造成本是在真正开始生产之前的产品设计阶段固化下来的。企业如果想要大幅降低产品的生产制造成本,则一定要在产品设计阶段下功夫。

对比青岛啤酒与燕京啤酒两家公司啤酒业务的毛利率(见表10-9)可以发现,青岛啤酒的毛利率低于燕京啤酒1.7个百分点。两家公司年报中披露的结果显示,青岛啤酒与燕京啤酒两家公司啤酒业务的毛利率分别为37.7%和39.4%。青岛啤酒整体毛利率较低的主要原因是华东、华南地区啤酒业务毛利率较低,分别只有22.7%和15.7%。

表10-9 青岛啤酒与燕京啤酒2018年啤酒业务毛利率比较

项目	青岛啤酒	燕京啤酒	两者相比
毛利(亿元)	100.2	42.3	2.37
营业收入(亿元)	265.8	107.3	2.48
毛利率(%)	37.7	39.4	0.96

资料来源:青岛啤酒、燕京啤酒2018年年报。

2018年,国内啤酒行业整体低迷,产销量持续下降。青岛啤酒继续推进"青岛啤酒主品牌+崂山啤酒第二品牌"的品牌战略,2018年公司主品牌青岛啤酒实现销量391万千升,同比增长3.97%,其中"奥古特""鸿运当头""经典1903""纯生啤酒"等高端产品实现销量173万千升,同比增长5.98%。尽管如此,受到华东地区的严重拖累,公司啤酒业务的毛利率与上一年度相比,下降了2.9个百分点。

燕京啤酒继续推进所谓的"1+3"品牌战略——以"燕京"为主品牌,"漓泉""惠泉""雪鹿"为区域品牌,加大品牌宣传力度,2018年公司啤酒销量达到392万千升,其中燕京主品牌销量273万千升,占总销量的69.6%,"1+3"品牌销量365万千升,占总销量的93.1%。公司啤酒业务的毛利率与上一年度相比,上升了1.4个百分点。

> **注意**
>
> 青岛啤酒的啤酒业务毛利率比燕京啤酒低1.7个百分点,但归母销售净利率比燕京啤酒高3.7个百分点,主要是由于公司税金及附加、管理费用占营业收入的比重较低,利息收入远远超过利息支出,导致财务费用为负,这些因素整体提升了归母销售净利率。

10.1.4 总资产周转率

总资产收益率的另一项驱动因素是营业收入除以总资产平均余额的结果,这一比率被称为总资产周转率。

$$总资产周转率 = \frac{营业收入}{总资产平均余额}$$

总资产周转率测度1元钱的总资产能够产生多少营业收入,用来反映资产运营效率,衡量企业利用资产创造营业收入的营运能力。企业使用同样的资产产生的营业收入越多,或者产生同样的营业收入占用的资产越少,表明企业资产的运营效率越高。

不同行业的企业由于生产周期、制造流程及资产结构等行业特点不同,总资产周转率差异较大。表10-10列示了不同行业的企业2018年总资产周转率情况。其中,中国联通属于通信企业,南方航空属于航空运输企业,两家公司均属于资本密集型的服务企业,总资产中非流动资产所占比重较高,资产的整体流动性较差,单位资产产生的营业收入较少,因此总资产周转率相对较低。永辉超市属于零售企业,总资产中流动资产所占比重较高,公司的主要盈利活动就是依靠商品快速周转实现的,因此总资产周转率较高,达到了1.9次。格力电器属于制造企业,总资产周转率居中。

表10-10 不同行业的企业2018年总资产周转率对比

企业	行业	营业收入(亿元)	总资产平均余额(亿元)	总资产周转率(次)
中国联通	通信	2 909	5 577	0.5
南方航空	航空运输	1 436	2 325	0.6
格力电器	制造	1 981	2 331	0.8
永辉超市	零售	705	363	1.9

资料来源:中国联通、南方航空、格力电器、永辉超市2018年年报。

对于同一行业内的企业,资产质量越好、运营效率越高,总资产周转率越高。通过表 10-11 可以看出,2018 年青岛啤酒占用的总资产仅为燕京啤酒的 1.8 倍,但取得的营业收入是燕京啤酒的 2.3 倍,资产的运营效率较高,单位资产创造的营业收入较多。因此,综合来看青岛啤酒的总资产周转率是燕京啤酒的 1.3 倍。

表 10-11 青岛啤酒与燕京啤酒 2018 年总资产周转率对比

项目	青岛啤酒	燕京啤酒	两者相比
营业收入(亿元)	265.8	113.4	2.3
总资产平均余额(亿元)	325.3	182.9	1.8
总资产周转率(次)	0.8	0.6	1.3

资料来源:青岛啤酒、燕京啤酒 2018 年年报。

总资产周转率虽然可以笼统地描述企业整体资产的运营效率,但企业总资产中的非流动资产通常不会真正发生周转,只有流动资产中的存货、应收账款等部分资产才会周转流动,较为符合资产周转的概念。因此,企业经常使用存货周转率(inventory turnover)、应收款项周转率(receivables turnover)等指标来具体衡量某类专项资产的运营效率。总资产周转率可以理解为这些专项资产周转率综合影响的结果。

1. 存货周转率

制造企业和商业企业的存货被出售后,其价值形成营业成本,因此存货与营业成本存在一定的对应关系。对于制造企业来说,最为理想的状况是,企业用购入的原材料以最快的速度生产出产成品,并在最短的时间内把产成品销售出去。对于商业企业来说,最为理想的状况是,企业能够将购入的商品立即卖给客户,避免存货积压。因此,企业的生产与销售过程越快,存货的周转效率越高。财务报表分析中定义了存货周转率这一财务比率,即用营业成本除以存货平均余额来测度某一期间内存货的周转状况,进而反映企业产品生产与销售的运营效率。

$$存货周转率 = \frac{营业成本}{存货平均余额}$$

表 10-12 列出了青岛啤酒与燕京啤酒 2018 年的存货周转率情况。从中可以看出,青岛啤酒的营业成本几乎是燕京啤酒的 2.4 倍,但存货平均余额仅为燕京啤酒的 0.6 倍。相比之下,青岛啤酒的存货周转效率较高,存货周转率为燕京啤酒的 3.9 倍。

表 10-12　青岛啤酒与燕京啤酒 2018 年存货周转率对比

项目	青岛啤酒	燕京啤酒	两者相比
营业成本(亿元)	165.6	69.7	2.4
存货平均余额(亿元)	25.2	40.0	0.6
存货周转率(次)	6.6	1.7	3.9

资料来源：青岛啤酒、燕京啤酒 2018 年年报。

> **注意**
>
> 虽然存货周转率对于制造企业和商业企业来说具有一定的经济含义，但对于服务企业来说，企业的主要盈利活动不在于存货的流转，当期结转的存货成本并不构成营业成本的主要部分，因此存货周转率指标并不具有清晰的经济含义，计算分析存货周转率的意义非常有限。

2. 应收款项周转率

企业为了促进产品销售，一般会允许客户在收到货物或接受服务之后的一段时间再支付款项，从而形成应收账款；如果客户为此债务开具了商业汇票并交给企业，则形成应收票据。应收账款与应收票据可以统称为应收款项。企业产生的应收款项与赊销收入存在一定的对应关系。如果企业赊销收入与应收款项期末余额维持一个较高的比例，则说明企业能够及时收回应收款项，减少客户对企业资金的占用；相反，如果企业账面的应收款项持续大幅增长（增幅甚至超过赊销收入）、期末余额较大（暂不考虑企业做假账的可能），则说明客户占用企业的资金量较大，企业收款效率较低，竞争力较差。由于财务报表中一般不单独披露赊销收入净额，实际计算中通常使用营业收入代替赊销收入作为应收款项周转率的分子。应收款项周转率反映出企业销售回款的能力，同一行业内的企业应收款项周转率的差异可以反映出其产品或服务市场竞争能力之间的差别。

$$应收款项周转率 = \frac{营业收入}{应收款项平均余额}$$

表 10-13 列出了青岛啤酒与燕京啤酒 2018 年的应收款项周转率情况。从中可以看出，青岛啤酒的营业收入为燕京啤酒的 2.3 倍，但应收款项平均余额仅为燕京啤酒的 0.8 倍，应收款项回收比例较高，应收款项周转率为燕京啤酒的 2.9 倍。

表 10-13　青岛啤酒与燕京啤酒 2018 年应收款项周转率对比

项目	青岛啤酒	燕京啤酒	两者相比
营业收入（亿元）	265.8	113.4	2.3
应收款项平均余额（亿元）	1.7	2.1	0.8
应收款项周转率（次）	156.4	54.0	2.9

资料来源：青岛啤酒、燕京啤酒 2018 年年报。

重要辨析

企业资产结构对总资产周转率的影响

企业持有的低效、无效资产通常无法创造收入，或者只能创造少量有限收入，而总资产周转率是用企业的营业收入除以总资产的平均余额，如果低效、无效资产在总资产中所占的比重过高，则必将拉低总资产周转率。

对于非金融类企业来说，账面长期闲置的货币资金属于低效、无效资产，创收能力十分有限。青岛啤酒在存货周转率为燕京啤酒的 3.9 倍、应收款项周转率为燕京啤酒的 2.9 倍的情况下，总资产周转率仅为燕京啤酒的 1.3 倍，其中最重要的原因就是青岛啤酒持有的货币资金过多，在总资产中所占的比重较高（如前面的分析所示，青岛啤酒的货币资金占总资产的比重超过 30%，接近燕京啤酒相应比例的 3 倍），严重拉低了资产整体的周转率。

使用资产周转率指标是从资产运营效率的角度来考察资产的周转情况，实际分析中也可以使用一年的 365 天（或 360 天）除以资产运营效率，得到资产运营一个营业周期所需要的天数，即资产周转天数。相比之下，资产周转天数更为形象、直观，容易理解，便于计量与管控。因此，很多企业在经营管理过程中，更习惯于使用资产周转天数指标。例如，一些制造企业将生产出来的产品赊销给客户，双方常常约定在 30—60 天的期限内付款。

$$总资产周转天数 = \frac{365}{总资产周转率}$$

$$存货周转天数 = \frac{365}{存货周转率}$$

$$应收款项周转天数 = \frac{365}{应收款项周转率}$$

小案例

房地产企业与零售企业资产周转状况

不同行业的企业通常具有不同的生产经营特征,由此导致财务比率存在一定的差异。房地产企业由于土地开发、房屋建造等固有的生产周期,存货周转时间较长,由此导致总资产周转率相对较低;而零售企业的商品一般流转较快,平均存货周转时间不超过 4 个月,总资产周转率普遍较高。表 10-14 列出了房地产企业与零售企业 2016—2018 年资产周转状况。

表 10-14 房地产企业与零售企业资产周转状况对比

企业类别	平均存货周转天数			平均总资产周转率		
	2016 年	2017 年	2018 年	2016 年	2017 年	2018 年
房地产企业	2 150	2 509	2 142	0.3	0.2	0.3
零售企业	113	108	106	1.2	1.1	1.1

资料来源:Wind 资讯。

注:房地产企业包括万科、保利地产、中粮地产、金地集团、华夏幸福等 100 家公司;零售企业包括华东医药、步步高、苏宁易购、永辉超市等 88 公司。

10.1.5 杜邦分析

根据前面介绍的内容,把净资产收益率的公式重新整理后,可以得到以下关系式:

$$净资产收益率 = 销售净利率 \times 总资产周转率 \times 权益倍数$$

这种将净资产收益率指标分解为多项驱动因素的分析方法最早是由美国杜邦公司提出并使用的,因此被命名为杜邦分析法。杜邦分析法将简单的净资产收益率进行分解,最后得到销售净利率、总资产周转率及权益倍数三项指标,指出了企业从不同角度提高净资产收益率的努力方向,是目前企业最常用的财务报表分析方法。

利用杜邦分析法,可以发现青岛啤酒净资产收益率相对较高的原因主要是总资产收益率较高(见表 10-15)。进一步来看,一方面青岛啤酒的销售净利率较高,为燕京啤酒的 3.31 倍,另一方面总资产周转率较高,为燕京啤酒的 1.33 倍(存货周转率和应收款项周转率分别为燕京啤酒的 3.88 和 2.90 倍),两者综合后青岛啤酒的总资产收益率比燕京啤酒高出 3.4 个百分点,是后者的 4.4 倍。

而两家公司的权益倍数不存在太大差别。

表 10-15　青岛啤酒与燕京啤酒 2018 年净资产收益率杜邦分析

项目	青岛啤酒	燕京啤酒	两者相比
净资产收益率(%)	8.1	1.4	5.79
总资产收益率(%)	4.4	1.0	4.40
(归母)销售净利率(%)	5.3	1.6	3.31
毛利率(%)	37.7	39.4	0.96
总资产周转率(次)	0.8	0.6	1.33
存货周转率(次)	6.6	1.7	3.88
应收款项周转率(次)	156.4	54.0	2.90
权益倍数(倍)	1.9	1.4	1.36

资料来源:青岛啤酒、燕京啤酒 2018 年年报。

小案例

对零售超市的杜邦分析

高鑫零售、永辉超市、家家悦和华联综超是国内四家主营超市业务的上市零售企业。超市经营的关键在于低买高卖,消费者对超市的最大期盼就是物美价廉,而绝大多数超市都以薄利多销为经营策略。薄利多销体现在财务比率上就是低毛利率、高资产周转率——尤其是高存货周转率。

从表 10-16 中可以看出,在四家超市中,永辉超市零售业务的销售毛利率最低,销售毛利率低意味着对采购来的商品再销售时加价较低。如果四家超市的商品采购价格相当,则意味着永辉超市的商品销售价格相对较低,具有价格优势。表 10-17 表明永辉超市的存货与营业收入规模目前仅低于高鑫零售,由此推测永辉超市的整体采购价格大体上应该不高于家家悦与华联综超。

表 10-16　国内四家超市 2016—2018 年零售业务销售毛利率与存货周转天数

超市	销售毛利率(%)			存货周转天数		
	2016 年	2017 年	2018 年	2016 年	2017 年	2018 年
高鑫零售	23.9	24.1	25.3	66	69	70
永辉超市	16.6	16.4	17.1	42	44	45
家家悦	21.7	21.6	21.8	53	52	46
华联综超	22.1	22.7	22.2	57	54	48

资料来源:根据高鑫零售、永辉超市、家家悦、华联综超 2016—2018 年年报计算所得。

表 10-17　国内四家超市 2016—2018 年的存货与营业收入规模

超市	存货			营业收入		
	2016 年	2017 年	2018 年	2016 年	2017 年	2018 年
高鑫零售	154	142	145	1 009	1 034	1 004
永辉超市	54	56	81	492	586	705
家家悦	13	13	13	108	113	127
华联综超	15	12	12	124	118	116

资料来源：根据高鑫零售、永辉超市、家家悦、华联综超 2016—2018 年年报计算所得。

再看四家超市的存货周转情况，永辉超市的存货周转天数最短，意味着存货周转得最快，生鲜农产品及食品饮料相对更为新鲜。由此可以看出，永辉超市较为成功地实现了薄利多销战略。虽然目前总资产收益率和净资产收益率（见表 10-18）与行业龙头高鑫零售相比仍存在一定差距，但近年来永辉超市营业收入快速增长（见表 10-17），2017 年与 2018 年连续两年新开门店超过 100 家，具有较大的增长潜力，截至 2018 年年底，永辉超市已经进入 24 个省市，拥有超市门店 708 家，主要分布在东南沿海、川渝、长三角、华北等区域。如果能够保持目前的发展态势，那么永辉超市有机会在未来 3—5 年内在经营规模上赶超高鑫零售。

表 10-18　国内四家超市 2016—2018 年的总资产收益率与净资产收益率

超市	总资产收益率（%）			净资产收益率（%）		
	2016 年	2017 年	2018 年	2016 年	2017 年	2018 年
高鑫零售	4.4	4.7	4.3	12.1	12.7	11.3
永辉超市	4.9	5.4	2.8	7.9	9.3	7.5
家家悦	4.8	5.1	6.3	15.1	12.9	16.5
华联综超	−2.3	0.7	0.8	−9.2	2.9	3.1

资料来源：根据高鑫零售、永辉超市、家家悦、华联综超 2016—2018 年年报计算所得。

对于零售行业而言，规模效应相当明显。零售企业只有达到一定的经营规模，才能在采购环节取得巨大优势，增强对供应商的议价能力。同时，全国性经营有助于提升零售企业的知名度与品牌效应，有效分摊企业供应链成本。因此，尽管家家悦近年来总资产收益率、净资产收益率等盈利指标表现得不错——在四家超市中居首，但由于公司目前主要集中在山东省内发展，尚未形成全国性扩张的态势，现阶段还无法判断其未来是否具有冲击行业龙头的潜质。

尽管净资产收益率与杜邦分析法在财务比率分析中得到广泛应用,但其也存在一定的缺陷。杜邦分析法将净资产收益率分解为销售净利率、总资产周转率及权益倍数三项驱动因素,从形式上看似乎提高三项指标中的任何一项都可以提高净资产收益率,但这需要一个前提条件,即提高某项指标时并不降低其他指标。在实际经营中,驱动因素的调整常常相互影响,变化较为复杂,很难满足这个前提条件。

例如,三项驱动因素中权益倍数的分子是企业总资产平均余额,分母是所有者权益平均余额,只要企业简单增加有息负债,就可以提高权益倍数,但这样是否可以提高净资产收益率呢?未必。如果企业新增负债带来的资源无法得到有效利用,不能产生新增收入和利润,那么在收入不变、利息费用增加的情况下,企业的净利润将会下降,销售净利率随之下降;同时,由于负债增加导致总资产增加,总资产周转率也会下降,三项指标中权益倍数上升,销售净利率和总资产周转率下降,最终结果会如何?净资产收益率将会下降——简单增加有息负债规模不会影响净资产,但有息负债增加导致当期利息费用增加、净利润减少,由此净资产收益率必然下降。

因此,在使用杜邦分析法时一定不能把三项驱动因素视为孤立的、静止的关系,要充分考虑各项驱动因素之间的相互影响及联动效应。在各项驱动因素的变化较为复杂,难以辨别净资产收益率受到的最终影响时,回归净资产收益率指标的定义式进行分析将会更为方便、简洁。

大型企业通常净资产规模巨大,为了达到较高的净资产收益率需要实现更多的净利润,在行业发展空间有限的情况下,给企业生产经营管理带来较大压力。相比之下,小型企业净资产规模有限,达到较高的净资产收益率相对容易。因此,在使用净资产收益率指标评价企业业绩时,小型企业相对有利。由此可以看出,成熟型企业如果没有好的投资机会,则应该大规模分配现金股利或回购股票,努力控制净资产规模,以便将净资产收益率维持在较高水平。

在进行企业内部业绩评价时,如果过于强调净资产收益率指标,则管理人员往往会在净资产收益率较高时主动放弃一些回报率不错、但不及企业当前净资产收益率的项目——投资这些项目将会拉低企业整体的净资产收益率。即便某些项目回报率超过企业当前的净资产收益率,但如果项目建设周期较长,前期没有回报或回报率较低,则重视短期收益的管理人员同样会拒绝投资。由此,会造成投资不足,严重影响企业未来的发展潜力。

10.1.6 经济增加值

近年来,国内外学术界与实务界热衷于使用经济增加值(economic value added,EVA)——又称经济利润、经济附加值——来分析评价企业的经营业绩。经济增加值的概念由美国思腾思特公司在1982年提出并大力推广,其核心思想是:传统的会计利润在评价企业经营业绩时存在缺陷,净利润中包含了很多一次性、不可持续的非正常营业活动产生的损益及缺少现金流量支撑的损益,严重影响了盈余质量,同时计算净利润时只考虑了债务资本成本——利息费用,并没有考虑股东投入资本的资本成本——权益资本的正常回报要求。因此,传统的会计利润无法真实、准确地反映企业的经营业绩,只有对净利润进行适当的调整与改造,完全扣除债务与所有者权益资本成本后,才能计算出企业真正的盈利。

经济增加值指标既考虑了债权人的资本成本,又考虑了股东的资本成本,强化了管理人员对有效使用资本的重视,较好地统一了企业经营业绩与股东利益之间的关系,在一定程度上避免了使用净资产收益率及投资报酬率等指标评价企业经营业绩时产生的投资不足问题。同时,在经济增加值的计算过程中对净利润进行了必要的调整,降低了管理人员操纵利润的空间,提高了盈余质量。

美国《财富》杂志曾高度赞扬经济增加值指标的作用与意义,认为使用经济增加值指标测度与评价经营业绩是现代企业管理的一场革命。经济增加值不仅是一项高质量的业绩指标,还是一套进行全面财务管理的架构,也可以作为一种经理人薪酬奖励机制,能够影响一家企业从董事会到基层的所有决策,甚至可以改变一家企业的文化。

不过,经济增加值的核心经济思想并不是思腾思特公司的原创,经济学中早就提出过"剩余收益"的概念,即计算收益时要扣除全部资本成本。美国著名管理学家彼得·德鲁克也曾在《哈佛商业评论》中对经济增加值做出评述:"经济增加值绝不是一个新概念,它只不过是对经济学家提出的'剩余收益'概念的发展,并具有了可操作性和一定的灵活性。"

具体计算时,经济增加值在传统会计利润的基础上主要进行了两方面的修正:一是剔除了会计利润中的一些干扰因素,将财务会计中的净利润指标调整为税后净营业利润;二是全面考虑了资本成本,用税后净营业利润减去企业的全部资本成本,即股东和债权人投资企业期望取得的回报。其计算公式如下:

$$经济增加值 = 税后净营业利润 - 资本成本$$

公式中税后净营业利润与利润表中净利润的差别在于,前者在净利润的基础上加回了利息支出,调整了研发费用等项目,剔除了一次性非经常性损益及没有现金流量支撑的损益。公式中的资本成本通常使用企业占用的资本乘加权平均资本成本率得到。

在计算经济增加值的过程中,确定加权平均资本成本率是关键。对于债务资本,资本成本率通常就是有息负债利率的加权平均值;对于权益资本,资本成本率的确定较为复杂,主要取决于股东对股权投资的期望收益率,而期望收益率本身具有一定的主观性,实际操作中不容易精确测度。上市公司确定权益资本成本时,常常根据公司过去某一时期股票实际收益率与市场实际收益率的历史数据,利用金融学中的资本资产定价模型(capital asset pricing model,CAPM),推算出股东的预期收益率。对于非上市企业,一般使用股利增长模型或参照行业内其他企业的情况来确定股东的预期收益率。加权平均资本成本率由债务资本成本率与权益资本成本率按照债务资本与权益资本各自在总资本中所占的比重加权平均得到。

 重要辨析

国资委实施经济增加值考核中央企业的激励效果分析

国务院国资委从2010年开始使用经济增加值指标替代净资产收益率指标对中央企业负责人的经营业绩进行考核。目前,中央企业年度经营业绩考核的基本指标只包含净利润与经济增加值两项经济指标。

根据国资委的规定,计算中央企业经济增加值时的税后净营业利润要在净利润的基础上加回利息支出与研发费用调整项,同时全额扣除企业通过变卖主业优质资产等取得的非经常性收益。

中央企业占用资本的资本成本率由债务资本成本率与权益资本成本率按照有息负债与权益平均余额加权平均得到。其中,债务资本成本率由费用化和资本化的利息支出总额除以平均有息负债得到。对于权益资本成本率,充分竞争领域的商业类企业原则上定为6.5%;关系国家安全、国民经济命脉,承担重大专项任务的商业类企业原则上定为5.5%;公益类企业原则上定为4.5%。并且考虑到在建工程类的资产短期内无法产生效益,在计算企业资本成本时也予以剔除。

抛开中央企业管理的产权制度因素,仅仅从国资委实施经济增加值考核的技术层面来分析,对于充分竞争领域的商业类企业,股东仅仅要求6.5%的期望收益率,考核要求过于宽松。

这些中央企业凭借国有背景,在金融市场上可以轻易地取得较低成本的债务融资,经过加权平均之后得到的资本成本率控制在6.5%并不困难。企业完全可以通过传统发展方式,投资于回报率超过6.5%的项目,同时提高经济增加值与净利润,企业负责人可以轻松地通过责任考核,很难下功夫进行提质增效方面的根本转变,不利于资本的优化配置,对于中央企业转变发展方式无法起到促进和推动作用。从投入产出效率来讲,采用经济增加值考核中央企业负责人对促进企业转型的效果还不如净资产收益率。

不难发现,在资本成本无法真实、合理确定的情况下,使用经济增加值指标来评价企业的经营业绩,将难以有效地控制企业规模对评价结果的影响。尤其是在资本成本相对较低或被人为压低的情况下,企业占用资本对经济增加值的影响被严重弱化,企业规模的差异往往对经济增加值结果产生主导影响,使得大型企业创造的经济增加值被系统性高估,大大削弱了经济增加值在业绩评价时的客观性。

20世纪50年代,通用电气公司曾在内部业绩评价中使用剩余收益指标——其基本思想与经济增加值一致——代替投资报酬率指标,但经过一段时间的尝试之后,由于实施效果欠佳,最终还是放弃了剩余收益指标,又恢复使用投资报酬率指标。由此也可以看出,经济增加值作为一种业绩评价工具与指标,在实际操作中其应用效果并不像《财富》杂志所描述的那样神奇,在某些情况下可能还不如使用净资产收益率或投资报酬率等传统指标评价业绩效果理想。

无论是净资产收益率,还是经济增加值,都只是从收益角度衡量企业经营业绩的财务指标,并没有考虑企业面临的财务风险。而收益与风险是一家企业的两个方面,财务报表分析必须兼顾两者,不能顾此失彼。

10.2 偿债能力分析

与股东关心收益不同,债权人并不苛求企业取得过高的收益,而是更关心借出去的资金及相应的利息能否到期收回,注重对企业财务风险的测度,关注企业偿债能力的变化。偿债能力分析就是针对企业资本结构、短期流动性及现金流量等方面进行的财务比率分析。

10.2.1 资本结构分析

从会计恒等式中可以看出,企业筹集资金主要有两种外部来源:一种是来自股东的投资,被称为股权融资;另一种是来自债权人的借款,被称为债务融资。

不同融资方式具有不同的特征。股权融资不需要还本付息,企业没有硬性的现金流支出压力,但要与其他股权投资者分享企业的控制权和收益,融资成本相对较高,财务风险较小。如果企业过于依赖股权融资,大量对外增发股票,则原控股股东有失去企业控制权的风险。债务融资不需要与他人分享企业的控制权和收益,原控股股东失去企业控制权的风险较小,但由于本金与利息的支付通常存在固定期限,企业有到期还本付息的现金流出压力,因此如果未能按时还本付息,则企业将面临破产的风险。与股权融资相比,由于债权人承担的风险较小,债务融资的成本不高。

世界各地的税务部门在计算企业所得税时都允许企业将费用化的利息支出作为当期财务费用在计算应纳税所得额时扣除,而向股东支付的股利却只能来自企业缴纳所得税后的净利润。因此,与权益融资相比,债务融资具有抵减所得税支出的好处,学术界常常将其称为税盾(tax shield)作用。

> **注意**
>
> 符合资本化条件的部分利息支出,成为固定资产或无形资产等资产购置成本的一部分,这部分利息支出在以后期间仍然可以以折旧、摊销的形式计入成本费用,抵减所得税支出。

此外,债务融资可以在一定程度上改善公司治理,降低代理成本。由于信息的不对称与契约的不完备,公司的委托人——股东,不得不对代理人的行为后果承担风险。一定比例的债务融资对公司现金流出形成硬性压力,会迫使管理人员努力工作,做出更好的投资与经营决策,取得足够多的资金偿还本金、支付利息,由此增加了管理人员的经营压力,起到了更强的激励约束作用,从而有利于降低公司的代理成本。

重要辨析

如何确定长期债务融资的规模

企业在进行长期债务融资时,需要考虑两个必要条件。第一个条件是新增资金用于投资取得的收益率要大于债务的资本成本率——可以简单理解为借款利率。此时企业以低成本借来的资金经过运作可以取得较高的收益,扣除借款利息后的差额归股东所有(如果考虑企业所得税的影响,有一部分差额还要以所得税的形式交给政府),负债发挥了财务杠杆效应,股东在没有增加投入的情况下取得了更多的收益,净资产收益率相应提高。只有首先满足这一条件,才有必要考虑是否进行长期债务融资。商业银行是充分利用财务杠杆效应最典型的企业,其以较低的存款利率吸收存款,然后再以较高的贷款利率发放贷款,存贷款之间的利息差额归银行的股东所有。

第二个条件是要确保企业在债务期间可以按时支付利息、偿还本金。企业在项目投资运营过程中回收资金的时点有可能与债务的还本付息时点并不一致,这需要财务人员预先进行测算,编制资金计划,安排资金头寸,使资金收支在数量和时间方面达到动态的协调平衡。如果不能妥善解决资金流入、流出时间匹配问题,就有可能债务到期无法按时还本付息,将会出现财务危机,使企业面临破产的风险。

从公司股东的角度来看,债务融资对收益的影响主要体现在财务杠杆(financial leverage)效应上。由于债务融资一般支付固定的利息费用,在公司利用负债筹集到的资金取得更高收益的情况下,向债权人支付利息费用后,剩余的收益都归股东所有,由此增加了股东的收益;在公司运作负债筹集的资金出现经营亏损的情况下,股东除了要承担全部经营损失,还要向债权人支付固定的利息费用,由此加重了股东的财务负担。这种因债务融资产生固定的利息支出而放大股东的收益与损失的影响就是财务杠杆效应。负债企业也因此常常被称为杠杆企业。

虽然近年来国内资本市场快速发展,天使投资基金、风险投资(venture capital)基金及私募股权(private equity)投资基金蓬勃兴起,为企业股权融资提供了更多的资本,但从国内企业整体融资情况来看,目前仍以债务融资——特别是银行贷款——为主。从中国人民银行公布的2018年社会融资规模的存量和增量来看,非金融企业股票融资所占比重仅为3.5%和1.9%,其余均可理解为广义债务融资。这主要与国内金融制度环境有关,商业银行在国内金融活动中发挥主导作用。

表10-19 2018年社会融资规模的存量和增量情况

	2018年年末		2018年	
	存量（万亿元）	同比增速（%）	增量（亿元）	同比增减（亿元）
社会融资规模	200.75	9.8	192 584	−31 386
其中:人民币贷款	134.69	13.2	156 712	18 280
外币贷款(折合人民币)	2.21	−10.7	−4 201	−4 219
委托贷款	12.36	−11.5	−16 067	−23 837
信托贷款	7.85	−8.0	−6 901	−29 456
未贴现的银行承兑汇票	3.81	−14.3	−6 343	−11 707
企业债券	20.13	9.2	24 756	20 335
地方政府专项债券	7.27	32.6	17 852	−2 110
非金融企业境内股票融资	7.01	5.4	3 606	−5 153
其他融资	5.25	43.3	15 901	5 834
其中:存款类金融机构资产支持证券	1.28	86.7	5 940	3 963
贷款核销	3.01	50.9	10 151	2 565

资料来源:中国人民银行《2018年社会融资规模增量统计数据报告》。

除金融制度环境以外,企业的市场竞争力对资本结构的选择也会产生影响。市场竞争力强的企业可以更为主动地利用供应链增加经营性债务,例如预收账款(合同负债)或应付账款,这样不仅可以有效缓解企业的资金压力,还能够降低企业的融资成本。

控股股东对财务风险的容忍程度也会影响企业的资本结构选择。如果大股东愿意承担更大的财务风险,则可以在一定限度内增加企业的债务规模,提高企业的资产负债率。20世纪80年代在美国华尔街风行一时的垃圾债券就是一个很好的例证。

小案例

杠杆收购

杠杆收购(leveraged buyout,LBO)是指公司或个人利用收购目标的资产或其未来产生的现金流量作为债务抵押或担保,通过债务筹集资金实现对公司股权或资产收购的策略。

杠杆收购可以有效缓解收购方短期资金大规模支出的压力。由于国外债券市场较为发达,因此很多外国公司在杠杆收购过程中通过在市场上发行大量评级较低、风险较高的债券——这种债券也被称为垃圾债券(junk bond)——来筹集资金。

关于杠杆收购与垃圾债券最经典的案例就是20世纪80年代私募股权投资机构KKR公司(Kohlberg Kravis Roberts & Co. L. P.,KKR)收购美国雷诺兹-纳贝斯克(RJR Nabisco)公司。这一收购案由于交易金额达到了创纪录的250亿美元,成为当时公司史上规模最大的杠杆收购案,因此也被称为"世纪大收购"。

1988年10月,以罗斯·约翰逊为首的雷诺兹-纳贝斯克高管团队认为公司股价被严重低估,因此向董事会提出管理层收购公司股权(management buyout,MBO)的议案,随后经验丰富的私募股权投资机构KKR公司作为雷诺兹-纳贝斯克管理层的竞争对手参加了收购战。经过激烈的角逐,最后KKR公司胜出,但收购的代价巨大,交易金额达到250亿美元。KKR公司为完成收购实际动用的资金不到20亿美元,其余绝大部分资金都是靠垃圾债券大王迈克尔·米尔肯发行垃圾债券取得的。

偿债能力分析中的资本结构分析,就是计算企业的负债与所有者权益之间的相互比例,考察企业资金的来源及其偿还要求与风险。资产负债率和资本负债率是资本结构分析中两个最重要的财务比率。

1. **资产负债率**

国内企业在资本结构分析中最常用的指标就是资产负债率,即用企业的总负债除以总资产,表示总资产中有多少是以负债形式取得的。

$$资产负债率 = \frac{负债总额}{资产总额}$$

从债权人的角度来看,企业的资产负债率越低越好,因为这意味着在企业的资源中股东投入的部分所占比重较高,对债务偿还的保障程度较高,企业的财务风险较低。但从股东的角度来看,过低的资产负债率可能意味着企业没有利用好供应链上存在的延期支付机会,未能取得预收账款(合同负债)等无息负债,没有充分发挥负债的杠杆作用,不利于股东获取最大收益。

有些财务分析中也会使用负债权益比率来描述企业的资本结构。负债权益比率是用负债总额与所有者权益总额相比得到的结果,由于资产总额等于负债总额加上所有者权益总额,因此资产负债率与负债权益比率具有以下对应关系,两者反映的资本结构信息没有实质差别。

$$资产负债率 = \frac{负债权益比率}{负债权益比率 + 1}$$

西方学术界认为,企业融资行为存在一个优先顺序(pecking order)理论,即企业首先应该使用经营收益产生的资金进行内部融资;其次向银行借款或发行债券进行债务融资;最后向潜在股东发行股票进行权益融资。这一理论在美国资本市场得到了实证研究的支持。

小案例

中国国有企业整体资本结构的演变过程

中国国有企业资本结构的演变更多地受到国内财政金融体制变革与国有企业改革步伐的制约,企业自身在资本结构调整过程中发挥的作用较为有限。在1979年之前,国有企业实施统收统支的资金管理模式,将经营所得利润与固定资产折旧全额上缴财政,然后通过国家财政预算支出安排获得资金,企业资金划分为流动资金、固定资金、专项资金,实行专款专用、各自平衡的管理模式,企业根本不存在独立的财务管理,只是国家财政管理的微观延续,这一时期国有企业基本没有负债,但由于激励不足,账面上持续出现亏损。

1979年以后,为了提高财政资金的使用效益,促进企业改善经营管理,政府推行"拨改贷"政策,将原来的财政预算内基本建设投资由国家拨款改为由建设银行贷款,并在1983年以后改革实施银行主导的流动资金管理体制,即企业的流动资金由银行统一管理和供应,企业每年留存一定比例的利润补充自有流动资金,不够的部分向银行贷款补充。经过调整,企业资金筹集由过去的依赖财政转向依赖银行,资产负债率大幅上升。

从20世纪90年代开始,国有企业负债累累,有些行业的国有企业资产负债率在80%以上,个别企业甚至超过了100%。为了解决国有企业资金不足且负债率过高的问题,中央政府在上海与深圳两地先后成立证券交易所,推动国有企业进行股份制改造,公开发行股票募集资金并实现股票上市交易。通过推动国有企业进行股权融资,并同时实施"债转股"——将银行难以收回的贷款转换为对企业的股权投资,国有企业大大降低了自身的负债水平。

2008年美国全面爆发次贷危机之后,在国内"四万亿"财政刺激与宽松的信贷背景下,国内企业资产负债率大幅飙升,基建、房地产及地方融资平台公司大规模举债,个别行业的资产负债率水平达到历史新高,大大增加了经济中的系统性金融风险。从2016年起,政府深入推进"降杠杆减负债"工作,严格控制国有企业及地方政府新增债务规模,并要求相关单位债务规模在存量基础上实现硬下降,将其作为一项防范系统性金融风险的重要举措,防止资金链断裂引发大规模债务危机。因此,多数国有企业在此期间资本结构发生调整,资产负债率下降。

目前,国内外很多银行在提供贷款时为了降低风险,常常要求贷款客户提供资产抵押或质押,因此企业可用于抵押或质押资产的金额可以在一定程度上反映企业获取新增贷款的能力,尤其是房屋建筑、通用机器设备等固定资产及土地使用权等无形资产的实际价值与抵押状况对于企业债务融资意义重大。例如,截至 2018 年 12 月 31 日,南方航空有 1 700 亿元的房屋建筑、飞机等固定资产,其中有 891 亿元的飞机用于抵押应付融资租赁款和长期借款,占固定资产的比重超过一半。

> **注意**
> 企业拥有的收费权可以作为担保,用于申请贷款;债权、股权等其他可转让的财产权利也可以质押,用于申请贷款。

相比之下,医药制造企业、高科技企业总资产中房屋建筑、通用设备等固定资产所占比重较低,在目前的融资环境下从银行等金融机构取得借款的难度较大,有息负债规模相对有限,资产负债率普遍较低。表 10-20 列出了几个行业上市公司 2016—2018 年的平均资产负债率,相比之下,航空运输企业的资产负债率最高,维持在 63% 左右;软件及信息服务企业与医药制造企业的资产负债率较低,在 36% 以下;零售企业居中,维持在 50% 以上。

表 10-20 不同行业企业 2016—2018 年平均资产负债率

企业类别	2016 年	2017 年	2018 年
软件及信息服务企业	31.7%	32.9%	35.8%
医药制造企业	29.5%	28.7%	30.7%
零售企业	51.6%	50.9%	52.0%
航空运输企业	64.0%	64.1%	62.5%

资料来源:根据 Wind 资讯计算所得。
注:软件及信息服务企业包括用友网络、东软集团等 181 家公司;医药制造企业包括恒瑞医药、云南白药、同仁堂、华润三九等 210 家公司;零售企业包括王府井、华东医药、苏宁易购、永辉超市等 88 家公司;航空运输企业包括南方航空、东方航空、中国国航等 9 家航空公司。

2. 资本负债率

由于预收账款、合同负债及应付票据、应付账款等经营性无息负债通常是企业经营行为的结果,与企业的融资行为无关,因此笼统地计算资产负债率来反映企业的负债水平不够精确,很多大型跨国公司更倾向于使用资本负债率来衡量企业的资本结构。资本负债率(debt-to-capital ratio)是用有息负债除以资本总额

(有息负债加上所有者权益)得到的,其经济含义是资本总额中有多少是通过有息负债形式取得的。

$$资本负债率 = \frac{有息负债}{有息负债 + 所有者权益}$$

对于国内企业来说,有息负债通常由资产负债表中的短期借款、应付短期债券、一年内到期的非流动负债、长期借款、应付债券及长期应付款等项目组成。资本负债率与资产负债率之间的差异主要在于无息负债的多少,无息负债规模越大,两者之间的差异越大。由于资本负债率的分子、分母是资产负债率的分子、分母同时剔除了无息负债,其结果通常要低于资产负债率。

> **注意**
>
> 国内部分企业有时会向其他非金融企业拆借资金,这部分有息负债在资产负债表中通常以其他应付款的形式存在,因此还应该注意企业的其他应付款中是否包含有息负债,相关信息需要阅读财务报表附注。

表10-21列出了前面所选行业上市公司2016—2018年的平均资本负债率。与资产负债率的情形相似,航空运输企业的资本负债率依然最高,大约50%左右;软件及信息服务企业最低,维持在10%—14%;医药制造企业的资本负债率在15%左右;零售企业居中,在24%左右。

表10-21 不同行业企业2016—2018年平均资本负债率

企业类别	2016年	2017年	2018年
软件及信息服务企业	10.0%	11.8%	14.0%
医药制造企业	15.0%	14.2%	15.7%
零售企业	24.3%	23.3%	26.0%
航空运输企业	52.8%	53.7%	49.0%

资料来源:根据Wind资讯计算所得。

注:软件及信息服务企业包括用友网络、东软集团等181家公司;医药制造企业包括恒瑞医药、云南白药、同仁堂、华润三九等210家公司;零售企业包括王府井、华东医药、苏宁易购、永辉超市等88家公司;航空运输企业包括南方航空、东方航空、中国国航等9家航空公司。

与资产负债率对比后可以发现,零售企业的资本负债率比资产负债率低20多个百分点,是几类行业中资产负债率与资本负债率之间差异最大的行业,这主要是因为零售企业应付款项等无息负债相对较多,而有息负债的规模相对有限——这正是零售企业普遍重视供应链管理的行业财务特征的体现。

与资本负债率较为相关的另一项反映资本结构的财务比率是净债务比率（net debt ratio）。净债务比率是用企业的有息负债减去货币资金得到的净债务除以净债务与所有者权益之和。由于货币资金具有较强的偿债能力，净债务比率考察的是企业剔除货币资金后实际负担的债务水平。一些资金充沛的企业更希望使用净债务比率来反映资本结构的真实情况，例如英国石油公司在每年年报中主动披露净债务比率指标。不过，如果企业持有的货币资金与有息负债长期保持较大规模，则通常对企业不利。这种情况意味着企业要为有息负债支付更高的利息成本，而持有的货币资金只能取得较少的利息收益，企业需要为此承担利差损失。这种现象也被称为"存贷双高"，是企业财务管理中应该努力争取避免的。

一些国外企业的负债中包含金额较大的退休金、企业年金、员工福利等债务，例如埃克森美孚公司2018年年报显示，截至2018年12月31日，公司退休金及其他退休后员工福利负债达到202.7亿美元，占总负债的14%。由于员工福利及退休金、企业年金主要属于无息负债，受此影响，一些国外企业的资产负债率与资本负债率相差较大。因此，在对中外企业资本结构进行分析比较时，应该更多地关注资本负债率指标。

> **注意**
>
> 2014年财政部新修订的《企业会计准则第9号——职工薪酬》明确了对离职后福利、辞退福利及其他长期职工福利的会计处理，原先财务会计核算中没有考虑的职工福利负债需要按照新准则的要求进行确认、计量，应付职工薪酬及长期应付职工薪酬等负债项目有所增加，因此未来中外企业财务报表中与职工薪酬相关的负债部分的差异将会缩小，这也体现了我国会计准则体系与国际会计准则体系的趋同。

在进行资本结构分析时，还需要关注负债结构，即总负债中流动负债与非流动负债的比例、无息负债与有息负债的比例、本币负债与外币负债的比例及浮动利率负债与固定利率负债的比例。总负债中流动负债所占比重越高，说明短期偿还债务的压力越大，对企业资产的流动性要求越高；有息负债所占比重越高，说明利息负担越重，较高的财务费用会拉低企业利润；外币负债所占比重越高，说明汇率风险越大,企业在汇率发生波动时容易产生大额的汇兑损益,给当期经营业绩带来较大的冲击。浮动利率负债所占比重越高,说明企业面临的利率风险越大,利率上升或下降对企业的利息支出影响较大。

小案例

航空运输企业的负债结构

由于飞机造价昂贵,航空运输企业自有资本有限,采购飞机常常需要进行债务融资,因此资本结构中有很高比重的债务资本,高负债经营成为航空运输企业的典型财务特征。在航空运输企业负债中,长期负债所占比重较高——刚好与长期资产所占比重较高的资产结构相对应;有息负债所占比重较高,利息负担较重。同时,由于采购、租赁飞机一般需要支付美元或欧元,大部分的贷款和应付租赁款均以美元计价结算。因此,国内航空运输企业的外币负债所占比重较高,面临较大的汇率风险。

以中国国航为例,该公司2018年年底1 432亿元的负债中,非流动负债为709亿元,占49.5%;有息负债为990亿元,占69.1%;外币负债为341亿元,占23.8%。2018年全年产生利息支出35.5亿元,发生汇兑损失23.8亿元(人民币兑美元汇率年内贬值5%;上一年度人民币兑美元汇率升值6%,实现汇兑收益29.4亿元),当期财务费用为52.8亿元。公司2018年年报中披露:假定除汇率以外的其他风险变量不变,本集团于2018年12月31日人民币兑美元的汇率变动使人民币升值1%将导致净利润与所有者权益增加2.4亿元。

10.2.2 短期流动性分析

企业的短期流动性风险主要受到资金流入、流出规模与时间的直接影响。流动性分析主要考察企业短期资金需求及偿还短期负债的能力,最常用的四个指标是营运资本、流动比率、速动比率及利息保障倍数。

1. 营运资本

营运资本(working capital)是用企业的流动资产减去流动负债所得到的差

额,一些教科书也将其称为净营运资本(net working capital)。

$$营运资本＝流动资产－流动负债$$

对于传统意义的制造企业与贸易企业来说——这两类企业都通过出售存货取得收入(存货和应收账款都可以转换为货币资金),流动资产可以简单理解为短期内企业经营资金的主要来源,流动负债体现为企业短期内的偿债压力,即资金的使用需求。用流动资产减去流动负债,在一定程度上可以反映出企业短期资金的供求状况。

债权人在评价企业的偿债能力时,除了考虑营运资本的规模,还常常考虑营运资本的质量。影响营运资本质量的主要因素包括流动资产的类别与性质,以及将这些流动资产转化为现金所需要的时间。在企业经营出现困难时,应收账款与存货转换为现金的难度相对较大,所需时间较长。因此,如果营运资本中包含大量应收账款或存货,则营运资本质量较差。

营运资本指标的不足在于仅仅比较流动资产与流动负债之间的绝对差额,没有剔除企业的规模因素,数字结果的经济含义不够清晰,不利于不同规模的企业之间相互比较。

例如,A 公司流动资产为 5 000 万元,流动负债为 4 000 万元,营运资本为 1 000 万元;B 公司流动资产为 42 000 万元,流动负债为 40 000 万元,营运资本为 2 000 万元,如表 10-22 所示。简单比较营运资本的绝对金额,B 公司要比 A 公司高,但如果考虑两家公司的规模,尤其是流动负债的规模,则 A 公司的流动性更好。下面即将介绍的流动比率可以弥补营运资本的不足。

表 10-22　A、B 两家公司营运资本比较　　　　　　　　　　单位:万元

公司	流动资产	流动负债	营运资本
A 公司	5 000	4 000	1 000
B 公司	42 000	40 000	2 000

2. 流动比率

流动比率(current ratio)是用企业的流动资产除以流动负债所得到的比率。其经济含义可以理解为 1 元钱的流动负债有多少流动资产与之相对应,该指标用以衡量企业偿还流动负债的能力。

$$流动比率 = \frac{流动资产}{流动负债}$$

利用流动比率分析(见表10-23),可以很容易比较出前面例子中A、B两家公司的短期偿债能力,尽管B公司的营运资本高于A公司,但流动比率低于A公司,表明A公司的短期偿债能力相对更强。

表10-23 A、B两家公司流动比率比较

公司	流动资产(万元)	流动负债(万元)	流动比率
A公司	5 000	4 000	1.25
B公司	42 000	40 000	1.05

表10-24列出了部分国内知名企业2016—2018年的流动比率情况。可以看出,恒瑞医药、贵州茅台的流动比率相对较高,短期偿债能力较强。尤其是恒瑞医药的流动比率长期维持高位,远远高出其他公司。吉祥航空属于航空运输企业,存货及流动资产规模较小,因此流动比率较低。

表10-24 部分国内知名企业2016—2018年流动比率

企业	2016年	2017年	2018年
万科	1.24	1.20	1.15
美的集团	1.35	1.43	1.40
中国神华	1.19	1.14	1.89
大秦铁路	1.01	1.36	1.67
贵州茅台	2.44	2.91	3.25
顺丰控股	1.16	1.46	1.21
永辉超市	2.05	1.65	1.20
吉祥航空	0.62	0.70	0.62
青岛啤酒	1.23	1.35	1.47
宇通客车	1.35	1.47	1.57
恒瑞医药	8.35	7.06	7.25
宁德时代	2.14	1.85	1.73

资料来源:Wind资讯。

3. 速动比率

由于流动资产中存货的变现能力在企业出现财务危机时会受到一定限制,因此扣除存货后的流动资产一般被认为变现能力更强,这部分资产也被称为速动资产(有些公司在计算速动资产时还要扣除预付账款部分)。与流动资产相比,速动资产的变现能力更强。用速动资产除以流动负债所得到的比率就是速

动比率(quick ratio),也被称为酸性测试比率(acid test ratio)。

$$速动比率 = \frac{速动资产}{流动负债} = \frac{流动资产 - 存货}{流动负债}$$

速动比率测度的是 1 元钱的流动负债有多少速动资产与之相对应。表 10-25 列出了前述部分国内知名企业 2016—2018 年的速动比率情况。可以看出,恒瑞医药、贵州茅台的速动比率相对较高。万科由于存货在流动资产中占有较高比重,剔除存货后,其速动比率在所列公司中最低,由此也说明万科的偿债能力受未来存货变现情况影响较大。大秦铁路、顺丰控股及吉祥航空由于存货金额较小,因此速动比率与流动比率基本相当。

表 10-25　部分国内知名企业 2016—2018 年速动比率

企业	2016 年	2017 年	2018 年
万科	0.44	0.49	0.49
美的集团	1.18	1.18	1.18
中国神华	1.07	1.04	1.81
大秦铁路	0.94	1.27	1.59
贵州茅台	1.88	2.34	2.69
顺丰控股	1.14	1.44	1.18
永辉超市	1.51	1.20	0.79
吉祥航空	0.61	0.68	0.60
重庆啤酒	0.33	0.57	0.66
宇通客车	1.25	1.31	1.36
恒瑞医药	7.88	6.67	6.83
宁德时代	2.00	1.66	1.51

资料来源:Wind 资讯。

小案例

最理想的流动比率与速动比率

流动比率与速动比率并不是越高越好,过高的流动比率与速动比率往往意味着企业经营管理过程中存在问题,例如大量货币资金闲置、应收账款规模巨大、企业商业信用使用不足等。国内外一些传统教科书曾简单判定:流动比率的理想值为 2,速动比率的理想值为 1,这样 1 元钱的流动负债有 2 元钱的流动资产和 1 元钱的速动资产与之相对应,企业的流动性风险较低,相对安全。不过现实经济中,流动比率达到2、速动比率达到1的企业并不多见。表10-24与表10-25列出的部分国内知名企业中,只有恒瑞医药和贵州茅台两家企业连续三年符合条件。表10-26列出了部分国际知名企业2014—2018年的流动比率与速动比率,这些企业在长达五年的时间内流动比率都没有达到2,速动比率也未能持续超过1,但时至今日这些企业并没有出现流动性危机,依然稳健运营。因此,各行业企业的流动比率与速动比率的理想数值不应该都是2与1。

客观地讲,流动比率与速动比率的理想数值应该存在一个安全区间,只要处于这个区间范围之内,企业的流动性风险就基本可控,不会出现严重问题。当然,各个行业由于自身特点,流动比率与速动比率的安全区间可能存在一定的差异。通常情况下,资产周转较快的企业——例如此处列举的几家国际知名企业——创造现金流量的能力较强,流动比率与速动比率的安全区间可以适当降低。

表10-26 部分国际知名企业2014—2018年流动比率与速动比率

企业	项目	2014年	2015年	2016年	2017年	2018年
沃尔玛	流动比率	1.0	0.9	0.9	0.8	0.8
	速动比率	0.3	0.2	0.2	0.2	0.2
埃克森美孚	流动比率	0.8	0.8	0.9	0.8	0.8
	速动比率	0.6	0.5	0.6	0.5	0.5
宝洁	流动比率	1.0	1.1	0.9	0.9	0.8
	速动比率	0.8	0.9	0.7	0.6	0.7
可口可乐	流动比率	1.0	1.2	1.3	1.3	1.1
	速动比率	0.9	1.1	1.2	1.3	1.0

资料来源:根据沃尔玛、埃克森美孚、宝洁、可口可乐公司年报数据计算所得。

> **注意**
>
> 在企业资金紧张、财务风险加大的情况下,供应商可能要求企业现款购货——不再向企业提供商业信用,这时企业的应付账款等流动负债会迅速下降,流动比率与速动比率不仅不会下降,反而可能会因此异常升高。

流动比率与速动比率等财务比率具有一个共同的数学特征,即当比率大于1

时,分子和分母增加相同的数额会导致比率下降,分子和分母减少相同的数额会导致比率上升;而当比率小于1时,分子和分母增加相同的数额会导致比率上升,分子和分母减少相同的数额会导致比率下降。

根据这一数学特征,企业管理人员可以采用一定的方法,调整资产负债表相关项目结果,在报告日显现出较好的流动比率和速动比率。例如,当流动比率小于1时,企业可以在临近期末时以赊购的形式大规模采购存货,同时形成应付账款,以此来提高流动比率。再如,当流动比率大于1时,企业可以通过提前偿还流动负债来提高流动比率。

举例来说,某企业正常情况下期末流动资产为150万元,流动负债为100万元,流动比率为1.5倍,为了提高流动比率,该企业在临近期末时用50万元的银行存款提前偿还了50万元的流动负债,剩余流动资产100万元,流动负债50万元,流动比率由原来的1.5倍提高到2倍,如表10-27所示。

表10-27　流动比率调整表

项目	流动资产(万元)	流动负债(万元)	流动比率(倍)
调整前原始数据	150	100	1.5
调整	−50	−50	—
调整后数据	100	50	2.0

营运资本、流动比率及速动比率仅仅考察的是流动资产、速动资产与流动负债的静态账面结果之间的比较,并没有考虑企业资产的动态周转情况。对于那些资产周转较快、现金创造能力较强的企业——例如零售企业,利用同样多的流动资产通过加快周转可以创造出更多的现金流量,即便上述三项指标相对低一些,仍然可以正常运营,不会发生偿债困难。

对于服务型企业来说,其短期内经营活动现金流量主要是提供服务取得的,与存货等流动资产周转相关性不大,存货规模较小,流动资产总额有限,因此与制造型企业和商业企业相比,服务型企业的营运资本、流动比率及速动比率要相对偏低一些。前面例子中的吉祥航空就属于这种情况。开发住宅楼盘的房地产企业由于资产结构中流动资产所占比重较高——流动资产主要为存货,因此房地产企业的流动比率通常较高,同时由于存货规模显著,流动比率与速动比率之间差异较大。

此外，拥有良好资信和资金储备充足的企业在营运资本、流动比率、速动比率等指标较低的情况下依然能够稳健运营，而现金流入量波动较大的小型企业为了降低流动性风险，一般倾向于将流动性财务指标保持在相对较高的水平。因此，在实际财务报表分析中，上述三项偿债比率指标的象征意义远大于经济意义。

4. 利息保障倍数

利息保障倍数（times interest earned），又称已获利息倍数，是企业生产经营所获得的息税前收益与利息支出之间的比率，是衡量企业支付利息能力的重要指标。息税前收益与利息支出相比，倍数越大，说明企业获利能力越强，支付利息的能力越强。因此，债权人常常使用利息保障倍数这一财务比率来衡量债权的安全程度。

$$利息保障倍数 = \frac{息税前收益}{利息支出} = \frac{利润总额 + 利息支出}{利息支出}$$

严格来讲，公式中的利息支出应该使用会计期间的全部利息支出，既包括计入当期财务费用的费用化利息支出，又包括计入资产中的资本化利息支出。不过，在实际计算过程中，由于很多企业并不单独披露资本化利息支出，因此只能简单使用费用化的利息支出作为替代，从而导致利息保障倍数被高估。

利息保障倍数不仅体现了经营收益对支付当期利息的保障程度，而且从一个新的角度衡量了企业获利能力的大小——总资产取得的收益是利息支出的多少倍。由于分子与分母使用的是某一时期的经济流量指标，与流动比率、速动比率相比，利息保障倍数受到操纵的可能性大大降低，实际分析中为了考察企业偿付利息能力的稳定性，还可以计算 5 年或 5 年以上的利息保障倍数，选择其中最低的利息保障倍数值作为企业基本的利息偿付能力指标。

10.2.3 现金流量分析

1. 现金流量比率

现金流量比率，又称经营现金流量比率（operating cash flows ratio），是经营活动产生的现金流量净额与流动负债的比率，该指标反映企业利用经营活动产生的现金偿还到期短期债务的能力,是衡量企业短期偿债能力的动态指标。现金流量比率越高,表明企业的短期偿债能力越强。

$$现金流量比率 = \frac{经营活动产生的现金流量净额}{流动负债}$$

现金流量比率的分子是一个经济流量指标,体现了企业在一个会计年度内通过正常的经营活动创造现金的能力。如果企业某个会计年度经营活动产生的现金流量净额出现负数,该比率则失去原有的经济意义,需要借助其他财务比率进行分析。从表 10-28 的结果中可以看出,在部分国内知名企业中,近年来恒瑞医药的现金流量比率最高,短期偿债能力最强——主要是因为恒瑞医药经营活动产生的现金流量净额较为充足,流动负债规模相对有限。

表 10-28 部分国内知名企业 2016—2018 年现金流量比率

企业	2016 年	2017 年	2018 年
万科	0.18	0.21	0.15
美的集团	0.30	0.21	0.21
中国神华	0.73	0.82	0.72
大秦铁路	0.91	1.06	1.06
贵州茅台	0.87	1.01	0.57
顺丰控股	0.62	0.31	0.28
永辉超市	0.19	0.19	0.21
吉祥航空	0.31	0.33	0.49
重庆啤酒	0.26	0.29	0.21
宇通客车	0.37	0.18	−0.09
恒瑞医药	2.16	1.90	1.24
宁德时代	0.3	1.09	1.21

资料来源:Wind 资讯。

 注意

企业经营活动现金流量通常不够稳定,因此现金流量比率波动性较大。

2. 自由现金流量

自由现金流量(free cash flows,FCF)是企业履行完与经营活动相关的全部基本义务后,管理人员可以自由支配的富余现金流量。自由现金流量是很多财务分析师用来分析企业现金流量及进行股票定价的重要财务指标。

尽管财务报表分析中广泛使用自由现金流量这一指标,但自由现金流量的

具体计算方法并未完全统一。根据国内现金流量表的格式,自由现金流量可以按如下公式计算:

自由现金流量＝经营活动产生的现金流量净额－购建固定资产、
无形资产和其他长期资产支付的现金

自由现金流量的计算结果如果为正值,则意味着企业的现金流量相对宽裕,融资压力较小;计算结果如果为负值,则意味着企业的经营活动无法产生足够的现金流量支持固定资产等长期资产的投入,企业必须通过其他渠道筹集资金。从表10-29中可以看出,在部分国内知名企业中,万科、中国神华与贵州茅台等企业近年来资金相对宽松,连续三年自由现金流量持续为正,融资压力较小。宁德时代自由现金流量2016年、2017年连续两年持续为负,2016—2018年累计净流出8.4亿元,资金较为紧张。

表10-29　部分国内知名企业2016—2018年自由现金流量　　单位:亿元

企业	2016年	2017年	2018年	合计
万科	393.2	821.8	335.7	1 550.7
美的集团	265.0	230.0	277.0	772.0
中国神华	812.3	938.1	873.1	2 623.5
大秦铁路	62.7	174.8	178.4	415.9
贵州茅台	374.5	221.5	413.9	1 009.9
顺丰控股	56.4	61.0	54.0	171.5
永辉超市	19.2	26.4	17.6	63.2
吉祥航空	19.6	24.4	13.2	57.3
重庆啤酒	5.6	8.1	7.3	21.1
宇通客车	35.1	−17.5	25.7	43.3
恒瑞医药	25.9	25.5	27.7	79.1
宁德时代	−6.9	−48.4	46.9	−8.4

资料来源:根据Wind资讯计算所得。

如果把利息、股利支出也作为企业经营活动的基本义务来看待,则需要在自由现金流量的基础上再减去"分配股利、利润或偿付利息支付的现金",所得到的是更为严格意义上的自由现金流量。部分国内知名企业更为严格意义上的自由现金流量结果如表10-30所示。从表中可以看出,在过去三年中,中国神华严格意义上的自由现金流量三年合计超过1 400亿元,资金相当充裕。贵州茅台与美的集团每年也实现近200亿元严格意义上的自由现金流量,资金也算宽裕。

宇通客车与宁德时代更为严格意义上的自由现金流量三年合计结果为负值,现金流量相对吃紧。

表 10-30　部分国内企业 2016—2018 年更为严格意义上的自由现金流量

单位:亿元

企业	2016 年	2017 年	2018 年	合计
万科	232.9	630.5	-66.8	796.6
美的集团	204.6	150.9	183.9	539.4
中国神华	630.9	247.3	541.5	1 419.7
大秦铁路	-8.5	131.0	94.8	217.3
贵州茅台	291.0	132.5	249.4	672.9
顺丰控股	38.3	52.6	38.8	129.7
永辉超市	13.1	14.8	2.7	30.7
吉祥航空	13.5	17.6	5.4	36.5
重庆啤酒	4.5	4.2	3.3	11.9
宇通客车	0.6	-41.2	12.5	-28.1
恒瑞医药	24.0	22.3	22.8	69.0
宁德时代	-7.4	-49.2	44.7	-11.9

资料来源:根据 Wind 资讯计算所得。

小案例

乐视网的偿债能力分析

乐视网是近年来国内资本市场上具有传奇经历的一家上市公司。公司成立于 2004 年,是中国最早从事网络视频服务及视频平台增值服务业务的互联网企业之一。中国视频网站快速发展的序幕也正是由以乐视网、土豆、优酷等为代表的一批互联网企业徐徐揭开的。

不同于土豆、优酷等其他互联网企业,乐视网在成立之初非常重视视频内容的合法获得,在网络盗版横行的年代开创了行业内正版付费取得版权的先河,囤积了大量优质版权,引领了行业发展模式。2008 年 4 月,乐视网创始人贾跃亭成立乐视娱乐(乐视影业前身)开始制作内容,致力于打造以内容为主的网络视频产业。2010 年 8 月,乐视网登陆国内创业板,利用上市募集的资金大规模进行战略布局:进一步囤积版权、推出云平台、发布乐视盒子。到

2012年，贾跃亭首次提出以乐视网为核心的乐视生态系统概念，计划未来3—5年努力建成"平台＋内容＋终端＋应用"的全方位云视频运营平台。2013年，乐视网推出超级电视，成为黑电领域的一匹黑马及互联网电视的杰出代表。2014年，乐视网拆分云视频平台，成立云计算公司；成立乐视体育，拿下F1、英超、NBA、中超等大量赛事重磅版权。2014年，贾跃亭吹响了乐视进军电动汽车领域的号角，公开表示通过自主研发，打造最好的互联网智能电动汽车，建立汽车互联网生态系统的"超级汽车"计划。2015年，乐视网推出超级手机，入股酷派、TCL多媒体，并购易到汽车，乐视网的股票市值也在年内突破1 000亿元，仅次于BATJ（百度、阿里巴巴、腾讯、京东），成为排名第五位的中国互联网企业。2016年3月，乐视网布局小贷公司；4月，"超级汽车"亮相，其后贾跃亭在中国浙江、美国开始布局汽车工厂。至此，乐视生态帝国基本成形："平台＋内容＋终端＋应用"四层架构，涵盖内容、手机、大屏、体育、汽车、互联网及云、互联网金融七大子生态。

乐视网是乐视生态帝国中唯一的上市公司，担负着融资平台的重要功能与使命，负责为集团业务多元化发展筹集资金。自2010年上市以来，乐视网累计融资346亿元，为乐视生态帝国的搭建提供了大量资金支持。但乐视集团在快速发展过程中消耗资金过多，从2016年下半年开始，乐视网面临资金短缺压力。

从表10-31中可以看出，传统的偿债能力指标无法反映出乐视网面临的财务危机。相反，资产负债率、营运资本、流动比率及速动比率等指标2016年的结果比2015年还有改进，资本负债率指标也基本保持稳定。但是，如果我们认真研究公司资金短期的需求与供给状况，便可以轻易识别出其资金短缺问题。

表10-31 乐视网2011—2016年部分偿债能力指标

项目	2011年	2012年	2013年	2014年	2015年	2016年
资产负债率（%）	40.4	56.1	58.6	62.2	77.5	67.5
资本负债率（%）	27.7	45.6	47.3	37.3	51.5	51.9
营运资本（亿元）	0.1	-2.2	-4.2	-8.2	16.6	33.9
流动比率	1.0	0.8	0.8	0.8	1.2	1.3
速动比率	1.0	0.8	0.8	0.7	1.1	1.2

资料来源：部分数据来自Wind资讯，其他数据来乐视网2011—2016年年报。

从表 10-32 中可以看出,乐视网 2016 年年末扣除预收款项(一般无须资金偿还)后的流动负债规模达到 123.1 亿元,比 2015 年年末增加 65.8 亿元。而公司 2016 年年末可以用于偿债的存量资金仅为 50 亿元(包括公司可动用的存款、银行理财产品及上市公司股权)。在公司陷入财务危机后,增量资金主要来自经营活动产生的现金流量净额,而乐视网——乐视生态帝国中盈利能力最强的部分——在此前四年中经营最好的 2015 年经营活动也仅取得 8.8 亿元现金净流入,公司 2016 年当年经营活动现金净流出 10.7 亿元。

表 10-32 乐视网 2015—2016 年短期资金需求情况   单位:亿元

年份	短期借款	应付票据	应付账款	应交税费	卖出回购金融资产	应付利息、股利	一年内到期的非流动负债	其他应付	合计
2015	17.4		32.3	5.8		0.5	1.0	0.3	57.3
2016	26.0	2.3	54.2	7.7	4.1	1.1	26.5	1.2	123.1

资料来源:乐视网 2015—2016 年年报。

如此看来,乐视网超过 70 亿元的资金缺口绝非通过自身经营活动可以解决,必须依靠外部融资。在公司经营面临巨大不确定性并陷入严重财务危机之际,会有新的债权人借钱给乐视网吗?此时如果有机构愿意借钱给乐视网,则其资金无疑将被乐视网用于偿还到期债务,而不是投入生产运营——相当于乐视网借新债还旧债,这是债权人最不希望出现的情况,一定会极力避免。如此看来,乐视网的巨额资金缺口只能依靠相信贾跃亭的潜在股东提供股权融资才能解决。

值得注意的是,从股东的角度来看,企业的偿债能力并非越强越好,适度承担财务风险有助于提高收益。从前面的分析中可以看出,国内外一些优秀企业的偿债能力指标并不是非常突出。因此,股东对企业偿债能力的要求,以控制风险为根本,而不能追求绝对的安全。只有这样,才能权衡好收益与风险的关系。

此外,国内上市公司出于重组改制等原因形成的较为复杂和密切的关联关系对于分析偿债能力形成了一定的干扰。例如,很多国有控股上市公司通常有母公司作为保障,一旦上市公司偿债出现困难,母公司就会尽其所能,全力支持上市公司。对于上市公司,其自身的财务报表无法反映母公司的外援支持,账面财务数据不能代表公司的实际偿债能力。

重要辨析

信用评级与财务分析

企业在金融市场上公开发行债券之前,一般要通过专业评级机构对公司自身情况及拟发行的债券评定信用等级,评估出现信用违约的风险,供融资方与投资者决策参考。信用评级机构根据规范的评估指标体系,运用专业的评估方法,履行规定的评估程序,对受评对象的信用记录、管理能力、经营水平、外部环境、财务状况、发展前景等方面进行全面考察和分析研究之后,就其在未来一段时间履行偿债承诺的能力和可信程度做出综合评价,并给出信用等级。

利用评级机构的专业优势进行信用评级可以降低投资者的信息成本和投资风险,同时也可以有效降低发债企业的融资成本,有利于扩大和活跃市场交易,提高市场效率,便于监管机构实施监管。评级机构一般把债券的信用等级分为投资级别与投机级别两大类,一些大型投资机构为了防范风险,常常设定严格的投资类别限制——只允许投资于投资级别的债券。

信用评级最早产生于美国。1902年,美国穆迪公司(Moody's)创始人约翰·穆迪为美国铁路债券评级,开创了现代信用评级的先河。标准普尔(Standard & Poor's)公司的前身——普尔出版公司和惠誉(Fitch)公司也先后于1922年、1924年开始对工业企业证券进行评级。直到20世纪30年代美国的经济危机导致金融机构纷纷倒闭,债券违约事件大规模发生,投资者才真正认识到信用风险的危害性与信用评级的重要性。此后,信用评级成为金融市场上债券定价与投资的标准模式,发挥了保障市场良好运作的基础性作用。早年从事信用评级的穆迪、标准普尔及惠誉目前已成为国际上三大权威信用评级机构。

很多教科书常常把财务比率分析划分为盈利能力、偿债能力、营运能力、成长能力等几个并列方面,但实际上这些能力对于判断、评价一家企业的意义与作用并不是等同的,某些能力之间存在因果关系,例如营运能力是盈利能力的驱动因素。本书并没有遵循传统方式,而是从收益与风险两个方面来介绍财务比率,帮助读者深刻认知财务比率分析的意义与局限。

总体来看,影响财务比率的因素主要有以下几个方面:一是行业差别;二是企业在行业价值链中所处的地位;三是企业或产品所处的生命周期;四是企业采用的发展战略;五是企业运营效率。在进行财务比率分析时,一定要注意这些因素对企业财务比率的影响。

从长期来看,某些企业财务比率的变化往往存在"均值回归"的历史趋势,尤其是收益类财务比率。有研究表明,美国非金融企业的收入增长率一般在10年内回归到7%—9%的常态,ROE也在10年内回归到10%—15%的常态。从深层次来看,财务比率的"均值回归"现象与经济周期波动、行业及产品周期以及市场竞争等因素密切相关,其背后具有一定的经济规律。

10.3　股票估值分析

金融学认为,今天1元钱的实际价值与效用要大于一年后的1元钱。证明这个论断最简单的办法就是,试想今天你把1元钱存入银行,一年后你除了将收回1元钱的本金,还会得到1元钱在一年中产生的利息。因此,不同时点的资金之间存在价值差别,即资金是有时间价值的。把未来某个时点的现金流量折算成现在时点价值的过程被称为折现或贴现,折算结果被称为现值。资产定价的核心思想就是测度资产在未来各个期间所产生现金流量的现值之和,其标准方法是估测资产在未来各个期间产生的现金流量,并以适当的折现率进行折现,得到的现值之和即为资产的价值。

从现金流折现角度出发,股票估值又有两种常用方法:一种是现金股利折现法,另一种是现金流折现法(discounted cash flow,DCF)。现金股利折现法最早是由约翰·威廉姆斯在其著作《投资价值理论》中提出来的,其核心思想是股票可以产生的现金流量就是未来的现金股利,因此预估出股票未来各期的现金股利,对其折现加总,即可得到股票的价值。实际操作中一般无法准确预估出股票的远期现金股利,习惯上只预估每股股票未来十年之内的现金股利,对此后期间的现金股利做些简单假定——例如恒定不变或按照固定增长率稳定增长,对这些现金股利折现的现值之和即为公司股票的价值。这种股票估值方法关注的重点在于公司实际发放现金股利的情况,因此所有能够影响公司现金股利的因素都将对股票估值结果产生影响。

现金流折现法是把企业整体看成一项资产,用企业整体产生的现金流(自由现金流量)进行折现,先得到企业整体价值,再用企业整体价值减去负债价值便得到企业股票的总价值,除以总股数,即可得到每股股票的价值。传统行业的企业,例如电力、石油、钢铁等企业,在进行股票估值时,常常使用现金流折现法。

使用现金流折现法进行股票估值时,尽管形式上看起来较为科学严谨,但实际上需要对股票未来产生的现金流及使用的贴现率进行估算,具有较强的主观性。若一些重要估计参数稍有调整,估值结果就可能出现较大变化。相比之下,使用财务比率进行股票估值更为简单,易于操作。

> **注意**
>
> 尽管现金流折现法看起来较为严谨,但在对未来现金流与贴现率进行估算的过程中,无法避免主观因素影响,导致不同评估者对同一股票的估值结果常常存在较大差异。

10.3.1 市盈率

除了现金流折现法,可以通过特定的财务比率对股票进行估值定价。最为常用的财务指标有两个,其中之一就是市盈率。市盈率(price/earnings,PE ratio),也称盈余倍数(earnings multiple),是用公司股票的每股市场价格除以每股收益所得到的结果,是从盈余角度衡量股票价格高低的财务指标。

$$市盈率 = \frac{每股市场价格}{每股收益}$$

把上面等式右边的分子与分母同时乘公司发行在外的普通股股数,便可以得到下面的等式:

$$市盈率 = \frac{公司总市值}{归属于母公司股东的净利润}$$

因此,市盈率既可以使用个体指标计算——每股股票的市场价格除以每股收益,又可以使用整体指标计算——公司总市值除以净利润,两种方法计算得到的结果应该是一致的,这也意味着市盈率不受公司发行在外普通股股数变化的影响。

对于同一家公司,如果公司发放股票股利或使用资本公积转增股本,则发行在外的普通股股数会发生改变,每股股票在公司中所代表的产权份额也就发生了改变。如果不考虑其他因素的影响,那么由于公司的盈利、现金流量及所有者权益并没有因发放股票股利或转增资本等事件而发生改变,因此公司的整体市场价值不应该改变。在公司总市值不变、流通在外的普通股股数增加的情况下,每股股票的市场价格会相应下降。由此也可以看出,当公司普通股股数发生变化时,每股收益与每股股票的市场价格会同时发生相应调整,市盈率保持不变。市盈率指标不受发行在外的普通股股数变化的影响,是评估股票价值的重要指标。

投资者购买某一家公司的股票实际上是在购买该公司未来的盈利,多数投资者并不指望通过公司关门清算而获取收益或收回投资,他们更为关心的是:每股股票在未来较长的时期里能够取得多少具有持续性的收益?市盈率指标的设计正是抓住了这种投资逻辑的关键环节并将其简化,直接将每股股票市场价格与每股收益有机地结合起来,看看投资者为获得每1元钱的净利润所愿意支付的价格,使投资者可以更为直观地观察股票价格与每股收益之间的联系。

从理论上讲,使用市盈率法进行股票估值应该面向未来。使用预估的未来每股收益作为市盈率的分母,才能将公司当前的股票价格与未来的收益联系起来。不过预估的未来每股收益到底是多少?人们对此很难达成共识。在市盈率的实际计算过程中,为了避免受到个人主观判断的影响,一般并不使用预估的未来每股收益指标,而是常常使用最近一个会计年度的每股收益或最近四个季度每股收益之和作为分母,这样计算出来的结果简单统一,不过市盈率指标的前瞻性不可避免地受到抑制。如果公司未来盈利情况与近期盈利结果出现较大差异,则市盈率指标对于股票估值的指导价值将会显著下降。

> **注意**
> 对于每股收益为负数的公司,根据前面公式计算出负的市盈率指标没有任何意义,不适合使用市盈率法进行股票估值。

如果投资者愿意为当前1元钱的净利润支付更高的价格,则说明投资者看好公司的未来发展,认为公司可以实现更多的盈利。随着投资者预期的实现,公司的每股收益不断增长,目前看似较高的市盈率未来将会回归到正常区间,因此较高的市盈率在一定程度上体现了投资者对公司未来业绩的信心。通常情况下,预期未来迅速成长的公司市盈率较高,而预期未来收益增长缓慢甚至出现下降的公司市盈率较低。

一家公司的市盈率到底为多少才是合理的?这其实是一个很难回答的问题。这取决于投资者对宏观环境、行业前景、公司运营等多方面做出的判断。对于未来几年能够实现每股收益数十倍增长的公司,当前200倍的市盈率也并不算高,但对于盈利趋于稳定甚至出现萎缩的公司,30倍的市盈率已经算很高了。因此,股票估值归根结底取决于投资者对公司前景的预判。

实际使用市盈率法对某家企业进行股票估值时,常常参照同行业内可比公司的市盈率,但可比公司当前的市盈率是否合理?可比公司与估值公司之间是否存在重大差异以至于未来发展状况会出现显著差别?这些问题给市盈率法带来了较大的不确定性,降低了估值结果的可靠性。

表10-33列出了部分国内知名企业在2019年4月30日股市收盘时的市盈率。从市盈率的结果来看,投资者对恒瑞医药、永辉超市及重庆啤酒的未来发展预期较为乐观,因此其市盈率较高,分别达到了59.2倍、48.9倍和43倍;市场对中国神华、大秦铁路等传统行业的未来发展预期较为审慎,两者的市盈率都不到9倍。

表10-33 部分国内知名企业的市盈率

企业	每股市场价格(元)	每股收益(元)	市盈率(倍)
万科	28.88	3.08	9.4
美的集团	52.40	3.19	16.4
中国神华	19.69	2.25	8.8
大秦铁路	8.52	0.98	8.7
贵州茅台	974.00	30.18	32.3
顺丰控股	33.07	1.10	30.1
永辉超市	9.77	0.20	48.9
吉祥航空	13.41	0.66	20.3
重庆啤酒	37.00	0.86	43.0

(续表)

企业	每股市场价格(元)	每股收益(元)	市盈率(倍)
宇通客车	14.30	1.05	13.6
恒瑞医药	65.75	1.11	59.2
宁德时代	79.76	1.91	41.8

资料来源:Wind资讯。

注:公司股票市场价格取自2019年4月30日收盘价格;每股收益为2018年第二季度至2019年第一季度最近四个季度的每股收益之和。

 重要辨析

股票投资中"小即佳"效应的原因

大量学术研究发现,从长期来看,小型企业的市盈率普遍高于大型企业。这主要是因为小型企业通常具有更大的成长空间,随着企业的发展,净利润与每股收益不断提升,当初看似较高的市盈率会逐渐回归到正常区间。因此,小型企业的高市盈率主要来自其较高的成长性。当然,投资者往往容易为小型企业的盈利设定巨大的想象空间,据此判断小型企业较高的股票市场价格具有合理性,"小即佳"由此成为一种普遍现象。

但是,市盈率过高的公司未来发展也可能达不到投资者的预期,当投资者认识到这一点时,会出售所持有的股票,股票的价格随之下跌,市盈率最终回归到正常区间。因此,从这个角度来看,市盈率可以反映投资风险。过高的市盈率增大了股票价格未来发生回调的可能性。投资者可以根据市盈率判断股票定价的合理性,权衡风险与收益。

 小案例

UT斯达康1美分之痛

UT斯达康在美国纳斯达克证券交易所上市之后曾连续17个季度打破华尔街财务预期——每股收益指标达到或超过华尔街分析师的预期,创造了中国概念股的神话,2004年上半年公司市盈率曾达到40倍,但2004年7月迎来了首次"失落"。

7月28日，UT斯达康公布了第二季度财务报告，公司实现营业收入6.9亿美元，同比增长70%，净利润4 320万美元，同比增长9.6%，每股收益32美分，比此前华尔街分析师预测的33美分只低了1美分。但正是这1美分之差，成为压垮投资者心理承受能力的最后一根稻草。UT斯达康的股价当天收于17.74美元，下跌7.4美元，跌幅超过29%——为纳斯达克电信股指数当日跌幅的10倍，一天之内公司市值蒸发了近三分之一——达到8.4亿美元。

每股收益仅1美分之差，居然使公司损失8.4亿美元的市值，令一些人颇感疑惑。其实，公司的股价是建立在投资者对其未来盈利预期基础之上的，而分析师发布的盈利预测数据可以在一定程度上代表投资者对公司未来发展的预期。UT斯达康此前较高的股价都是以其较高的成长性、能够达到分析师预期为支撑的，如今公司失去了两位数的净利润增长，每股收益也未达到预期，股价自然要做出回调。

表面上每股收益仅1美分之差，其实背后反映的真实情况并不简单。有经验的投资者都相信，企业的高管人员有方法、有能力在一定的范围内调整盈利结果，例如减少计提资产减值准备，削减研发费用、广告支出等，努力达到分析师的预期。正因为如此，华尔街的分析师普遍认为企业的盈利不是算出来的，而是会计师们"揉"出来的。在UT斯达康连续17个季度达到分析师的预期之后，一旦财报结果达不到预期——尽管只差了1美分，投资者就清楚地知道UT斯达康已经黔驴技穷、束手无策了，这也意味着公司未来账面业绩可调整的空间相当有限，盈利的好日子已经一去不复返了。

公司整体的财务状况由收益与风险两方面决定。市盈率指标将公司的股票价格与每股收益联系起来，用每股收益对应的股票价格衡量估值的合理性。但在市盈率的计算过程中并未充分考虑风险等因素对股票价格的影响。在财务风险可控的情况下，公司的股票价格主要受收益因素影响，但如果财务风险不断加大甚至危及公司的持续经营，则风险因素对公司股票价格的影响将大幅提高，市盈率指标将出现扭曲。

例如,由于国内投资者担心近年来巨额信贷资金投放、国有企业与地方政府大规模举债及过度繁荣的房地产行业占用大量信贷资源会产生大量不良贷款,银行体系存在巨大的系统性风险,因此国内上市商业银行的股票价格一直偏弱,2019年4月末市值过千亿元的15家上市商业银行的平均市盈率只有7倍。如此之低的市盈率在很大程度上体现了投资者对银行业系统性风险的担忧。因此,当公司风险因素增大到一定程度时,投资者通常更多地使用市净率法进行股票估值。

10.3.2 市净率

市净率(price/booking value,P/B)是公司股票的每股市场价格除以每股净资产所得到的比率。该指标从每股净资产的账面价值角度出发,衡量股票市场价格的高低。在实际计算时,每股净资产一般使用公司最新披露的财务报表中的数据。

$$市净率 = \frac{每股市场价格}{每股净资产}$$

将上式中的分子与分母同时乘发行在外的普通股股数,便可以得到下面的等式:

$$市净率 = \frac{公司总市值}{净资产}$$

与市盈率指标类似,市净率既可以使用个体指标计算——每股股票的市场价格除以每股净资产,又可以使用总体指标计算——公司总市值除以净资产,两种方法计算得到的结果应该一致,这意味着市净率同样不受公司发行在外普通股股数变化的影响。

对比市盈率与市净率的总量指标公式可以发现,两者的分子都是公司总市值,前者的分母是净利润,后者的分母是净资产,因此市盈率指标与市净率指标之间存在以下联系,即市净率等于市盈率乘摊薄净资产收益率(等于当期归属于母公司股东的净利润除以期末净资产),说明市盈率与摊薄净资产收益率都高的企业市净率也高。

市净率＝市盈率×摊薄净资产收益率

表 10-34 列出了国内部分知名企业的市净率。重庆啤酒与恒瑞医药的市净率高居前列，均超过 14 倍。一方面是由于两家公司的市盈率较高，体现出投资者对公司未来发展前景的信心，另一方面是由于两家公司的摊薄净资产收益率不低——分别达到 33.8% 和 24%。重庆啤酒与恒瑞医药市净率较高的一个重要原因是公司的品牌价值并没有在净资产中得到反映，净资产的账面价值被明显低估，因此市净率相对较高。另一家市盈率较高的公司永辉超市由于 2018 年摊薄净资产收益率较低（只有 9.3%），受此影响，公司的市净率只有 4.5 倍。在所列公司中，中国神华与大秦铁路的市净率仍然最低，只有 1.1 倍，两家公司摊薄净资产收益率分别为 13.1%、13.2%，低市净率主要源于当前投资者对两家公司发展前景并不看好。从股票估值角度来看，也可以认为两家公司当前的股票价格并不高——每股市场价格仅为 2019 年一季度末账面净资产的 1.1 倍。在公司账面资产价值基本可靠、未来盈利可以持续的情况下，按照当前的价格投资两家公司的股票，从长期来看将会取得不错的回报。

表 10-34　部分国内知名企业的市净率

企业	每股市场价格（元）	每股净资产（元）	市净率
万科	28.88	14.27	2.0
美的集团	52.40	13.57	3.9
中国神华	19.69	17.13	1.1
大秦铁路	8.52	7.43	1.1
贵州茅台	974.00	98.76	9.9
顺丰控股	33.07	8.49	3.9
永辉超市	9.77	2.15	4.5
吉祥航空	13.41	5.47	2.5
重庆啤酒	37.00	2.54	14.6
宇通客车	14.30	7.22	2.0
恒瑞医药	65.75	4.62	14.2
宁德时代	79.76	15.59	5.1

资料来源：Wind 资讯。

注：公司股票市场价格取自 2019 年 4 月 30 日收盘价格；每股净资产为 2019 年第一季度季度报告数据。

重要辨析

市盈率与市净率的差异

市盈率与市净率是股票估值中常用的两个财务比率，两者都将股票价格与财务数据有机地结合起来，不过市盈率是将股票价格与每股收益相结合，而市净率是将股票价格与每股净资产相结合，两者的估值基础存在差异。

在股价持续上涨的"牛市"中，投资者对公司未来发展前景较为乐观，预期公司盈利（每股收益）增长潜力巨大，使用乐观预估出来的每股收益去判断股票价格的合理性，有助于增强投资者的信心，此时投资者更倾向于使用市盈率进行股票估值。从分行业来看，高科技、制药、互联网等轻资产的公司，由于其核心竞争优势在于公司新产品的研发能力，往往不体现在账面资产上，每股收益的变化通常能够更好地代表公司的未来发展趋势，因此采用以每股收益为基础的市盈率法进行股票估值更为合理。

在股市持续低迷的"熊市"中，投资者常常较为悲观，对很多公司的预期收益并不看好，甚至预计一些公司会持续亏损，也有可能发生破产清算，此时使用市净率指标进行股票估值能够较好地体现股票投资的稳健性——投资者较为保守地假定上市公司在发生破产清算的情况下，利用公司账面净资产收回投资成本的可能。对于同一只股票，市净率越低，投资的稳健性越高，投资者获利的可能性越大。

对于那些周期性波动比较明显的公司，每股收益随着行业景气度可能出现大幅波动，这会对使用市盈率指标进行股票估值产生较大干扰。而公司的净资产包括股东投入的资本及以前各期盈亏累积的结果，无论行业景气与否，每股净资产的波动范围要比每股收益小得多。因此，市净率指标更趋稳定，在估值上具有更高的参考价值。金融企业在股票估值过程中常常使用市净率指标。

10.3.3 股利收益率

除了市盈率与市净率，股利收益率也是股票估值中常用的财务比率。股利收益率(dividend yield ratio),也被称为股息率,是每股现金股利与每股市场价格之间的比率。

$$股利收益率 = \frac{每股现金股利}{每股市场价格}$$

对于成熟型企业而言,由于投资机会较为有限,取得经营收益后以现金股利的形式分配给投资者通常是最好的选择。投资者收到了现金股利,也就意味着取得了投资收益(或者可以理解为收回部分投资成本)。

在投资实践中,股利收益率常常用来与1年期银行存款利率(或者其他固定收益类投资的回报率)做比较,如果某公司股利收益率高于银行存款利率,并且预期公司未来发展较为稳定——现金股利维持过去水平,股票价格不会大幅下跌,则该公司通常具有较高的投资价值。由于成熟型企业一般会稳定派发现金股利,因此股利收益率是衡量成熟型企业是否具有投资价值的重要指标之一。与中国、俄罗斯、印度、巴西、南非等新兴国家有所不同,欧美等发达国家经济发展较为成熟稳定,企业业绩及股价在短期内出现巨大变化的可能性相对较小(高科技企业除外),因此股利收益率指标相对稳定,对股票投资的参考价值和指导作用更大一些。

小案例

部分国内上市公司的股利收益率

根据 Wind 资讯的统计,截至 2019 年 4 月 30 日,国内上市公司中共有 8 家公司最近 12 个月每股现金股利超过最新收盘价的 10%,即股利收益率超过 10%(见表 10-35)。如果能够预期这些公司的未来经营业绩较为稳定,并且现金股利与股价不会出现大幅波动,则可以断定,按照 4 月 30 日收盘价附近的价位购入这些公司的股票,将是不错的投资选择。不过,股票投资中最难之处就在于判断企业未来经营业绩稳定的预期能否真正实现。

表 10-35 股利收益率较高的上市公司

公司	最近 12 个月每股现金股利(元)	每股市场价格(元)	股息率(%)
兰州民百	2.10	8.60	24.3
银亿股份	0.70	3.29	21.3

(续表)

公司	最近12个月每股现金股利(元)	每股市场价格(元)	股息率(%)
顺发恒业	0.51	3.18	16.0
华宝股份	4.20	33.59	12.5
英力特	1.20	9.71	12.4
汉宇集团	0.68	5.62	10.7
哈药股份	0.50	4.77	10.6
阳谷华泰	0.95	8.92	10.5

资料来源：Wind资讯。

股利收益率与市盈率和股利支付率之间存在数学对应关系。通过下面的公式可以很容易地看出，股利收益率等于股利支付率除以市盈率。由于股利支付率一般情况下最大只能为100%（支付一次性特别股利除外），因此可以通过市盈率的结果简单地判断出股利收益率的上限。例如，对于一家市盈率高于10倍的企业，即便企业将每股收益全部作为现金股利发放下去，其股利收益率也不可能达到10%。可见，要想投资那些股利收益率较高的股票，一定要避免购买高市盈率的股票。

$$股利收益率 = \frac{每股现金股利}{每股市场价格}$$

$$股利支付率 = \frac{每股现金股利}{每股收益}$$

$$市盈率 = \frac{每股市场价格}{每股收益}$$

$$股利收益率 = \frac{股利支付率}{市盈率}$$

> **注意**
> 股利支付率是衡量股利分配政策最为重要的财务指标。如果不考虑一次性特别股利，则股利支付率应该介于0到1之间。

主要参考文献

[1]伯恩斯坦、怀尔德著,许秉岩等译:《财务报表分析》,北京:北京大学出版社,2001。

[2]财政部等:《企业内部控制规范》,北京:中国财政经济出版社,2010。

[3]财政部会计司编写组:《〈企业会计准则第14号——收入〉应用指南》,北京:中国财政经济出版社,2018。

[4]财政部会计司编写组:《〈企业会计准则第16号——政府补助〉应用指南》,北京:中国财政经济出版社,2018。

[5]财政部会计司编写组:《〈企业会计准则第23号——金融资产转移〉应用指南》,北京:中国财政经济出版社,2018。

[6]财政部会计司编写组:《〈企业会计准则第24号——套期会计〉应用指南》,北京:中国财政经济出版社,2018。

[7]财政部会计司编写组:《〈企业会计准则第37号——金融工具列报〉应用指南》,北京:中国财政经济出版社,2018。

[8]财政部会计司编写组:《〈企业会计准则第42号——持有待售的非流动资产、处置组和终止经营〉应用指南》,北京:中国财政经济出版社,2018。

[9]财政部企业司:《〈企业财务通则〉解读》(修订版),北京:中国财政经济出版社,2010。

[10]陈晓、李静:"地方政府财政行为在提升上市公司业绩中的作用探析",《会计研究》,2001年第12期,第20—28页。

[11]陈晓、王琨:"关联交易、公司治理与国有股改革",《经济研究》,2005年第4期,第77—86页。

[12]邓建平、曾勇、何佳:"利益获取:股利共享还是资金独占?",《经济研究》,2007年第4期,第112—123页。

[13]杜斌、李若山、俞乔:"我国上市公司盈余管理程度研究",《中国金融学》,2003年第6期,第13—21页。

[14]冯根福:"双重委托代理理论:上市公司治理的另一种分析框架——兼论进一步完善中国上市公司治理的新思路",《经济研究》,2004年第12期,第16—25页。

[15]弗里德森、阿尔瓦雷斯著,刘婷译:《财务报表分析》,北京:中国人民大学出版社,2016。

[16]戈登著,齐斌译:《伟大的博弈》,北京:中信出版社,2005。

[17]胡元木、赵新建:"西方股利政策理论的演进与评述",《会计研究》,2011年第10期,第82—87页。

[18]黄世忠:《财务报表分析:理论·框架·方法与案例》,北京:中国财政经济出版社,2007。

[19]李增泉:"我国上市公司资产减值政策的实证研究",《中国会计与财务研究》,2001年第4卷第1期,第70—113页。

[20]陆建桥:"关于我国中期财务报告会计准则的若干问题",《会计研究》,2002年第3期,第13—17页。

[21]陆建桥:"中国亏损上市公司盈余管理实证研究",《会计研究》,1999年第9期,第25—35页。

[22]马歇尔、麦克马纳斯著,沈洁、乔奕等译:《会计学——数字意味着什么》,北京:人民邮电出版社,2003。

[23]孟焰、张秀梅:"上市公司关联方交易盈余管理与关联方利益转移关系研究",《会计研究》,2006年第4期,第37—43页。

[24]米什金著,郑艳文、荆国勇译:《货币金融学》(第9版),北京:中国人民大学出版社,2011。

[25]佩普、希利、伯纳德著,孔宁宁、丁志杰译:《运用财务报表进行企业分析与估价》,北京:中信出版社,2004。

[26]苏布拉马尼亚姆、怀尔德著,宋晓明译:《财务报表分析》(第10版),北京:中信出版社,2009。

[27]托夫勒著,黄明坚译:《第三次浪潮》,北京:中信出版社,2018。

[28]威廉姆斯等著,赵银德等译:《会计学:企业决策的基础》(第17版),北京:机械工业出版社,2017。

[29]沃尔顿、休伊著,沈志彦等译:《富甲美国》,上海:上海译文出版

社,2001。

[30]希金斯著,沈艺峰译:《财务管理分析》,北京:北京大学出版社,2009。

[31]张昕:"中国亏损上市公司第四季度盈余管理的实证研究",《会计研究》,2008年第4期,第25—32页。

[32]张昕、任明:"关于上市公司盈余管理动机的比较研究",《财经问题研究》,2007年第11期,第83—86页。

[33]张昕、杨再惠:"中国上市公司利用盈余管理避免亏损的实证研究",《管理世界》,2007年第9期,第166—167页。

[34]赵春光:"资产减值与盈余管理",《会计研究》,2006年第3期,第11—17页。

[35]中国会计学会:《中国 XBRL 分类标准研究》,大连:大连出版社,2011。

[36] Adiel, R., Reinsurance and management of regulatory ratios and taxes in the property-casualty insurance industry, *Journal of Accounting and Economics*, 1996, 22(1—3): 207-240.

[37] Aharony, J. C., Lee, W. J. and Wong, T. J., Financial packaging of IPO firms in China, *Journal of Accounting Research*, 2000, 38(1): 103-126.

[38] Baber, W. R., Fairfield, P. M. and Haggard, J. A., The effect of concern about reported income on discretionary spending decisions: The case of research and development, *The Accounting Review*, 1991, 44(4): 818-829.

[39] Bartov, E., The timing of asset sales and earnings manipulation, *The Accounting Review*, 1993, 68(4): 840-855.

[40] Bernard, V. L. and Skinner, D. J., What motivates managers' choice of discretionary accruals, *Journal of Accounting and Economics*, 1996, 22: 313-325.

[41] Cahan, S., The effect of antitrust investigations on discretion aryaccruals: A refined test of the political-cost hypothesis, *The Accounting Review*, 1992, 67(1): 77-95.

[42] Chen, K. C. W. and Yuan, Hongqi, Earnings management and capital resource allocation: Evidence from China's accounting-based regulation of rights issues, *The Accounting Review*, 2004, 79(3): 645-665.

[43] DeAngelo, H., DeAngelo, L. and Skinner, D. J., Reversal of fortune: Divi-

dend signaling and the disappearance of sustained earnings Growth, *Journal of Financial Economics*, 1996, 40(3):341-371.

[44] Degeorge, F., Patel, J. and Zeckhauser, R., Earnings management to exceed thresholds, *The Journal of Business*, 1999, 72(1):1-33.

[45] Gaver, J. J., Gaver, K. M. and Austin, J. R., Additional evidence on bonus plans and income management, *Journal of Accounting and Economics*, 1995, 19(1):3-28.

[46] Healy, P. M., The effect of bonus schemes on accounting decision, *Journal of Accounting and Economics*, 1985, 7(1—3):85-107.

[47] Jiang, Fuxiu and Kim, K. A., Corporate governance in China: A modern perspective, *Journal of Corporate Finance*, 2015, 32:190-216

[48] Jones, J., Earnings management during import relief investigations, *Journal of Accounting Research*, 1991, 29(2):193-228.

[49] Key, K. G., Political cost incentives for earnings management in the cable television industry, *Journal of Accounting and Economics*, 1997, 23(3):309-337.

[50] Liberty, S. E. and Zimmerman, J. L., Labor union contract negotiations and accounting choices, *The Accounting Review*, 1986, 61(4):692-712.

[51] McNichols, M. and Wilson, G. P., Evidence of earnings management from the provision for bad debts, *Journal of Accounting Research*, 1988, 26:1-31.

[52] Moore, M. L., Management changes and discretionary accounting decisions, *Journal of Accounting Research*, 1973, 11(1):100-107.

[53] Palepu, K. G., Healy, P. M. and Peek, E., *Business Analysis & Valuation: Using Financial Statements*, Second Edition, Cengage Learning EMEA, 2010.

[54] Roychowdhury, S., Earnings management through real activities manipulation, *Journal of Accounting and Economics*, 2006, 42(3):335-370.

[55] Schipper, K., Commentary on earnings management, *Accounting Horizons*, 1989, December:91-102.